이슈와
쟁점으로
읽는

한국
고대사

전덕재 지음

도서출판
역사산책

책을 펴내며

　근래에 한국상고사를 둘러싼 논쟁이 활발하게 전개되고 있다. 논쟁은 주로 고조선 말기의 중심지와 낙랑군의 위치를 둘러싸고 전개되었다. 현재 한국고대사학계에서 고조선의 중심지를 둘러싸고 다양한 학설이 제기되었다. 사실 학문의 세계에서 연구자마다 학설이 다르다는 것은 크게 문제 삼을 필요가 없다. 다만 근래에 전개된 상고사논쟁은 연구자들 사이의 학문적인 논쟁을 넘어 정치적인 배경을 깔고 전개되었다는 점에서 우려되는 바가 적지 않다. 이른바 재야사학자^{일명 사이비역사학자} 가운데 일부는 고조선 말기의 중심지가 대동강유역이었고, 한나라가 거기에 낙랑군을 설치하였다고 이해하는 한국고대사 연구자들을 매국의 식민사학자들이라고 비난한다. 그러면서 우리 민족의 진정한 독립은 이루어지지 않았고, 일제로부터의 진정한 해방은 식민사학자들의 견해를 추종하는 매국의 역사학을 극복하는 데에 있다고 대중들을 현혹시켰다.

박근혜정부가 국정교과서 발행을 추진하면서, 일부 재야사학자일명 사이비역사학자의 견해를 국정교과서에 반영할지도 모른다는 위기감이 한국고대사 연구자들 사이에 팽배해졌다. 이에 대해 한국고대사학계에서 대중들에게 학계의 학문성과를 올바로 알리기 위해 대중강연회를 개최하거나 또는 일부 재야사학자의 견해를 체계적으로 비판하는 저술을 출간하였다.

상고사논쟁이 전개되는 와중에 학계 내부에서 지금까지 연구성과의 대중화에 대해 크게 관심을 기울이지 않았다는 성찰이 있었다. 사실 학계의 전문적인 연구성과를 일반 대중에게 전달하기가 쉽지 않다는 점을 인정하지 않을 수 없다. 이럼에도 불구하고 현재 학계에서 연구성과의 대중화를 위하여 나름대로 노력을 기울이고 있는 모습은 긍정적으로 평가할 수 있고, 앞으로도 대중화사업에 지속적으로 매진할 필요가 있을 것이다.

본서 역시 한국고대사 연구성과를 대중들에게 쉽게 전달하고, 그들의 한국고대사에 대한 이해를 제고하기 위한 목적으로 준비되었다. 저자는 본서에서 일반적인 통사체계를 지양하고, 이슈를 중심으로 한국고대사의 특징적인 면모와 흐름을 살필 수 있도록 의도하였다. 한국고대사의 여러 이슈와 쟁점 가운데 학자와 일반 대중의 관심이 높은 21개를 선정하여 서술하였는데, 이슈와 논쟁을 선정할 때, 일반 대중에게 역사적 사실이 잘못 알려져 있거나 또는 일반 대중에게 널리 알려져 있음에도 불구하고 구체적인 내용을 둘러싸고 학계에서 논쟁이 되거나 학설사적으로 중요하다고 판단되는 측면 등을 두루 고려하였다. 또한 필요한 경우 특별한 이슈가 되지 않지만, 고대에 한국 사람들이 어떻게 살았는가를 살필 수 있는 주제도 포함시켜 단순한 이슈와 쟁점 위주의 서술을 보완하려고 하였다.

본서에서는 21개의 이슈와 쟁점을 새롭게 쓴 인물 평전, 역사적 진실을 찾아서, 고대사의 숨은 이야기, 고대 사회와 고대인의 삶으로 분류하여 탐색하였다. '새롭게 쓴 인물 평전'에서는 우리가 널리 알고 있는 인물을 새로운 시각에서 탐구하였다. 여기서 저자는 민족주의 사학자들에게 구국의 영웅으로 칭송받았던 연개소문, 사대주의자로서 비판받았던 김춘추와 김유신을 민족과 사대라는 잣대가 아니라 당대 오롯이 고구려인과 신라인의 입장에서 새롭게 조명하였다. 이어서 폭군의 대명사였던 의자왕에 대한 오해를 해명하고, 후삼국시대의 두 영웅인 견훤과 궁예가 새로운 시대를 여는 주인공이 되지 못한 이유, 실정으로 나라를 혼란에 빠트려 결국 반란군에게 시해를 당한 혜공왕의 비밀과 그에 대한 후대인의 평가를 정리하였다.

'역사의 진실을 찾아서'에서는 일반 대중에게 잘못 알려진 내용이나 학계에서 논란이 되었던 이슈를 선정하여 서술하였다. 오늘날 한반도에 살고 있는 한국 사람들은 민족의 기원과 형성에 대한 관심이 지대한 편인데, 여기서는 먼저 이와 같은 일반 대중의 궁금증을 고려하여 우리 민족의 기원과 형성과정을 탐구하여 보았다. 그리고 일부 재야사학자 및 한국고대사 전공자 사이에 견해 차이가 큰 고조선의 중심지와 건국시기 문제, 한사군의 성격과 그것이 우리 역사에 끼친 영향을 탐색한 다음, 이어 중국 사서에 전하지만, 연구자들 사이에 의견이 엇갈리는 백제 요서 진출의 진위 여부, 일반 대중에게 천문대로 알려진 첨성대의 성격을 둘러싼 학계의 논쟁, 발해사의 국적을 둘러싼 한국과 중국, 러시아의 견해 등을 꼼꼼하게 분석하여 저자 나름의 생각을 피력하여 보았다.

'고대사의 숨은 이야기'에서는 베일에 가려 있는 고대사 속의 비밀을 풀어 한국고대사에 대한 인식의 지평을 넓힐 수 있는 이슈들을 다루었다. 저자는 여기서 먼저 고구려의 태조왕太祖王이란 왕호에 숨겨진 암호를 풀면서 고구려에서 한때 주몽이 아니라 태조왕을 시조로 인식하였고, 4세기 후반 소수림왕 때에 주몽을 고구려의 시조로 인식하면서 고구려의 역사를 새로 썼다는 사실을 밝히려고 하였다. 그리고 백제의 건국 시조로서 온조와 비류, 구태仇台 등으로 다양하게 전해진 이유를 탐색하면서, 백제인들이 시기에 따라 그들의 시조를 다르게 인식하였고, 그때마다 자국의 역사를 다시 정리하였음을 해명하였다. 이외에 1980년대 후반과 2009년에 발견된 울진봉평리신라비와 포항냉수리신라비, 포항중성리신라비의 내용을 분석하여, 6세기 초반 신라 정치체제의 구체적인 모습을 스케치하였고, 가야를 삼국과 대등하게 취급하여 삼국시대가 아니라 사국시대라는 용어를 사용하자고 제안한 견해의 내용과 문제점, 당나라 사람들이 발해를 해동성국海東盛國이라고 부른 연유 등에 대해 탐구하였다.

마지막으로 '고대 사회와 고대인의 삶'에서는 고대인들이 살았던 사회 모습과 그들의 생활상을 정리하였다. 여기서는 고조선의 사회 성격, 삼한의 형성과정과 실체, 4~5세기 고구려의 천하관과 더불어 선사시대 사람들의 생활 모습, 신라인의 사랑과 결혼 등에 알아보았다.

본서는 청소년과 대학 1, 2학년 학생, 일반 대중을 대상으로 하는 교양도서로 기획되었다. 이 때문에 저자는 그들에게 좀 더 가까이 다가가기 위해 가능하면 사용하는 개념과 용어를 쉽게 풀어서 설명하려고 하였다. 또한 학계의 논쟁을 소개할 경우, 학자의 주장을 단순하게 나열하는 방식을 지양하고, 논점의 차이를 명확하게 부각시킨 다음, 그에 대한 바람직한 해결방안을 제시하려고 의도하였다. 아울러 학계의 연구동향을 비교적 정확하게 전달하려고 노력하였을 뿐만 아니라 이것을 기초로 기존에 신문과 방송 등을 통해 일반 대중에게 잘못 알려진 사실을 교정하는 데에도 많은 관심을 기울였음을 밝혀두고자 한다.

저자는 본서에서 고대사의 여러 이슈를 재미있고 쉽게 서술하려고 최대한 노력하면서도 각각의 이슈마다 기승전결起承轉結로 나누어 기술함으로써 일정한 체계성을 갖추도록 배려하였다. 독자들은 본서를 읽음으로써 한국고대사의 여러 이슈와 쟁점에 대한 이해와 흥미를 제고시킬 수 있을 뿐만 아니라 논리적인 사고력을 크게 배양시킬 수 있을 것으로 기대된다.

본서의 집필에 여러 가지로 도움을 준 단국대학교 사학과 대학원에 재학하고 있는 학생들, 저의 가족들에게도 고마움을 표하고자 한다. 마지막으로 어려운 환경 속에서도 본서의 출간을 기꺼이 허락해주신 역사산책 출판사의 박종서 사장님에게도 감사의 말을 전하고자 한다.

2018년 7월 저자 謹識.

차 례

제 1 부
새롭게 쓴 인물 평전

연개소문은 고구려 멸망의 원흉인가?

666년에 고구려를 호령하며 당군의 침략에 호기롭게 맞선 연개소문淵蓋蘇文이 죽었다. 기록에 따라 665년에 죽었다고 전하기도 한다. 연개소문은 죽기 전에 남생男生, 남건男建과 남산男産, 세 아들을 불러놓고 유언하였다. '너희 형제는 물과 고기처럼 화합하여 작위를 다투지 마라. 만약 그렇지 못하면 반드시 이웃 나라의 웃음거리가 될 것이다.' 연개소문은 자기가 죽은 뒤에 혹여 자식들이 권력다툼을 벌여 고구려가 망할까 걱정이 되어, 이와 같이 당부한 것이다.

연개소문이 죽고, 맏아들 남생이 최고 집권자에 올랐다. 그런데 남생이 지방을 순시하러 나간 틈을 타서 남건과 남산 두 동생이 형을 배신하고 권력을 장악하였다. 남생은 옛 수도인 국내성으로 갔다가 이내 당나라에 투항하였다. 연개소문의 동생 연정토는 동해안의 12성을 들어 신라에 투항하였다. 고구려의 핵심 지배층이 사분오열되자, 이틈을 타서 나당연합군은 고구려를 공격해 마침내 668년 9월에 평양성을 함락하고 고구려를 멸하였다.

연개소문의 우려는 현실화되었다. 더구나 믿었던 맏아들 남생은 고구려를 멸망시킨 당군의 일원으로 참전하는 반역을 저지르기까지 하였다. 비록 연개소문이 죽은 뒤에 고구려가 멸망하였지만, 그렇다고 연개소문에게 고구려 멸망의 책임이 전혀 없다고 말할 수 있을까? 만약에 책임이 있다고 한다면, 그가 책임져야 할 것은 과연 무엇이었을까? 연개소문의 독재로 말미암은 비극적 결말에 초점을 맞추어 이러한 의문을 차근차근 해소하여 나가도록 하자.

연개소문의 정변

연개소문 가문은 6세기 중반 이후 두각을 나타낸 신흥귀족이었다. 연개소문의 할아버지 자유子遊와 아버지 태조太祚는 막리지莫離支를 역임하였다. 막리지는 2품 태대형太大兄을 가리킨다. 1품은 대대로大對盧로서 임기가 3년이며, 국정을 총괄하였다. 대대로는 1인이었으나 막리지, 즉 태대형에는 복수의 인물이 임명되었다.

할아버지 자유는 막리지로서 동부대인東部大人이란 관직에 임명되었다. 이것은 '동부를 관장하는 장'을 가리킨다. 고구려는 수도를 동·서·남·북·중부로 구획하여 다스렸다. 각 부마다 군사를 두었는데, 각 부를 관장하는 장, 즉 대인을 욕살褥薩이라고 불렀다. 따라서 동부대인은 바로 동부욕살을 가리킨다고 볼 수 있다.

동부대인 태조太祚가 죽은 후, 그의 아들인 연개소문이 동부대인을 계승하려고 하니, 귀족들이 그의 성격이 잔인하고 포악하다고 하여 그를 미워하고 반대하였기 때문에 그 직책에 취임할 수 없었다. 당시에 귀족들의 합의로 정치를 운영하였으므로 특정 관직에 취임하기 위해서는 귀족들의 동의가 필요하였다. 이에 연개소문이 머리를 숙여 뭇 사람에게 사죄하면서 그 직을 임시로 맡기를 청하고, 만약 무엇인가 잘못이 생기면 비록 버려져도 원망하지 않겠다고 맹세하자, 그제서야 귀족들은 마지못해 연개소문이 아버지의 직책을 계승하는 것에 동의하였다.

연개소문이 동부대인에 취임한 이후 그의 세력이 강성해지자, 다른 귀족들이 그를 집중적으로 견제하였다. 그리고 급기야 영류왕과 여러 귀족이 연개소문을 제거하기 위하여 몰래 의논하기까지 하였다. 연개소문의 제거 음모는 642년 초 그를 천리장성을 쌓는 감역監役으로 임명하면서 구체화되었다. 고구려는 당나라의 침략에 대비하여 631년부터 요동 방면에 천리장성을 축조하기 시작하였는데, 영류왕은 연개소문을 그 책임자로 임명한 것이다. 영류왕과 귀족들은 그를 동부대인에서 해임시키고, 지방으로 내쳐 그의 힘을 약화시키려고 의도한 것이다.

연개소문은 영류왕과 귀족들의 음모를 눈치 채고, 정변을 준비하였다. 642년 10월, 연개소문은 동부대인의 이임식장에서 동부 군사를 소집하여 열병을 거행한다고 선포한 다음, 평양성의 남쪽에 술과 음식을 성대하게 차려놓고 대신大臣들을 초청하였다. 대신들이 열병식을 참관하기 위하여 모이자, 연개소문의 명령을 받은 군사들이 그들을 모두 살해하였다. 『일본서기』에 따르면, 이때 연개소문의 인척인 이리거세사伊梨渠世斯 등 180여 인이 살해되었다고 한다.

이어서 연개소문의 군사들은 궁궐로 달려가 영류왕을 시해하고, 왕의 조카 보장寶藏을 왕위에 앉혔다. 정변 후에 연개소문은 스스로 막리지가 되고, 군사권을 장악하는 직책인 대모달大模達에 취임하였다. 그리고 『일본서기』에서 연개소문이 동성同姓인 도수류금류都須流金流를 대신으로 삼았다고 하였는데, 여기서 대신은 대대로를 가리키는 듯하다. 연개소문은 도수류금류를 형식적으로 국정을 총괄하는 대대로에 앉히고, 대모달에 취임하여 실질적인 권력을 행사한 것으로 보인다. 얼마 후에 연개소문은 태대대로太大對盧에 취임하여 명실상부한 최고 집권자로 군림하며 정국운영을 주도하였다.

일반적으로 연개소문의 정변은 대당외교를 둘러싼 강경파와 온건파와의 대립에서 기인한 것으로 파악한다. 당나라는 건국 초에 고구려와 우호적인 관계를 유지하다가 626년 태종 이세민李世民이 황제에 오른 뒤에 태도를 바꾸었다. 당은 고구려에 수나라 군사의 시체를 거두어 만든 전승기념물인 경관京觀을 허물라고 요구하고, 사신을 파견하여 고구려의 내부사정과 지리를 염탐하였다. 나아가 고구려에게 당에 복속하기를 강력하게 요구하였다.

이에 대해 영류왕을 비롯한 대부분의 귀족들은 대당평화책을 주장하고, 연개소문을 중심으로 하는 일부 귀족들은 대당강경책을 주장하며 맞섰다. 결과적으로 강경파의 리더인 연개소문이 영류왕을 비롯한 온건파들을 제거하고 권력을 잡은 셈이다. 연개소문은 집권 후에 대당강경책을 강력하게 추진하였고, 당 태종이 이것을 빌미 삼아 고구려를 정벌하였다가 안시성전투에서 패배하였음은 널리 알려진 대로이다.

연개소문의 권력 강화

연개소문은 집권 후에 자신의 권력기반을 강화하기 위하여 노력하였다. 연개소문은 중앙정계에서 반대파를 모두 제거하였지만, 지방에는 여전히 반대파가 포진하고 있었다. 대표적인 인물이 바로 안시성安市城의 성주였다.

중국에서 명나라 때에 당나라 태종 이세민이 활약한 일대기를 소설

형식으로 각색한 웅대목熊大木: 호는 종곡자(鐘谷子)의 『당서지전통속연의唐書志傳通俗演義』, 곧 『당서연의』에서 안시성을 지키던 고구려 장수를 절노부주수絶奴部主帥 양만춘楊萬春, 그의 부하를 추정국鄒定國, 이좌승李佐升이라고 기록하였다. 이 책의 영향으로 안시성 성주가 양만춘이라고 널리 알려졌고, 송준길의 『동춘당선생별집』, 박지원의 『열하일기』 등에서 안시성주의 이름을 양만춘이라고 밝혔다. 반면에 『삼국사기』나 중국 정사의 기록에 안시성주에 대한 이름이 전하지 않는다. 웅대목이 고구려 안시성주의 이름을 임의로 양만춘이라고 지었던 것으로 보인다.

연개소문은 안시성주를 굴복시키기 위하여 군사를 보내 성을 공격하였으나 함락시키지 못하였다. 사서에는 이에 연개소문이 어쩔 수 없이 안시성주의 지위를 그대로 인정해주었다고 전하지만, 아마도 이때 연개소문은 안시성주의 지위를 보장해주는 대신에 안시성주는 연개소문의 집권을 승인한다는 어떤 이면 합의 같은 것이 존재하지 않았을까 추측된다. 안시성주의 사례를 참고할 때, 지방에 포진한 연개소문의 반대파를 모두 제거하였다고 보기 어렵다. 연개소문은 중앙정계의 반대파를 제거하고 권력을 장악하는 데에 성공하였지만, 지방의 반대파까지는 모두 제거하는 데에는 실패하여 철저한 집권화는 이루지 못하였다고 평가할 수 있다.

연개소문이 권력을 강화하기 위하여 실시한 대표적인 정책이 바로 도교진흥책이다. 연개소문은 643년 봄 정월에 보장왕에게 '삼교三敎는 비유하면 솥의 발과 같아서 하나라도 없어서는 안되는 것입니다. 지금 유교와 불교는 모두 흥하는데 도교는 아직 성하지 않으니, 이른바 천하의 도술道術을 모두 갖추었다고 할 수 없습니다. 엎드려 청하건대, 당나라에 사신을 보내 도교를 구하여 와서 나라 사람들을 가르치십시오.'라고 아뢰었다. 이에 당나라에 글을 올려 요청하자, 당 태종이 도사道士 숙달叔達

등 8명을 보내고, 더불어 노자도덕경老子道德經을 보내주었다. 이에 보장왕이 기뻐하여 사원을 빼앗아 도사 등을 머물도록 조치하였다.

연개소문은 두 가지 목적을 가지고 도교를 진흥하였다. 당나라는 건국 이후부터 노군老君의 자손이 세상을 다스릴 것이라는 '이씨당왕설李氏當王說'의 참위讖緯를 이용하며 도교를 진흥하였다. 연개소문은 당과의 긴장관계가 한층 높아지는 상황에서 당에서 숭배하는 도교를 받아들여 진흥시킨다면, 당과의 긴장관계를 약간이나마 해소할 수 있다고 인식한 것으로 보인다. 즉 연개소문은 대당외교전략의 일환으로 도교를 적극 활용한 것이다.

연개소문의 언급에서 알 수 있듯이 본래 고구려에서는 불교의 영향력이 가장 컸다. 당시 왕실과 귀족들은 불교계와 밀착되어 있었다. 연개소문은 정변을 일으킨 후에 불교계를 탄압함으로써 반대파의 지지기반을 축소시키고, 도교를 진흥하여 자신의 지지기반을 넓히려고 의도하였을 것이다. 정변 이후 불안해진 민심을 도교를 통하여 수습하려는 의도도 가지고 있었음은 물론이다.

불교계는 도교진흥책에 강력하게 반발하였다. 대표적인 인물이 승려 보덕普德이다. 그는 불교를 억압하고 도교를 숭배하면 나라가 위태로워질 것을 걱정하여 보장왕에게 여러 차례 간언하였으나 듣지 않자, 결국 남쪽의 백제로 망명하였다. 『삼국유사』에서는 마치 연개소문이 도교를 숭상함으로써 고구려가 멸망한 것처럼 기록하였는데, 도교진흥으로 말미암아 국론의 분열이 초래되어 고구려가 멸망했다는 불교계의 인식을 대변해주는 것으로 이해된다. 일말의 진실을 담고 있다고 볼 수 있다.

연개소문의 권력기반 강화 노력은 궁극적으로 친정체제를 확고하게 다져 아들들에게 권력을 안전하게 승계할 수 있는 토대를 닦는 방향으로 초점이 맞추어졌다. 맏아들 남생은 여러 관등을 거쳐 18세에 중리대형中

裏大兄으로 승진하였다. 이때 남생이 관리의 임명이나 해임 등에 관련된 공식적인 발령을 모두 주관하였다고 알려졌다. 23세에 중리위두대형中裏位頭大兄으로 승진하고, 그 다음해에 여기에다 장군을 겸직하게 하였으며, 28세에 막리지로 임용하고 삼군대장군三軍大將軍을 겸직하게 하였다. 이것은 연개소문이 사실상 군사권을 모두 남생에게 물려준 것을 의미한다.

남생의 동생 남건과 남산 역시 비슷한 과정을 거쳤다. 남생은 아버지가 죽자, 32세에 태막리지太莫離支가 되어 군국軍國을 총괄하는 아형원수阿衡元首: 재상과 군사의 우두머리의 역할을 수행하였고, 남산은 30세에 남생을 몰아내고 태막리지에 올랐다.

연개소문이 생전에 아들들의 권력 승계를 위하여 노력을 아끼지 않은 결과, 그가 죽자 아들들이 귀족들의 커다란 저항없이 아버지의 직임을 그대로 승계할 수 있었다. 물론 이것은 연개소문이 당과의 전쟁을 주도적으로 이끄는 과정에서 반대파의 기반을 크게 약화시키고 그 중심의 집권적인 정치체제를 나름대로 완벽하게 구축하였음을 전제하는 것이기도 하다. 1인 독재적인 정치체제의 확립, 이것은 고구려 왕조를 몰락으로 이끈 비극의 씨앗이었다.

연개소문의 독재, 비극의 씨앗

544년 12월 안원왕安原王이 위독하자, 중부인과 소부인이 자신의 아들을 왕위에 앉히려고 다투었다. 중부인의 친정세력을 추군麤群, 소부인의 친정세력을 세군細群이라고 불렀다. 두 세력의 싸움에서 추군이 승리하여 545년에 중부인의 아들 양원왕이 즉위하였다. 이후에도 한 동안 귀족들의 분쟁이 끊이지 않은 상황에서 552년에 돌궐이 유연을 멸망시키고 고구려를 압박하면서 고구려는 내우외환에 휩싸였다. 이때 고구려는 안으로는 귀족연립정권을 수립하고, 밖으로는 신라와 동맹을 맺어 위기를 수습하였다.

귀족연립정권은 각 가문 단위로 결집된 유력 귀족집단의 합의를 기초로 하여 정국을 운영하는 것으로 특징지을 수 있다. 『한원翰苑』이란 역사서에 토졸吐捽: 대대로, 태대형, 울절鬱折, 대부사자大夫使者, 조의두대형皂衣頭大兄 등에 임명된 귀족들이 기밀機密을 관장하고 정사政事를 도모하여 군사를 징발하고 사람을 뽑아 관작을 수여하였다고 전한다. 그리고 국사를 총괄하는 토졸, 즉 대대로는 임기가 3년이며, 그 직을 잘 수행한 자는 연한에 구애를 받지 않는다. 그리고 교체하는 날에 혹 서로 승복하지 않으면 각각 무력을 동원하여 서로 공격하여 이긴 자가 토졸이 되며, 왕은 단지 궁문을 닫아걸고 스스로를 지킬 뿐이고 제어할 수 없었다고 하였다.

국정을 총괄하는 토졸, 즉 대대로의 임기가 3년으로 정해져 있다는 것에서 특정 귀족의 권력독점을 예방하려고 의도하였음을 엿볼 수 있다. 물론 연임도 가능하고, 일부는 무력충돌을 통하여 대대로에 취임하기도 하였지만, 559년 평원왕의 즉위부터 642년 연개소문의 정변이 일어나기까지 약 80여 년 동안 이렇다 할 정쟁이 일어나지 않은 것에서 귀족연립정권이 성립된 이래 귀족집단 사이의 상호 견제와 균형이 정상적으로 작동하여 나름대로 정국이 안정되었음을 엿볼 수 있다.

남생과 남산이 성을 바꾼 이유
연개소문의 아들 남생과 남산은 당나라에 항복하면서 성씨를 연씨(淵氏)에서 천씨(泉氏)로 바꾸었다. 당나라를 건국한 고조(高祖)의 이름이 이연(李淵)이었다. 일반 백성들은 왕이나 황제의 이름을 함부로 사용할 수 없었기 때문에 남생과 남산은 연(淵)과 같은 뜻을 지닌 천(泉)으로 성씨를 바꾸었던 것이다.

연개소문은 642년 10월에 정변을 일으켜 권력을 장악한 이후에 도수류금류를 대대로에 임명하였다. 정변 초기에 연개소문의 권력기반이 불안하여 귀족연립체제를 나름대로 유지할 필요성이 있었기 때문이었다. 『천남생묘지泉南生墓誌』에서 연개소문이 생전에 태대대로太大對盧

〈그림 1〉 연개소문과 설인귀, 당 태종
1967년 중국 상하이 자딩현 명 선성왕묘에서 출토된「신간전상당설인귀과해정료고사」
에 실린 그림이다. 칼은 든 이가 연개소문, 활을 쏘는 사람이 설인귀이며, 지켜보는
사람은 당 태종이다.

였다고 전한다. 대대로의 임기는 3년이었으나 태대대로는 임기가 없는
종신직이었을 가능성이 높다. 아마도 연개소문은 당과의 전쟁을 거치면
서 반대파를 완전히 제압하고, 그의 입지가 한층 더 강화되자, 640년대
후반이나 650년대 초반에 태대대로에 취임하여 명실상부한 최고 집권자
로서 1인 독재체제를 구축한 것으로 보인다. 독재자로서 연개소문의
위세를 한껏 보여주는 기록이 『삼국사기』에 전한다.

(연개소문은) 나라를 호령하며 나랏일을 마음대로 하였는데, 매우 위엄이 있었다. 몸에 다섯 개의 칼을 차고 다녔으며, 좌우에서 감히 쳐다보지 못하였다. 매양 말을 타거나 내릴 때마다 항상 귀족의 장수로하여금 땅에 엎드리게 하여 그 등을 밟고 디뎠으며, 나가 다닐 때에는반드시 군대를 풀어서 앞에 인도하는 자가 긴소리로 외치면 사람들이모두 달아나 도망쳐 구덩이나 골짜기를 가리지 않았다. 그러므로 나라사람들이 대단히 고통스럽게 여겼다.

이와 비슷한 내용은 중국의 역사서인 『구당서』와 『신당서』에도 전한다. 아마도 『삼국사기』 편찬자가 이들 사서의 기록을 그대로 수용한것으로 보인다. 연개소문이 당과 강력하게 맞섰기 때문에 당나라 사람의 그에 대한 인식은 부정적일 수밖에 없었다. 따라서 중국 사서의 기록은 연개소문의 부정적인 측면을 과장되게 부각시킨 면이 없지 않다고보아도 좋을 것이다. 이럼에도 불구하고 연개소문은 귀족과 백성들에게무소불위無所不爲의 권력을 휘두르는 독재자로서 두려움의 대상으로 비추어졌던 측면을 결코 부정할 수 없다.

1인 독재체제의 폐해는 연개소문 사후 그의 아들들이 권력투쟁을 전개하면서 표면화되었다. 연개소문 사후 아들 사이에 분쟁이 일어나자,이것을 수습할 수 있는 제도적인 장치가 전혀 작동하지 못하였다. 연개소문의 집권 기간 동안 왕이나 귀족회의를 완전히 무력화시켰기 때문에그들은 어떠한 수습책도 강구할 수 없었던 것이다.

더구나 1인 독재체제가 오래 지속되면서 지배층 사이의 결속력이 크게 와해되었고, 백성들의 왕조에 대한 신뢰도 크게 떨어졌다. 당군이요동을 공격하였을 때에 수십 개의 고구려 성들이 이렇다 할 저항 한번없이 당군에 투항한 것에서 연개소문의 독재체제 하에 귀족이나 지방세력 및 백성들의 불만이 팽배하였음을 쉬이 짐작할 수 있다.

연개소문은 당군의 침략에 호기롭게 맞서 고구려 국가의 운명을 좀 더 연장시켰다. 이러한 이유를 들어 일부에서 연개소문을 독립 자주의 정신과 대외항쟁의 담략膽略을 지닌 애국명장으로 평가하기도 한다. 물론 이와 같은 평가가 타당한 면이 전혀 없는 것은 아니다.

그러나 연개소문이 사망하고 얼마 되지 않아 고구려가 멸망하였기 때문에 결코 그는 고구려 멸망의 책임에서 벗어나기 어렵다. 특히 귀족 연립체제를 무너뜨리고 독재체제를 구축한 결과, 지배층의 결속력을 약화시키고, 백성들의 신뢰를 잃어버려 당군의 침략에 고구려가 효과적으로 대응할 수 없게 만든 장본인이라는 점에서 더욱 그러하다. 연개소문의 평가에서 오늘날 우리가 깊이 명심하지 않으면 안되는 커다란 교훈, 그것은 바로 소통을 무시하고 권위주의적인 태도를 가지고 정치를 하면, 나라의 미래가 불행해진다는 사실일 것이다.

참고문헌 • • •

임기환, 1992 「6 · 7세기 고구려 정치세력의 동향」, 『한국고대사연구』5
한국역사연구회 고대사분과, 1994 「연개소문, 영웅인가, 독재자인가」 『문답으로 엮은 한국고대사 산책』, 역사비평사
김영하, 2000 「영욕으로 얼룩진, 비범한 고구려인의 초상, 연개소문」 『내일을 여는 역사』3호
노태돈, 2009 「연개소문론」 『한국고대사의 이론과 쟁점』, 집문당
노태돈, 2009 『삼국통일전쟁사』, 서울대학교출판부
김수진, 2010 「7세기 고구려 도교수용의 배경」 『한국고대사연구』59

의자왕, 성군인가? 폭군인가?

이슈와 쟁점으로 읽는 한국고대사

백마강 달밤에 물새가 울어,
잃어버린 옛날이 애달프구나
저어라 사공아 일엽편주 두둥실,
낙화암 그늘 아래 울어나 보자

흘러간 옛 노래 '꿈꾸는 백마강'의 노랫말이다. 가사도 애절하고, 노래
는 더욱 구슬프다. 나당연합군에게 멸망한 백제 왕조에 대한 그리움과
애달픔이 고스란히 담겨 있다. 낙화암에 몸을 던져 백제 왕조에 대하여
절개를 지킨 삼천궁녀의 한恨을 담은 노래도 여럿 전한다. 대표적인 노래
가 김정구가 부른 '낙화 삼천'이다.

반월성 너머 사자수보니, 흐르는 붉은 돛대 낙화암을 감도네

〈그림 2〉 부여 낙화암 전경

옛 꿈은 바람결에 살랑거리고, 고란사 저문 날에 물새만 운다
물어보자 물어봐 삼천 궁녀 간 곳 어디냐
물어보자 낙화 삼천 간 곳이 어디냐

반월성은 옛 백제의 수도 사비성을 가리키고, 사자수는 백마강의 다른
이름이다. 낙화암에 몸을 던져 백마강에서 생을 마감한 삼천궁녀의 한
이 노랫말에 절절하게 배어 있다

그러나 백제의 마지막 왕인 의자왕에 대한 평가는 그리 호의적이지
않다. 종종 의자왕은 중국의 하나라와 은나라를 멸망으로 내몬 포악한
군주의 대명사 걸주桀紂에 비견되곤 하였다. 실제로 성군 세종은 의자왕이
술을 좋아 하여서 백제가 낙화암에서 멸망하였다고 언급하기도 하였다.

그런데 의자왕은 태자 시절에 해동의 증자曾子라고 불리었다. 해동의
성인聖人으로 칭송받던 의자가 왜 폭군이 되었을까? 무엇이 그로 하여금

폭군의 길로 나아가게 만들었을까?

한편 수백 년 이어온 백제 왕조를 지키지 못하였기 때문에 억울하게 의자왕이 폭군이라는 오명을 뒤집어썼다고 주장하는 이들을 종종 만날 수 있다. 백제왕조의 멸망은 의자왕의 실정失政 때문이 아니라 전적으로 당나라와 신라의 침략 야욕에 기인하였다는 역사적 평가에 근거하여 이러한 주장을 편다. 그러면 과연 역사적 진실은 무엇이었을까?

해동의 증자(曾子)

백제의 제31대 의자왕은 무왕武王의 아들이다. 무왕은 바로 신라 진평왕의 딸 선화공주와 결혼한 서동薯童으로 유명하다. 두 사람의 혼인은 신라의 공주와 백제의 왕이 국경을 넘어 사랑을 이룬 것으로서 널리 인구人口에 회자膾炙되었다. 의자왕은 왕위에 올라 선덕여왕이 다스린 신라와 치열하게 전쟁을 벌였다. 선덕여왕은 진평왕의 딸로서 선화공주의 자매였다. 의자왕이 선화공주의 아들이라면, 의자왕은 외가인 신라와 평생 동안 적대시하며 싸운 셈이 된다.

그러면 선화공주와 무왕의 결혼은 사실로 믿을 수 있을까? 근래에 익산 미륵사지 석탑을 수리하기 위하여 해체하였다. 석탑 안에서 부처의 사리를 봉안奉安한 사리함과 거기에 사리를 안치한 연유를 새긴 글이 발견되었다. 여기에서 639년무왕 40에 백제 귀족인 좌평 사탁적덕沙乇積德의 딸이 미륵사를 창건하였다고 언급하였다. 선화공주가 미륵사를 창건하였다는 서동요 설화와 배치되는 내용이다. 역사학자들 사이에 설화를 그대로 믿을 수 있을까를 둘러싸고 논쟁이 한참 진행 중이다.

그런데 설화는 설화일 뿐이다. 설화를 역사적 사실로 그대로 믿어서는 곤란하다. 무왕과 선화공주의 결혼, 그것은 설화 속에서나 가능할 뿐이고, 역사적 사실일 가능성은 희박하다. 미륵사지 석탑에서 발견된 사리봉안기는 그것을 증명해주는 구체적인 증거이다.

백제 멸망 후에 신라가 백제유민의 저항을 무마하기 위하여 무왕과 선화공주가 결혼하였다는 이야기를 만들어서 널리 퍼뜨리지 않았을까? 신라는 통일 후에 고구려와 백제유민을 동족同族으로 대우하여 융합하려고 노력하였다. 백제유민을 회유하려고 할 때, 신라와 백제 왕실이 핏줄로 연결된다는 것만큼 효과적인 소재는 없었을 것이다.

의자義慈는 632년무왕 33에 태자가 되었다. 태자 시절에 의자는 어버이를 효성으로 섬기고 형제와 우애가 있어서 백제 사람들이 해동증자海東曾子라고 불렀다고 한다. 증자는 공자의 제자로서 효를 특히 강조하였다. 의롭고 인자하다는 뜻을 지닌 이름에서 풍기듯, 그는 해동의 성인聖人이라고 칭송되었던 것이다.

의자왕은 641년에 무왕의 뒤를 이어서 왕위에 올랐다. 『일본서기』에 642년 정월에 의자왕의 어머니가 죽었고, 동생 왕자의 아들 교기翹岐와 어머니의 여동생 자식 4명, 내좌평內佐平 기미岐味를 비롯하여 고명高名한 인사 40여 명을 섬으로 추방하였다고 전한다. 의자왕이 왕위를 계승할 때, 동생과 갈등이 있었음을 추측케 해준다. 이모의 자식을 섬으로 추방한 것으로 보아 무왕대에 외척세력의 정치적 영향력이 상당히 강하였음이 분명하다. 기미와 고명한 인사 40여 명은 외척세력이거나 그들과 연결된 고위 관료로 추정된다. 이들은 의자왕과 왕위를 두고 갈등을 벌인 동생과 한 편이었을 것이다.

의자왕은 그를 반대하는 귀족세력을 숙청한 다음, 지방을 순시하여 민심을 다독였다. 그는 국내의 통치체제를 확고하게 다지고, 군사를 보내 신라 서쪽 변방의 40여 성을 빼앗았다. 그리고 642년 8월에 윤충장군으로 하여금 대야성경남 합천을 공격하게 하여 김춘추의 사위와 딸을 죽이고, 그 성을 함락시킨 다음, 옛 가야지역을 모두 차지하였다. 554년 관산성전투에서 성왕이 전사한 이래, 백제는 그 원수를 갚기 위하여 절치부심하였다. 대야성 함락은 성왕의 원수를 갚고도 남은 쾌거였다. 해동의 성인이라고 칭송받던 의자왕, 그가 백제의 숙원사업마저 완수하였으니, 의자왕에 대한 백제인의 존경심이 어떠하였는지 가히 짐작하고도 남음이 있을 듯싶다. 그러나 아이러니하게도 대야성전투는 신라와 당나라가 동맹을 맺게 만든 동인動因으로 작용하여 결과적으로 백제를 멸망에 이르게 한 계기가 되기도 하였다.

민심의 이반과 지배층의 분열

대야성의 상실로 커다란 위기를 맞이한 신라는 648년 당나라와 군사동맹을 체결하였다. 이때 당나라 태종과 김춘추는 고구려와 백제 가운데 상대적으로 약소국인 백제를 먼저 정복하기로 합의하였다. 그러면 백제는 언제 신라가 당나라와 군사동맹을 맺은 사실을 알았을까?

652년에 백제가 당나라에 사신을 파견하고, 그 이후에 당과의 외교를 단절하였다. 대신 653년 가을 8월에 왜와 우호를 통하였다. 651년에 당나라 고종이 백제 사신에게 신라를 침략하지 말도록 경고하고, 만약에 따르지 않으면 신라가 청한 바대로 백제를 칠 수밖에 없다고 분명하게 말하였다. 당 고종은 신라와 동맹을 맺었고, 백제는 그러한 사실을 알고 자중하라고 엄중하게 경고한 것이다. 이 무렵에 백제에서 당나라와 신라가 모종의 협약을 맺었음을 인지하였다고 보아야 한다. 당과의 외교를 단절하고 왜와의 우호관계를 강화한 배경도 바로 이것에서 찾을 수 있다.

이렇게 당나라와 신라가 동맹을 맺어 호시탐탐 백제를 침략할 기회를 엿보는 시기에 백제는 이에 대하여 어떻게 대처하였을까? 백제는 653년에 왜와의 우호관계를 강화하는 한편, 655년에는 고구려, 말갈과 연합하여 신라의 북쪽 변경을 공격하여 33성을 탈취하였다. 백제 의자왕은 나당이 동맹을 체결한 사실을 알고도 전혀 위축되지 않고, 고구려와 연합하여 신라를 침략하는 전략을 구사한 것이다.

656년에 성충이 당나라와 신라가 백제를 침략할 것이니, 만약에 그러하면 육로로는 침현沈峴: 탄현을 넘지 못하게 하고, 수군은 기벌포伎伐浦 언덕에 들어오지 못하게 하고서 험난하고 좁은 곳에 의거하여 적을 막아야 한다고 간언하였다. 그런데 의자왕은 성충의 말에 전혀 귀를 기울이지 않았다. 당나라와 신라가 먼저 고구려를 칠 것이라고 생각하였거나 또는 백제가 왜 및 고구려와 연합한 상황에서 나당이 쉽게 백제에 대한 침략을 도모하지 않을 것이라고 생각하였기 때문으로 보인다.

그러나 의자왕의 자만 또는 자신감이 너무 지나쳤던 것일까? 대외적 위기가 고조되는 환경 속에서 지배층의 분열과 민심의 이반은 항상 돌이킬 수 없는 회한悔恨을 남기는 법이다. 653년 봄에 크게 가물어 백성들이 굶주렸다. 657년 여름 4월에 크게 가물어 농작물이 말라죽었다. 잦은 재해로 말미암아 백성들의 경제생활이 매우 어려워졌을 것이다. 이 무렵 의자왕은 백성은 돌보지 않고 궁녀와 더불어 주색에 빠지고 마음껏 즐기며 술 마시기를 그치지 않았다. 어떤 기록에는 백제의 임금과 신하들이 심히 사치하고 지나치게 방탕하여 국사를 돌보지 않아 백성이 원망하고 신이 노하여 재앙과 괴변이 속출하였다고 전하기도 한다.

659년부터 백제에서 괴변이 집중적으로 발생하기 시작한다. 이 해 4월에 서울 사비성의 시장 사람들이 까닭 없이 놀라 달아났는데, 마치 붙잡으려는 사람이 있는 것처럼 하여 넘어져 죽는 자가 100여 명이나 되었고, 재물을 잃은 것이 헤아릴 수 없었다. 시장에서 도둑떼가 횡행하여 폭동을 일으키고 재물을 마구 약탈하지 않았을까? 의구심을 갖게 만든다.

660년 5월에 귀신 하나가 궁궐 안으로 들어와 '백제는 망한다. 백제는 망한다.'고 크게 외치다가 땅 속으로 들어가 사라지매, 왕이 이상하게 여겨 땅을 파게 하니, 거북이 한 마리가 나왔다. 거북이 등에는 '백제는 보름달과 같고, 신라는 초승달과 같다.'라는 글귀가 쓰여져 있었다. 왕이 무당을 불러 그 뜻을 물으니, 보름달은 가득 찬 것이니, 점차 기울며, 초승달은 가득 차지 못한 것이니, 점점 차게 된다.'고 아뢰자, 왕이 화를 내면서 그를 죽여버렸다. 어느 사람이 아뢰기를 '보름달은 왕성하다는 뜻이요, 초승달은 미약한 것이니, 생각하건대 우리나라는 왕성하게 되고, 신라는 점차 미약해진다는 뜻일 듯합니다.'라고 하니, 왕이 기뻐하였다.

귀신이 사비성에 나타났다는 것은 사실 그대로 믿기 어렵다. 백제가 망하기를 바라는 민심이 반영된 유언비어가 백제에 널리 퍼져 사서에 기록되었을 것으로 보인다. 의자왕과 신하들이 사치와 향락에 빠져 정사를 돌보지 않자, 백성들이 원망하며 백제 왕조에 등을 돌렸음을 상징적으로 알려주는 일화의 하나이다. 어떤 이가 거북이 등에 적힌 글귀를 의자왕에게 곡해하여 아뢰었다고 설정한 괴변의 내용으로 보아 들끓는 민심이 구중궁궐에 사는 왕에게 제대로 전달되지 않았음이 분명하다. 의자왕의 눈과 귀를 막은 인의 장벽이 그로 하여금 효과적인 대민안정책을 실시하여 민심을 수습할 수 있는 기회를 박탈하였다고 본다면, 지나친 억측일까?

여기다가 엎친 데 덮친 격으로 의자왕대 말기에 백제 지배층의 분열이 극심하였다. 의자왕은 657년 정월에 서자庶子 41명에게 각기 좌평의 벼슬과 식읍을 주었다. 의자왕이 자기 자식에게 높은 벼슬과 경제적 특권을 부여한 조치로 보이는데, 이에 대한 백제 귀족들의 불만과 소외감이 팽배하였을 것이다.

여기다가 외척세력에게 정사를 맡겨 정치의 파행이 거듭되었다. 『일본서기』에 '백제는 스스로 망하였다. 요사스러운 여인 군君: 임금의 대부인 大夫人이 무도無道하여 나라의 권세를 멋대로 빼앗아 어진 이들을 죽였기 때문에 화를 부른 것이다.'라고 기록되어 있다. 백제는 나당연합군의 침략 때문이 아니라 무도한 군의 대부인이 정치를 파행으로 이끌어 스스로 망했다는 평가이다.

비슷한 기록은 정림사지 5층석탑에 당나라가 백제를 정복한 사실을 기념하여 새긴 「대당평백제비명」에도 나온다. 이에 따르면, '항차 밖으로 곧은 신하를 버리고, 안으로 요사스러운 부인을 믿어 형벌은 오직 충성스럽고 어진 자에게만 미치고 총애와 신임은 아첨하는 자에게 먼저 더해졌다.'고 한다. 『일본서기』에 의자왕의 비가 은고恩古였다고 전하므로 그녀가 정사를 마음대로 농단함으로써 국정이 파탄났다고 볼 수 있다. 성충은 의자왕의 사치와 향락을 비판하다가 감옥에 갇혀 굶어죽었고, 흥수興首는 멀리 유배되어 귀양살이를 하였다. 은고 일당이 어진 이들을 배척한 대표적인 사례이다.

의자왕이 은고를 신임하여 그녀에게 정치를 맡겼다고 하였는데, 다른 기록에서는 좌평 임자任子가 백제의 정사를 책임지고 처리하였다고 전한다. 임자는 은고와 가까운 인척으로 보이고, 당시에 외척세력이 권세를 잡아 국정을 농단하였음이 분명하다. 그런데 어이없게도 임자는 김유신과 내통하는 매국행위를 서슴지 않았다.

신라 사람 조미갑이 백제의 포로로 잡혀서 임자의 노비가 되었다. 그가 백제에서 도망쳐오자, 김유신은 그에게 다시 백제에 가서 임자에게 '나라의 흥망은 예측할 수 없으니, 만약에 당신의 나라가 망하게 되면, 당신이 우리나라에 의탁하고, 우리나라가 망하게 되면, 자기김유신가 당신의 나라에 의탁하면 어떻겠소.'라고 말하라고 지시하였다. 조미갑이 김유신의 말을 전하자, 임자가 그에게 그대로 따르겠다는 말을 김유신에게 전하라고 지시하였다. 이때 조미갑이 김유신에게 임자의 말을 전하면서, 동시에 백제의 내부 사정을 낱낱이 전하자, 김유신이 백제를 병합할 계획을 더욱 서둘렀다고 한다. 아마도 조미갑은 임자에게서 들은 백제의 내부 사정을 김유신에게 자세하게 보고한 것으로 보인다. 나당연합군이 호시탐탐 백제를 침략하려고 엿보던 차에 백제 지배층의 분열은 더 없이 좋은 기회를 제공하였다.

의자왕은 정말로 폭군이었을까?

660년 6월에 나당연합군이 백제를 공격하였다. 백제 조정에서 나당연합군에 대한 대응을 둘러싸고 갑론을박이 벌어졌다. 이러자 의자왕은 귀양 간 흥수에게 의견을 구하였는데, 그는 성충의 말을 따르라고 간언하였다. 그러나 대신들은 흥수의 말을 믿지 말라고 의자왕을 설득하고, 대신 당군은 백강^{금강}에 들어오게 하여 물의 흐름에 따라 배를 나란히 할 수 없게 하고, 신라군은 탄현을 넘게 하여 좁은 길을 따라 말을 가지런히 할 수 없게 한 다음 공격하는 것이 효과적이라고 아뢰었다. 의자왕은 대신들의 말을 따랐다.

백제 조정에서 우왕좌왕하는 사이에 당군은 백강을 거슬러 올라오고, 신라군은 탄현을 넘어 황산벌^{충남 논산}로 진격하였다. 계백장군이 5천 명의 결사대를 이끌고 신라군 5만을 맞아 싸웠으나 역부족이었다. 의자왕은 성충의 말을 따르지 않은 것을 크게 후회하였으나 때는 이미 늦었다. 나당연합군이 사비성을 포위하자, 의자왕은 사비성을 빠져나와 웅진성^{충남 공주}으로 달아났다가 7월 18일에 항복하였다.

8월 2일에 나당연합군은 백제정복을 기념하는 연회를 개최하였는데, 이때 신라의 태종무열왕과 소정방, 장수들은 대청 마루 위에 앉고, 의자왕과 그의 아들 융隆은 마루 아래에 앉혀서 때로 의자왕으로 하여금 술을 따르게 하니, 백제의 좌평 등 신하들이 목메여 울지 않는 사람이 없었다고 한다. 이후 소정방은 의자왕과 태자 효孝, 왕자 태泰·융·연演 및 대신과 장사將士 88명과 백성 12,807명을 포로로 잡아 당나라 서울로 데리고 갔다. 이 해 9월에 소정방이 잡아온 포로를 데리고 당나라 고종高宗을 알현하니, 고종은 조서를 내려 승자의 아량을 베풀어 의자왕의 죄를 용서해주고, 석방시켜 주었다. 나라를 잃은 의자왕, 두 번이나 치욕을 감내하지 않을 수 없었다. 그래서인지 의자왕은 얼마 뒤에 병으로 죽었다. 혹시 나라를 잃은 설움과 분노, 그것이 마음에 화를 불러일으키지나 않았는지 의구심이 든다.

의자왕의 사치와 향락이 백제 지배층의 분열을 조장한 측면이 있긴 하지만, 그러나 그것이 백제를 멸망으로 내몬 결정적인 동인이었다고 말하기 곤란하다. 일원적인 세계질서를 구축하고자 한 당나라의 야욕, 대야성의 치욕을 씻기 위한 신라의 적극적인 공세, 국제정세의 변화를 정확하게 꿰뚫어보는 의자왕의 안목 부재, 그리고 의자왕의 실정으로 말미암은 민심의 이반, 외척세력의 발호에 따른 지배층의 분열 등이 복합적으로 작용하였다고 보는 것이 올바르기 때문이다.

의자왕은 말년에 궁녀와 더불어 주색에 빠지고 마음껏 즐기며 술 마시기를 그치지 아니하고, 정사를 돌보지 않은 것은 분명하다. 그러한 이유 때문에 의자왕을 폭군이라고 불렀던 것이다. 그러면 정말로 의자왕은 중국의 걸주桀紂와 비견되는 폭군이었을까? 혹시 백제가 의자왕대에 멸망하지 않았다고 가정할 때, 그러하였을 경우에도 역시 의자왕을 폭군이라고 불렀을까? 한번쯤 의구심을 가져볼 만하다.

우리 역사 속에서 주색잡기를 즐긴 왕은 한 둘이 아니었다. 그럼에도 의자왕이 오직 폭군의 대명사처럼 강조된 이유는 바로 그가 수백 년 동안 지속된 백제 왕조를 지키지 못한 것에서 찾을 수 있다. 전근대사회에서 어떤 죄보다도 종묘사직을 제대로 보존하지 못한 죄가 가장 컸다. 이처럼 의자왕이 대죄를 저질렀기 때문에 거기에 폭군이라는 불명예가 덧 씌워진 측면이 전혀 없다고 말하기 곤란하다.

더구나 백제 멸망을 전하는 『삼국사기』나 중국의 사서는 모두 승자의 입장에서 기록한 것이다. 특히 신라와 당나라는 백제를 멸망시킨 당사자로서 백제를 정복하기 위하여 어떤 명분이 필요하였을 텐데, 혹시 그러한 이유 때문에 의자왕의 사치와 향락을 지나치게 과장하여 서술한 측면도 완전히 배제할 수 없다. 승자가 남긴 기록을 근거로 의자왕을 평가하는 것이 한계가 있다는 이야기이다.

한편 의자왕을 더욱 폭군답게 만드는 데에 일조한 것이 바로 삼천궁녀의 전설이다. 『삼국유사』에서는 의자왕이 후궁들과 더불어 '차라리 자결할지언정 남의 손에 죽지 않겠다.'고 말하며 서로 부소산 모퉁이의 바위에 올라 강물에 몸을 던져 죽었는데, 그 바위를 세상에서는 타사암墮死巖이라고 불렀다고 한다. 고려시대에 타사암을 낙화암落花巖이라고도 불렀다. 그런데 고려시대까지 삼천궁녀가 낙화암에 떨어져 죽었다는 전설은 존재하지 않았다.

조선시대 사람인 김흔金訢: 1448~1492이 낙화암이란 시를 지으면서 처음으로 낙화암에서 삼천가무三千歌舞가 몸을 던졌다고 언급하였다. 여기서 삼천가무는 삼천궁녀를 뜻한다. 이후에 낙화암에서 삼천궁녀가 몸을 던진 것이 마치 사실인양 그대로 믿게 되었다. 의자왕의 궁녀가 3천 명이었다는 믿음은 그가 주색에 빠져 마음껏 즐기며 술 마시기를 그치지 않았다는 사서의 기록을 더욱 그럴듯하게 포장하였다.

낙화암은 백제의 궁녀들이 절개를 지키기 위하여 산화한 신성한 곳이다. 그러나 삼천궁녀의 전설이 후대에 만들어지면서 낙화암은 신라의 포석정과 마찬가지로 의자왕이 술을 마시며 정사를 돌보지 않아 백제가 멸망한 상징적인 장소로 인식되기에 이르렀다. 낙화암에 대한 인식이 전도된 것처럼, 후대에 의자왕의 실정이 지나치게 과장되어 그를 폭군의 대명사로 만든 것은 아닐까?

참고문헌 ● ● ●

김수태, 2003 「의자왕, 시대의 흐름을 잘못 읽은 전제군주」 『내일을 여는 역사』 11
노중국, 2003 『백제부흥운동사』, 일조각
양종국, 2003 「의자왕과 백제멸망의 역사적 의미」 『역사와 담론』36
장인성, 2005 「해동증자 의자왕」 『인물역사연구』4
노태돈, 2009 『삼국통일전쟁사』, 서울대학교 출판부

김춘추와 김유신,
삼국통일의 영웅인가? 사대매국노인가?

이슈와 쟁점으로 읽는 한국고대사

신라는 당나라를 끌어들여 660년에 백제, 668년에 고구려를 멸망시키고, 676년 나당전쟁에서 승리함으로써 꿈에도 그리는 삼국통일의 위업을 달성하였다. 신라가 삼국통일을 이루는 데에 결정적인 공을 세운 두 사람이 있었다. 바로 김춘추와 김유신이다.

신라인은 '태종무열왕, 즉 김춘추는 자못 어진 덕이 있었고, 더욱이 생전에 어진 신하인 김유신을 얻어 한 마음으로 정치를 하여 삼국을 통일하였으니, 그 공이 매우 많다.'고 하였다. 그러면 과연 김춘추와 김유신은 영원히 영웅으로 추앙되었을까? 반드시 그렇지는 않았다. 일제 식민지시기에 신채호선생은 두 사람은 사대매국노라고 폄하하였기 때문이다.

신라인은 어떤 이유로 김춘추와 김유신을 삼국통일의 영웅으로 평가하였을까? 신채호는 왜 그들을 사대매국노라고 폄하하였을까? 매우 궁금하지 않을 수 없다.

김유신과 김춘추의 연합

김춘추의 할아버지는 즉위한 지 4년 만에 음란함에 빠져 정치를 어지럽히자, 나라 사람들이 폐위시킨 진지왕이었고, 아버지는 김용춘이었다. 진지왕의 뒤를 이어 그의 조카인 진평이 왕위에 올랐다. 진평왕은 진골 귀족들에게 정치적으로 소외받던 용춘을 자기편으로 끌어들이기 위하여 딸인 천명을 그에게 시집보내고, 622년진평왕 44에 그를 내성사신內省私臣에 임명하였다.

김유신의 증조부曾祖父는 금관국의 마지막 왕인 김구해金仇亥다. 그는 532년법흥왕 19 신라의 압박을 견디지 못하고 나라를 들어 신라에 항복하였다. 이때 그의 아들 세 명이 같이 와서 항복했는데, 셋째 아들 무력武力이 바로 김유신의 할아버지이다. 무력은 554년진흥왕 15 관산성전투에서 큰 공을 세워 두각을 나타냈고, 그의 아들이자 김유신의 아버지인 서현舒玄은 무력의 후광을 입어 대야성대야주: 경남 합천 군주軍主를 역임하기도 하였다.

김유신의 어머니는 법흥왕의 동생 입종갈문왕의 아들인 숙흘종肅訖宗의 딸 만명부인萬明夫人이다. 숙흘종이 진흥왕의 동생이기도 했으므로 그는 신라 왕족의 일원인 셈이 된다. 김서현이 의도적으로 만명부인에게 접근했는지는 알 수 없으나 두 사람은 서로 마음에 들어 야합했다고 전하고 있다.

숙흘종은 김서현이 가야계 출신이어서 두 사람의 결혼을 강력하게 반대했고, 만명부인은 아버지의 반대에 부딪히자, 집에서 가출하여 김서현과 함께 만노군충북 진천으로 가서 김유신을 낳았다. 그 해가 바로 595년

진평왕 건복 12이다. 김유신은 15세에 화랑이 되었고, 이때부터 35세인 629년_{진평왕 51}에 낭비성전투에서 공을 세울 때까지 방술方術을 터득하거나 검술을 익혔다고 보인다.

김유신은 가야계 출신이어서 전통적인 진골귀족들로부터 질시와 견제를 받았다. 그래서 그는 자신의 출세와 야망을 실현하기 위해서 무엇보다도 먼저 김춘추와 연결하는 것이 절실하다고 생각했다. 김춘추 역시 폐위된 진지왕의 손자였기 때문에 전통적인 진골귀족들로부터 정치적으로 소외를 받고 있어 자신의 야망을 실현하기 위해서는 김유신과의 연합이 필요하다고 여겼다.

김유신은 김춘추와 축국蹴鞠을 하다가 일부러 그의 옷자락을 밟아 옷끈을 떼어버리고, 자기 집으로 그를 유인하여 누이동생인 문희와 인연을 맺게 하였다. 그 후 교묘한 계략을 써서 덕만공주_{후에 선덕여왕으로 즉위}를 끌어들여, 그녀의 후원 아래 김춘추를 이혼시키고 자신의 동생 문희와 재혼시켰다. 김춘추와 문희가 공식적으로 혼인함으로써 김유신과 춘추의 관계는 인척지간으로 발전된 것이다. 김춘추와 문희 사이에서 626년_{진평왕 48}에 맏아들 법민法敏: 문무왕이 출생하였다. 흔히 김춘추와 김유신을 전통적인 진골귀족과 대비하여 신귀족이라고 부르기도 한다.

629년_{진평왕 51} 가을 8월에 왕이 대장군 용춘과 서현을 보내 고구려 낭비성_{경기도 포천시 군내면 구읍리 반월산성}을 공격하여 함락시켰다. 낭비성전투에 김서현과 김용춘이 함께 대장군으로 참전하고, 그 전투에서 김유신이 커다란 공을 세운 것으로 보아 당시에 진평왕의 후원을 받아 두 가문이 연대하여 정치적 영향력을 크게 증대시켰다고 짐작할 수 있다. 아마도 덕만공주가 여자로서 왕위를 계승한 배경에는 김용춘과 김서현의 강력한 지지가 뒷받침되었다고 보이며, 이에 반발하여 칠숙과 석품이 631년_{진평왕 53}에 반란을 일으킨 것으로 추정된다.

김춘추 · 김유신세력의 성장과 집권

김춘추와 김유신 가문이 선덕여왕의 즉위에 커다란 기여를 하였다고 하더라도 선덕여왕대에는 여전히 대신^{大臣} 을제^{乙祭}, 수품^{水品}과 알천, 비담 등 구귀족세력의 정치적 영향력이 강하였다. 김춘추와 김유신 등 신귀족세력이 정국 운영의 주도권을 장악한 계기는 642년 대야성전투에서 찾을 수 있다.

642년에 백제 장군 윤충이 대야성^{경남 합천}을 함락시켰는데, 이때 김춘추의 딸 고타소랑과 사위 김품석이 사망하였다. 대야성의 상실로 신라는 낙동강 서쪽의 가야지역을 백제에게 내주는 위기를 맞이하였고, 김춘추는 딸과 사위의 죽음에 커다란 충격을 받았다. 이후 김춘추는 대야성의 복수를 갚기 위하여 고구려로 가서 구원을 요청하였지만, 연개소문의 반대로 실패하였고, 일본에 갔으나 역시 도움을 얻는데 실패하였다. 이에 김춘추는 648년에 당나라로 가서 당나라와 군사동맹, 즉 나당동맹을 체결하는 데에 성공하였다.

김춘추가 신변의 위협에도 불구하고 여러 나라를 동분서주한 결과 당나라의 군사적 지원 약속을 받아낼 즈음 국내에서는 군사적으로 김유신의 활약이 돋보였다. 642년에 김춘추가 고구려에 가서 위기에 처하였을 때에 김유신은 군사 3천 명을 모아 고구려를 침략하겠다고 위협하여 춘추의 무사귀환을 도왔고, 같은 해에 압량성^{경북 경산} 군주로 임명되었다.

644년^{선덕여왕 13} 9월에 선덕여왕이 그를 상장군^{또는 대장군}에 임명하였는데, 이는 그를 신라군 총사령관으로 인정했다는 의미다. 이때부터 김유신은 신라군을 진두지휘하며 대백제전을 수행하여 여러 전투에서 잇따라 승리하였다. 마침내 김유신은 648년 4월에 대야성을 공격하여 탈환하였는데, 이때 백제 장수 8명 등 군사 1천여 명을 사로잡았다. 김유신이 백제

〈그림 3〉 태종무열왕릉비 귀부와 이수

〈그림 4〉 태종무열왕릉 전경

에게 사로잡은 장군 8명과 김품석 부부의 유골을 교환하자고 제의하였고, 백제가 이에 응하여 교환이 성사되었다. 김유신의 대야성 탈환을 계기로 전세가 신라에 유리하게 전개되었다.

김춘추는 외교 방면에서, 김유신은 군사 방면에서 두각을 나타내고, 선덕여왕의 적극적인 후원 아래 신귀족세력이 크게 성장하자, 이에 구귀족세력인 상대등 비담과 염종 등이 647년선덕여왕 16 정월에 '여자 임금은 나라를 잘 다스릴 수 없다.'고 하면서 반란을 일으켰다. 선덕여왕이 위독하자, 김춘추와 김유신 등이 선덕여왕의 4촌 동생인 승만을 왕위 계승자로 추대하였는데, 아마도 이에 반발하여 비담과 염종 등이 반란을 일으킨 것으로 보인다.

김유신이 비담의 반란을 진압하였고, 이 와중에 선덕여왕이 사망하자, 승만진덕여왕이 왕위에 올랐다. 진덕여왕대에 실질적으로 김춘추와 김유신이 권력을 장악하고 정국운영을 주도하였는데, 이를 알려주는 일화가 『삼국유사』에 전하고 있다.

> 진덕여왕대에 알천공閼川公, 임종공林宗公, 술종공述宗公, 호림공虎林公; 자
> 장법사의 아버지, 염장공廉長公, 유신공庾信公이 있었다. 이들은 남산南山 우지
> 암于知巖에 모여서 나랏일을 의논했다. 이때 큰 호랑이 한 마리가 좌중
> 에 뛰어들었다. 여러 사람들은 놀라 일어났지만 알천공閼川公만은 조금
> 도 움직이지 않고 태연히 담소하면서 호랑이의 꼬리를 잡아 땅에 메쳐
> 죽였다. 알천공의 완력이 이처럼 세었으므로 그를 수석首席에 앉혔었
> 다. 그러나 모든 사람들은 유신공庾信公의 위엄에 심복心腹했다.

이 일화는 진덕여왕대에 알천이 상대등이었지만, 실질적으로 김유신의 권력이 더 강하여 정치적으로 커다란 영향력을 행사하였음을 알려준

다. 진덕여왕이 654년에 사망하자, 여러 신하가 알천에게 섭정을 요청하였는데, 이에 대하여 알천이 사양하며 춘추를 추천하였다. 나라 사람들이 춘추를 왕으로 받들려고 하니, 그는 세 번 사양하다가 마지못하여 왕위에 올랐다. 김춘추_{태종무열왕}는 즉위 이후에 김유신을 상대등으로 임명하고, 그의 아들들을 주요 요직에 등용하여 친정체제를 강화하였다. 김춘추와 김유신은 660년에 백제가 혼란한 틈을 타서 당나라와 연합하여 백제를 멸망시켰다. 김춘추는 661년 6월에 사망하였고, 그의 뒤를 이어 맏아들 법민이 왕위에 즉위하였으니, 바로 문무왕이다.

통일전쟁에서의 김유신의 활동

650년대에 의자왕의 사치와 폭정으로 백제가 커다란 혼란에 빠졌다. 김유신은 백제에 포로로 잡혀 간 조미갑을 통하여 좌평 임자_{任子}와 연결하고, 조미갑에게서 백제의 혼란상을 상세하게 들었다. 이에 김유신은 급하게 백제를 병합하기 위한 계략을 짰고, 급기야 660년_{태종무열왕 7} 6월에 소정방이 이끄는 13만의 당군과 함께 5만의 신라군을 이끌고 백제를 공격하였다. 김유신은 황산벌전투에서 화랑 관창의 감동적인 희생으로 계백의 결사대를 무찌르고 당군과 함께 사비성을 압박하여 마침내 의자왕의 항복을 받아냈다. 결과적으로 김유신이 조미갑을 매개로 임자에게서 얻은 백제에 대한 정보가 나당연합군이 백제 정복을 결행하여 성공을 거둔 밑거름이 된 셈이다.

당나라 사람들이 백제를 멸한 후 신라를 칠 계획을 세우고 있었다. 태종무열왕이 이를 미리 알고 대신들을 불러 대책을 논의하였는데, 이때 다미공_{多美公}이 '우리 백성으로 하여금 거짓으로 백제 사람인 것처럼 그 옷을 입혀서 만약 반역하게 하면 당나라 군대가 반드시 칠 것이니,

이로 인하여 싸우면 뜻을 이룰 수 있을 것입니다.'라고 말하니, 유신도 이에 찬동하였다. 무열왕이 머뭇거리자, 유신이 '개는 주인을 두려워하지만, 주인이 그 다리를 밟으면 무는 법인데, 어찌 어려움을 당하여 스스로를 구하지 않을 수 있습니까? 청하건대 대왕께서는 허락하여 주십시오.'라고 단호하게 말하였다. 당나라 사람들이 신라가 그들의 침략에 대비한다는 사실을 눈치채고 백제왕과 신료 93인 등을 포로로 잡아 당으로 귀환하였다.

소정방이 포로를 황제^{고종}에게 바치니, 황제가 위로하면서 '어찌 내친 김에 신라를 치지 않았는가?'라고 물었다. 정방이 '신라는 임금이 어질어 백성을 사랑하고 그 신하들은 충성으로 나라를 섬기어 아랫 사람이 윗사람을 부형처럼 섬기니, 비록 작은 나라이지만, 도모할 수 없었습니다.'라고 대답하였다. 김유신 등이 당나라가 신라를 치려 한다는 정보를 미리 입수하고, 그것에 대하여 단호하게 대처하였기 때문에 당군이 신라 공격을 포기한 것으로 볼 수 있다.

이전에 소정방이 신라군이 약속 기일보다 늦었다고 하여 김문영을 처형하려고 하자, 김유신이 '대장군^{소정방}이 황산에서의 싸움을 보지도 않고, 약속 날짜에 늦은 것만을 가지고 죄로 삼으려 하니, 나는 죄없이 모욕을 받을 수 없다. 반드시 먼저 당나라 군사와 결전을 한 후에 백제를 깨뜨리겠다.'라고 말하고, 이에 큰 도끼를 들고 군문^{軍門}에 나서니, 정방이 겁을 먹고 김문영을 풀어주었다. 김유신이 신라를 도우려고 온 당군에게 결코 비굴하게 굴지 않았음을 알려주는 일화의 하나다.

백제 정복 이후 김유신은 백제부흥운동을 진압하는 데에 주력하는 한편, 고령에도 불구하고 솔선수범하여 고구려 원정에 나선 당나라 장수 소정방 등에게 군량을 실어 나르는 임무를 수행하였다. 김유신은 664년^{문무왕 4}에 백제부흥운동 세력을 모두 진압하고, 이어 본격적으로 당군과

〈그림 5〉 김유신묘 전경

연합하여 고구려의 정복에 집중하였고, 마침내 신라는 당나라와 연합하여 668년에 평양성을 함락시키고 고구려를 멸망시켰다.

신라군이 고구려 원정을 떠날 때에 유신의 동생 흠순과 조카 인문 등이 '만일 유신과 함께 가지 않으면 후회가 있을까 두렵습니다.'라고 말하면서 유신이 동행하기를 요청하자, 문무왕이 '공들 세 신하는 나라의 보배다. 만약 다 함께 적지로 나갔다가 뜻하지 않은 일이 생겨 돌아오지 못한다면, 나라가 어찌될 것인가? 그러므로 유신을 머물러 나라를 지키게 하면 흔연히 장성長城과 같아 끝내 근심이 없을 것이다.'라고 말하였다. 문무왕은 김유신이 고령高齡이기 때문에 고구려 원정을 만류하고 경주에 머물도록 배려한 것으로 보인다.

고구려 정복 후 나당전쟁에서 김유신이 어떠한 역할을 하였는지 확인하기 곤란하다. 고구려 원정 무렵부터 고령에다 병환이 있었기 때문에 그는 대체로 경주에 머물렀다고 보이며, 당군과의 전투에 직접 나서지 않은 것만은 분명해 보인다. 나당전쟁이 한참 진행중인 673년문무왕 13 7월 1일에 김유신은 79세의 나이로 사망하였다.

김춘추와 김유신의 평가

김춘추와 김유신은 삼국이 서로 치열하게 각축전을 벌인 시기에 태어나서 자랐다. 여기다가 642년 백제의 대야성 함락을 계기로 일본과 중국도 삼국 간의 각축전에 직·간접적으로 개입하면서 동아시아에 회오리가 몰아치기도 하였다. 김춘추와 김유신은 바로 7세기 중·후반 동아시아 사회의 중심에 서 있었다.

김춘추와 김유신은 국제정세의 변화에 민첩하게 대응했을 뿐만 아니라 그 변화를 능동적으로 주도하기도 하였다. 그들의 국제정세를 바라보는 탁월한 안목, 처자식과 제 몸을 돌보지 않는 헌신성, 그리고 뛰어난 지도력 덕택에 신라는 백제와 고구려를 정복하고, 궁극적으로 당군마저 한반도에서 축출하여 삼국통일의 위업을 달성할 수 있었을 것이다. 이러한 측면에서 김춘추와 김유신은 7세기 중·후반의 시대가 낳은 영웅이라고 평가하여도 좋을 것이다.

삼국통일 후에 신라인은 김춘추태종무열왕와 김유신을 삼국통일의 영웅으로 추앙하였다. 그런데 김유신 사망 후에 그의 후손은 무열왕계 진골귀족들에게 냉대를 받았다. 하대에는 그들을 '신김新金'씨라 불러 김씨 왕족의 후예들과 차별하였다. 그럼에도 불구하고 김유신에 대한 추앙과 존경심만은 조금도 변하지 않았는데, 이것은 흥덕왕이 그를 '흥무대왕興武大王'으로 추존한 것을 통해서 엿볼 수 있다. 가야계 출신의 진골귀족들을 소외시키면서도 삼국통일의 위업을 이룬 김유신을 장상將相 신분 이상으로 대우해주어야 한다는 공감대가 전통적인 진골귀족 사이에 형성되어 있었음을 반영하는 조치로 이해되기 때문이다.

　김춘추와 김유신에 대한 존경과 추앙은 고려시대와 조선시대에도 계속 이어졌다. 『삼국사기』를 지은 김부식은 '신라에서 유신을 대우함을 보건대 친근하여 틈이 없고, 일을 맡겨 의심치 않으며, 꾀를 내면 행하고 말을 하면 들어주어 그로 하여금 쓰여지지 않는다고 원망하지 않게 하였다. 유신이 그 뜻한 바를 행할 수 있게 되어 중국과 협동 모의해서 3국을 합치어 한 집을 만들고, 능히 공을 이루고 이름을 날려 일생을 마치었다. 비록 을지문덕乙支文德의 지략과 장보고張保皐의 의용이 있어도, 중국의 서적이 아니었던들 기록이 없어져 알려지지 않을 뻔하였는데, 유신과 같은 이는 우리나라 사람들이 칭송하여 지금[고려]까지 끊어지지 않으니, 사대부가 알아줌은 당연하지만 꼴을 베고 나무하는 어린아이까지도 능히 알고 있으니 그 사람됨이 반드시 다른 사람과 차이가 있었기 때문이다.' 라고 이루다 말로 형언하기 어려운 미사여구로 김유신을 칭송하였다. 성리학을 이념으로 받아들인 조선시대 사대부들은 중국에 대한 사대외교를 외교정책의 기본으로 채택하고, 중국에 사대의 예를 잘 바쳐 삼국을 통일한 신라에 대하여 매우 높이 평가하였을 뿐만 아니라 김유신과 김춘추를 사대외교의 모범적인 실천자로서 추앙하였다.

　한말·일제식민지시기는 일본 제국주의의 침략으로 우리의 주권이 위협받거나 또는 주권이 상실된 때였다. 이러한 시대적 상황 하에서 외세를 끌어들인 김춘추와 김유신을 곱게 볼 수는 없었다. 신채호는 '김유신은 지혜와 용기를 지닌 명장이 아니요, 음흉한 정치가이며, 그 평생의 대공은 전장에 있지 않고 음모로 이웃 나라를 어지럽힌 것에 있을 뿐이다.'라고 폄하하였다. 그러면서 김유신과 김춘추를 사대매국노라고 비판하였다. 오늘날 북한에서도 그들을 많은 영토와 인민을 착취하기 위하여 당나라 침략자들을 끌어들인 봉건통치배로 규정하면서 비판적으로 바라보고 있다.

　신라인은 김춘추와 김유신을 영웅으로 받들었지만, 오늘날은 분명히 신라와 다른 시대이기 때문에 그에 대한 평가는 달라야 하고, 달라지는 것이 당연하다. 이럼에도 불구하고 두 사람이 시대적인 과제와 모순을 해결하면서 장밋빛 신라를 건설하기 위하여 끊임없이 노력했고, 나아가 그 결과가 오늘날 우리 민족의 통합과 형성에 결정적인 기여를 했다는 점에 대해서는 아무리 강조하여도 지나치지 않을 것이다. 이 점이 오늘날에도 김춘추와 김유신을 여전히 주목해야 하는 이유가 아닐까?

참고문헌 • • •

노태돈, 1989 「연개소문과 김춘추」『한국사시민강좌』5, 일조각
주보돈, 1993 「김춘추의 외교활동과 신라 내정」『한국학논집』20
강봉룡, 1993 「김유신-사대주의인가 통일공신인가-」『역사비평』24, 역사비평사
한국역사연구회, 2017 「 김춘추와 김유신, 꿈과 야망의 결합」『한국고대사산책』, 역사비평사

혜공왕은 트렌스젠더?

이슈와 쟁점으로 읽는 한국고대사

　사람은 태어나 천수를 누리다가 죽기를 원한다. 그러나 본의 아니게 타인에게 죽임을 당한 사람들도 적지 않다. 매우 억울하고 슬픈 일이 아닐 수 없다. 특히 한 왕조의 최고 지배자로서 시해당한 경우는 더욱 그러하다. 신라에도 비운의 주인공이 여럿 있다. 그 가운데 한 명이 바로 제36대 혜공왕이다.

　사서에서 그가 정사를 잘 돌보지 않아 살해되었다고 언급하여서 후세의 사람들에게 전폭적인 동정을 받지 못하였다. 그러나 어떤 왕의 죽음보다도 혜공왕의 시해사건에 대하여 역사가들의 관심이 지대하다. 그 사건을 계기로 신라의 역사가 중대中代에서 혼란기인 하대下代로 바뀌었기 때문이다.

　혜공왕은 780년 4월에 누군가에 의하여 시해되었다. 사서에 따라 그를 시해한 인물이 달리 나온다. 『삼국사기』에서는 김지정 일파가, 『삼국유사』에서는 김양상선덕왕 일파가 혜공왕을 시해하였다고 하였다. 도대체 누가 혜공왕을 시해하였을까? 자못 궁금증을 자아내게 한다. 혜공왕을 시해한 진범을 찾아서 과거 약 1,200여 년 전의 신라로 시간여행을 떠나 보자.

딸을 아들로 바꾸다!

시해당한 혜공왕의 본래 이름은 건운乾運이다. 그는 제35대 경덕왕의 외아들이다. 어머니는 만월부인滿月夫人이다. 건운은 758년경덕왕 17 7월 23일에 태어났다. 그의 비운을 예고라도 하듯이 이 날에 천둥과 번개가 쳤고, 사원 16곳에 벼락이 떨어졌다고 한다. 760년 7월에 건운을 태자로 봉하였다. 그때 건운의 나이 겨우 만 2살에 불과하였다.

이제 막 두 발로 걸으며 한참 재롱을 피울 2살 박이 어린아이를 다음 왕위를 이를 태자로 책봉한 이유가 쉽게 납득이 가지 않는다. 왜 그래야만 하였을까? 이와 비슷한 사례가 있다. 조선의 제19대 왕 숙종은 태어난 지 두 달밖에 안 된 희빈 장씨의 소생 윤昀: 경종을 1689년 1월 15일에 원자元子로 책봉하고, 1년 6개월 뒤에 다시 세자로 책봉하였다. 원자로 책봉할 때에 조정 대신들의 반대가 심하였다. 반대의 명분은 나이가 너무 어리고 정비正妃: 인현왕후가 적자嫡子를 낳을 여지가 많다는 것에 있었다.

그러나 숙종은 '국세國勢가 위태롭고 강국이 이웃에 있어서 종사宗社의 대계大計를 늦출 수가 없다.'고 반박하고 원자 책봉을 밀어붙였다. 숙종은 30살에 가까워도 후사가 없어 무척이나 노심초사하다가 희빈이 윤을 낳자, 신료들의 반대를 무릅쓰고 그를 후사로 정하였던 것이다.

경덕왕도 숙종처럼 후사가 없어 매양 걱정이 많았다. 그래서 아들을 낳지 못하는 첫 번째 왕비를 내치고 새로 만월부인을 왕비로 맞아들이기까지 하였다. 그러나 웬일인지 혼인하고 15년이 지나도 만월부인 역시 아들을 낳지 못하였다. 경덕왕 부부는 그 동안 삼신할머니에게 온갖 정성을 다하여 기도하였을 것이다. 아들 낳기에 좋은 보약이란 보약은 죄다 먹어보았을 것이다. 부부의 정성이 하늘에 닿았는지 마침내 758년에 만월부인이 건운을 낳은 것이다. 경덕왕의 기쁨은 이루 말로 형언하기 어려웠음이 틀림없다. 어렵사리 얻은 아들이기에 경덕왕도 숙종처럼 빨리 그를 후사로 정하고 싶었을 것이다. 이것이 바로 2살에 불과한 건운을 태자로 책봉한 이유가 아닐까?

765년 6월에 경덕왕이 사망하였다. 그때 건운의 나이는 겨우 만 7살이었다. 나라를 다스리기에 매우 어린 나이였다. 때문에 어머니인 만월태후가 섭정攝政하였다. 그런데 『삼국유사』에서는 태후의 섭정을 매우 부정적으로 평가하였다. 이에 따르면, '태자가 8세에 왕이 돌아가 왕위에 오르니, 이가 혜공대왕이다. 나이가 어렸기 때문에 태후가 조정에 나아갔으나 정사政事가 순리대로 다스려지지 못하고 도적이 벌떼처럼 일어나 미처 막을 수가 없었다.'라고 전한다. 『삼국유사』의 찬자는 도적이 벌떼처럼 일어나 나라가 어지러워진 이유를 태후가 정사를 잘 돌보지 못한 탓으로 돌린 것이다.

반면에 『삼국사기』에서는 '(혜공)왕은 어려서 왕위에 올랐는데, 장성하자 음악과 여자에 빠져 나돌아 다니며 노는 데에 절도가 없었다. (이로 말미암아) 나라의 기강이 문란해졌고, 천재지변이 자주 일어나고 민심이 (조정에) 등을 돌려 나라가 불안하였다.'라고 하여서 마치 혜공왕의 실정失政 때문에 나라가 어지러워진 것처럼 서술하였다. 『삼국사기』의 찬자는 태후의 섭정에 대한 잘·잘못을 전혀 언급하지 않고, 혜공왕이 무절제한 향락을 즐겨 결국 나라가 어지러워졌다고 인식한 것이다.

사서에 혜공왕이 무절제하게 생활하였다는 구체적인 내용은 전하지 않는다. 따라서 그의 실정失政을 상세하게 설명하기 곤란하다. 다만 『삼국유사』에서 '어린 왕혜공왕은 본래 여자로 태어날 운명이었으나 남자로 태어났으므로 돌날부터 왕위에 오를 때까지 언제나 여자들이 하는 장난을 하고 비단주머니 차기를 좋아하며, 도류道流와 어울려 희롱하였다.'라고 언급하여 그가 생물학적으로 남성이지만, 성 정체성은 여성인 인물이었다고 언급한 점이 주목을 끈다.

오늘날에는 의료기술의 발달로 성전환 수술이 그리 어렵지 않다. 트렌스젠더에 대하여 점차 관대해지는 분위기도 감지할 수 있다. 그러나 통일신라시대에 성전환 수술은 상상조차 할 수 없었을 것이다. 당시에는 생물학적인 성과 반대의 성 정체성을 가지고 살아가야만 하였다. 혜공왕도 그러한 사람 가운데 한 명이었던 셈이다.

그런데 혜공왕이 성 정체성이 여성이게 된 이유를 설명하는 흥미로운 설화가 『삼국유사』에 전한다. 이에 따르면, 본래 경덕왕은 딸만 낳을 운명이었는데, 경덕왕이 상제上帝에게 아들을 낳을 수 있게 해달라고 애원하자, 상제께서 딸을 아들로 바꾸어줄 수 있으나, 그러면 나라가 위태로울 것인데, 그래도 좋으냐고 묻자, 경덕왕이 그래도 좋다고 대답하였다고 한다. 아마도 혜공왕이 여성으로서의 성 정체성을 지녔고, 마침 혜공왕대에 나라가 어지러워졌기 때문에 이와 같은 설화를 만든 것으로 짐작된다.

잇따른 반란

사서에 혜공왕대에 정치가 어지러웠다고 전하는데, 실제로 여러 번에 걸쳐 귀족들이 반란을 일으킨 사례가 발견된다. 768년혜공왕 4 7월에 일길찬 대공大恭과 그의 아우 아찬 대렴大廉이 반란을 일으켰다. 『삼국사기』에서는 '(768년) 가을 7월에 대공 등이 무리를 모아 33일간 왕궁을 에워쌌으나 왕의 군사가 이를 쳐서 평정하고 9족族을 목 베어 죽였다.' 라고 전한다. 한편 『삼국유사』에서는 '이 해 7월 3일에 각간 대공이 반란을 일으켰는데, 이때 서울과 5도道 주군州郡을 아울러 96각간이 서로 싸워 (나라가) 크게 어지러웠다.'고 하였다. 여기서 96각간은 대공의 반란사건에 상당수 진골귀족들이 연루된 사실을 추상적으로 표현한 것으로 보인다.

그런데 『신당서』 신라전에서는 '마침 (대력 연간에) 재상宰相이 권력을 다투어 서로 공격하자, 나라가 크게 어지러워졌으며, (그것은) 3년 만에 평정되었다.'라고 언급하였다. 770년 가을 8월에 김융이 반란을 일으켰다가 목 베어 죽임을 당하는 사건이 발생하였다. 『신당서』의 찬자는 대공이 반란을 일으킨 768년 7월부터 김융이 반란을 일으킨 770년 8월까지 재상들이 3년 동안 권력다툼을 벌였다고 이해한 것으로 보인다.

그러면 768년부터 시작되어 3년 간에 걸쳐 지속된 난리를 평정한 핵심 주체는 누구였을까? 종래에 역사가들은 김옹金邕을 주목하였다. 770년에 김옹에게 맞섰다가 패배한 인물이 김융이었다. 김옹과 맞선 또 다른 사람이 바로 김은거金隱居이다. 그는 775년혜공왕 11 6월에 반란을 일으켰다가 목 베어 죽임을 당하였다.

이찬 염상廉相과 정문正文은 김은거가 반란을 일으켰다가 처형당한 지 두 달 후에 반역을 꾀하였다가 목 베어 죽임을 당하였다. 정문은 770년 12월부터 775년 3월까지 집사부 시중侍中을 역임하였고, 염상은 758년경덕왕 17 정월에 시중에 임명되었다가 760년 4월에 퇴임한 인물이다. 흥미롭게도 그 뒤를 이어서 시중에 임명된 이가 바로 김옹이다. 시중에서 퇴임한 이후 염상의 행적은 알려지지 않았다. 김옹이 권력을 장악하였을 때에 염상과 정문이 반역을 꾀하였으므로 그들 역시 김옹과 경쟁관계에 있는 정치세력이었다고 말할 수 있다.

누가 왕을 시해하였을까?

『삼국사기』에 780년혜공왕 16 2월에 혜공왕의 실정으로 '기강이 문란해지고 천재지변이 자주 일어나 (조정에) 민심이 등을 돌려 나라가 불안하자, 이찬 김지정이 반란을 일으켜 무리를 모아서 궁궐을 에워싸고 침범하였다.'고 전한다. 김지정에 관한 기사는 이것밖에 없어 그의 혈연관계나 행적 등을 자세하게 알 수 없다. 그러나 그의 거사는 결국 두 달만에 김양상 일파에게 진압되었고, 그 와중에 혜공왕이 피살되었다. 거사가 실패한 관계로 그는 반역자라는 오명을 얻게 되었던 것이다.

그러면 반란의 와중에서 누가, 어떤 목적으로 혜공왕을 시해하였을까? 범인은 김지정과 김양상 일파 가운데 하나다. 김양상은 김옹이 권력을 장악하였을 때에 제2인자의 위치였다. 김옹은 775년혜공왕 11 이후에 사서에 전혀 등장하지 않는다. 아마도 이 무렵에 사망하였거나 권력에서 밀려난 것으로 추정된다. 그를 대신하여 새로 권력을 장악한 인물이 바로 김양상이다. 그는 774년혜공왕 10 9월에 상대등에 임명되었다. 780년 2월에 김지정이 반란을 일으키자, 김양상은 김경신金敬信: 원성왕과 함께 군사를 일으켜 반란을 평정하였다.

당시에 김양상을 도운 주요 인물이 김경신과 김주원이다. 779년혜공왕 15에 김유신의 혼령이 미추왕을 찾아가 그의 후손들이 억울하게 죽었다고 하소연했다는 소식을 듣고 혜공왕은 겁이 나서 김경신을 보내 김유신의 무덤에 가서 사죄하게 하였다. 역사가들은 이 사건을 770년혜공왕 6 8월에 일어난 김융의 반란에 김유신의 후손이 연루되어 화를 당한 것에 대하여 그들이 억울하게 뒤집어쓴 죄를 풀어달라고 호소하는 운동, 즉 이른바 신원운동伸寃運動을 전개한 것과 연관시켜 설명하였다. 이때 김경신이 김유신의 후손들을 무마하는 역할을 수행한 것이다. 김양상은 왕위에 즉위하자마자 그를 상대등에 임명하였다. 김주원은 777년혜공왕 13 10월에 시중에 임명되었고, 김양상선덕왕 재위 시에 국정을 총괄하는 상재상上宰相을 역임하였다. 그의 행적을 감안할 때, 김지정의 반란을 진압하고, 김양상이 왕위에 오름에 있어서 중요한 역할을 수행하였음이 분명하다.

이제 김양상 일파가 혜공왕을 시해하였는가를 추적할 차례인데, 김양상이 혜공왕 사후에 왕위를 계승하였고, 그가 사망한 후에 김주원과 김경신이 왕위를 다투었으니, 김양상 일파가 혜공왕을 시해하였다는 혐의를 충분히 받을 만하다. 그러나 김양상의 말과 행동을 보면, 과연 그가 보위를 차지하려고 혜공왕을 시해하였을까에 관하여 의구심을 갖게 만든다.

『구당서』와 『신당서』 신라전에서 혜공왕이 아들 없이 사망하자, 나라 사람들이 그를 왕위에 추대하였다고 전하며, 김양상의 언급을 통해서도 그것을 증명할 수 있다. 김양상은 재위한 지 6년 만인 785년 정월에 사망하였다. 그 직전에 유조遺詔를 발표하였는데, 거기에서 그는 '과인은 재주와 덕이 없어 왕위에 마음이 없었으나 추대함을 피하기 어려워 왕위에 오르게 되었다.'라고 말한 것이다. 나라 사람들이 전왕을 시해한 사람을 기꺼이 왕으로 추대하려고 하지 않았을 것이다. 게다가 그는 784년 4월에 왕위를 물려주려고 하다가 신료들의 반대로 뜻을 이루지 못하였다. 이와 같은 김양상선덕왕의 말과 행동은 그를 보위를 차지하기 위하여 수단과 방법을 가리지 않은 야심가로 보기 어렵게 만드는 증거들이다.

김양상에게서 혜공왕을 시해하였을 것이라는 뚜렷한 혐의점을 찾기 어렵다면, 이제 남는 혐의자는 김지정과 그 일파 뿐이다. 『삼국사기』에서 '혜공왕 말년에 반역하는 신하가 발호跋扈하였을 때에 선덕宣德: 김양상은 당시 상대등으로서 임금 주위에 있는 나쁜 무리들을 제거할 것을 앞장서서 주장하였다.'고 하였다. 반역한 신하는 물론 김지정을 가리킨다. 그러면 임금 주위에 있는 나쁜 무리들은 누구를 가리키는 것일까?

『삼국사기』 기록의 전후 문맥으로 보아 반역한 신하와 임금 주위의 나쁜 무리들은 밀접한 관계였을 것이다. 그러면 그들의 실체는 무엇일까가 자못 궁금해진다. 김지정이 반란을 일으켰을 때에 혜공왕에게 아들이 없었다. 경덕왕의 아들은 혜공왕뿐이었다. 혜공왕의 삼촌과 사촌들이 왕위를 계승할 후보였을 것이다. 사료에서 언급한 혜공왕의 측근들은 이들을 가리키는 것이 아닐까? 흥미로운 사실 가운데 하나는 김지정이 무리를 모아서 궁궐을 에워싸고 침범한 사실이다. 김지정이 분명히 왕위를 쟁탈하기 위하여 반란을 일으켰음을 암시해주는 증거이다. 여기에 혜공왕의 삼촌과 사촌을 비롯한 그 측근들이 동조한 것으로 보인다.

김지정이 반란을 일으킨 것은 780년 2월이었고, 김양상이 그 반란을 진압한 것은 4월이었다. 일부 역사가는 김지정이 반란을 일으켜 궁궐을 차지하였다가 김양상에게 진압되었다고 이해한다. 혜공왕의 측근들이 그의 반란에 동조한 정황을 고려하건대, 반란군이 궁궐을 공격하여 무너뜨리고 혜공왕을 시해하여 권력을 일시적으로 차지하였을 가능성이 전혀 없지는 않다. 그러나 이것은 어디까지나 가정일 뿐이다. 김지정의 반란이 일시적으로 성공을 거두었는지 알 수 없지만, 분명한 것은 김양상 일파가 그들의 반란을 진압하였다는 사실이다. 그러면 반란군이 혜공왕을 죽였다고 볼 수 있을까?

김지정은 780년 2월에 '혜공왕은 어려서 왕위에 올랐고, 장성하여 음악과 여자에 빠져 나돌아 다니며 노는 데에 절도가 없었다. (이로 말미암아) 나라의 기강이 문란해졌고, 천재지변이 자주 일어났으며 민심이 (조정에) 등을 돌려 나라가 불안해졌다.'고 주장하면서 반란을 일으켰다.

그는 혜공왕을 제거하여 나라를 위기에서 구하고자 하는 구국의 일념으로 거사를 일으켰다고 표방하였음이 분명하다. 여기다가 혜공왕의 측근들이 그에게 동조하였다.

여기서 다음과 같은 추론이 가능할 듯싶다. 김지정이 반란을 일으켜 궁궐을 에워싸고 침범하자, 혜공왕의 측근들이 왕을 시해하고 거기에 동조하였다. 왕이 시해되었다는 소식을 들은 김양상이 이에 분개하여 김경신 등과 힘을 합쳐 임금을 시해한 반란군을 척결하였다. 혜공왕의 삼촌과 사촌들이 반란군에 동조하여 왕위를 계승할 마땅한 후보가 없자, 김경신과 김주원 등이 중심이 되어 성덕왕의 외손인 김양상을 왕위에 추대하였다.

하나의 시나리오에 불과하다고 비판하는 역사가들이 있을 수 있다. 그러나 김양상이 보위에 크게 욕심을 내지 않았고, 재위 시에 왕위를 양보하려고 한 점 및 김지정의 반란에 혜공왕의 측근들이 깊이 개입하였고, 반란 평정 후에 왕위를 이을 마땅한 후보자가 없었던 점을 감안하건대, 김지정 일파가 혜공왕을 시해하였다는 내용의 시나리오가 결코 사실을 크게 왜곡하였던 것은 아닐 듯싶다.

혜공왕의 역사적 평가

혜공왕 7년771에 제작된, 일명 에밀레종으로 알려진 성덕대왕신종에 글씨가 새겨져 있다. 여기서 혜공왕과 만월태후에 대하여 다음과 같이 평가하였다.

> 지금의 우리 성군聖君: 혜공왕께서는 행실이 역대 선조(의 행실)에 부합
> 하고, 그 뜻은 당연한 도리에 합치되며, 특별한 상서로움은 지난 천년

〈그림 6〉 성덕대왕신종

동안 일어났던 것과 다름이 있었고, 평상시에 항상 으뜸이었도다. --
(생략)-- 우러러 생각하건대, 태후께서는 은혜로움이 온 대지에 두루
미쳤고, 백성들을 어진 가르침으로 교화하셨으며, 마음은 하늘처럼
맑아서 부자경덕왕과 혜공왕의 효성을 장려하셨다.

성덕대왕신종명에서 다양한 미사여구를 동원하여 혜공왕과 그의 어
머니 만월태후를 칭송하였음을 알 수 있다. 그런데 『삼국사기』에서는
혜공왕의 실정으로 나라가 어지러워졌고, 『삼국유사』에서는 혜공왕이
어렸기 때문에 태후가 섭정하였으나 정사가 제대로 다스려지지 못하여

도적이 벌떼처럼 일어났다고 서술하였다. 두 사서에 전하는 혜공왕과 만월태후에 대한 평가는 성덕대왕신종명에 전하는 것과 사뭇 달랐던 것이다.

성덕대왕신종명에 전하는 두 사람에 대한 평가는 사실 혜공왕과 태후가 생존하고 있을 때에 내린 것이기 때문에 객관적이라고 보기 어렵다. 반면에 두 사서의 평가는 혜공왕대 이후에 기술된 기록을 근거로 한 것이므로 나름 객관성을 띠고 있다고 볼 수 있다. 역사 연구에서 사료 비판의 중요성을 새삼 일깨워준다.

『삼국사기』에서는 혜공왕대의 정치적 혼란이 단지 혜공왕의 실정에만 기인하였다고 서술하였으나 『삼국유사』에서는 태후의 섭정으로 말미암아 정치적 혼란이 발생하였을 뿐만 아니라 혜공왕이 트렌스젠더여서 나라가 어지러워졌다고 기술하여 주목을 끈다.

옛날에 당나라 태종은 신라 사신에게 '너희 나라^{신라}는 여자를 임금으로 삼고 있으므로 이웃 나라의 업신여김을 받게 되고, 임금의 도리를 잃어 도둑을 불러들이게 되어 해마다 편안할 때가 없다.'라고 조롱하였다. 당시 신라는 선덕여왕이 다스리고 있었다. 당 태종은 여자가 나라를 다스려 신라가 어려움에 처하게 되었다고 인식한 것이다. 김부식은 『삼국사기』에서 '하늘의 이치로 말하면, 양陽은 굳세고, 음陰은 부드러우며, 사람으로 말하면 남자는 존귀하고 여자는 비천하거늘 어찌 늙은 할멈이 안방에서 나와 나라의 정사를 처리할 수 있겠는가? 신라는 여자를 세워 왕위에 있게 하였으니, 진실로 어지러운 세상의 일이다. 나라가 망하지 않은 것이 다행이라 하겠다.'고 서술하였다.

『삼국유사』를 지은 일연은 남존여비사상의 편견을 가지고 태후나 여성으로서의 성 정체성을 지닌 혜공왕의 '나약함'이 결과적으로 나라를 혼란에 빠뜨리고 어지럽게 만든 동인動因이라고 인식하였음이 분명하다.

이것은 일연뿐만 아니라 당 태종과 김부식 등에서 볼 수 있듯이 우리의 전통시대에 널리 퍼진 여왕 또는 여성에 대한 편견과 맥락이 닿아 있음은 물론이다.

고대사회에서 군주 개인의 정치적 역량이 때로는 국가의 안위에 커다란 영향을 미쳤음을 종종 볼 수 있다. 특히 군주가 사치와 향락에 빠져 정사를 제대로 돌보지 않거나 또는 연약한 성격을 가진 경우 나라를 위태롭게 만드는 사례가 적지 않았음이 확인된다. 그러나 군주가 여자이기 때문에, 또는 여성으로서의 성 정체성을 지녔기 때문에 나라가 어지러워졌다고 인식하는 것은 지나친 성에 대한 편견에 불과할 따름이다. 혜공왕대의 정치적 혼란은 태후가 섭정하였기 때문에, 또는 혜공왕처럼 여성으로서의 성 정체성을 지녔기 때문에 야기된 것이 아니라 그 이전부터 축적된 사회경제적 모순, 지배층 전반의 무절제하고 과도한 사적인 지배기반의 확대, 공정한 수취를 방해하는 여러 가지 제도적 장치, 그리고 민초를 괴롭히는 각종 자연재해와 과도한 수취, 지배층의 반목과 대립, 군주의 무능無能 등 여러 가지 요인들이 복합적으로 작용하여 야기된 것임을 우리는 결코 잊어서는 안 될 것이다.

참고문헌 ● ● ●

이기백, 1958 「신라 혜공왕대의 정치적 변혁」 『사회과학』2; 1974 『신라정치
    사회사연구』, 일조각
이영호, 2014 『신라 중대의 정치와 권력구조』, 지식산업사
김수태, 1996 『신라중대정치사연구』, 일조각
이문기, 1999 「신라 혜공왕대 오묘제 개혁의 정치적 의미」 『백산학보』52
전덕재, 2018 「신라 혜공왕의 시해와 역사적 평가에 대한 고찰」 『신라문화제
    학술발표논문집』39

궁예와 견훤, 비운의 영웅이 된 이유는?

이슈와 쟁점으로 읽는 한국고대사

　천년이란 긴 역사를 지닌 신라의 명운이 서산으로 뉘엿뉘엇 질 무렵, 두 영웅이 혜성처럼 나타났다. 한 사람은 본래 왕자로 태어났으나 버림받은 궁예弓裔이고, 다른 한 사람은 상주尙州 가은현경북 문경시 가은읍에서 농사를 지어 장군이 된 아자개阿慈介의 아들, 즉 농민의 아들인 견훤甄萱이었다.

　두 영웅은 옛 고구려와 백제지역에서 두 나라의 부흥을 주창하여 후고구려와 후백제를 건국하고, 한반도의 패권을 둘러싸고 치열하게 각축하였다. 두 영웅이 뿌린 씨앗을 거두어들인 또 다른 영웅, 그가 바로 왕건이었다. 그는 고대사회를 종식시키고 새로운 중세사회를 열었다. 궁예와 견훤은 고대사회에서 중세사회로 넘어가는 길목에서 길잡이 역할을 수행하다가 사라진 비운의 영웅이었던 것이다.

　왕건이 구시대를 마감하고 새로운 시대를 여는 주인공이 될 수 있었던 비결은 무엇일까? 반면에 궁예와 견훤이 새 역사의 주인공이 되지 못한 이유는 무엇일까? 일반적으로 왕건의 성공 비결은 호족을 포섭하는 정책을 적극 추진한 것에서 찾는다. 그러면 궁예와 견훤은 호족들을 적극 포섭하지 않았을까? 그렇지 않았다고 한다면, 그들은 왜 그러하였을까? 이러한 궁금증을 해결하는 핵심 관건은 바로 궁예와 견훤의 지배기반이 호족들이었느냐, 아니면 몰락 농민들 또는 도적집단들이었느냐를 규명하는 것에 달려 있다.

버림받은 왕자, 궁예

궁예는 본래 신라 왕자였다. 그의 아버지는 헌안왕^{또는 경문왕}이며, 어머니는 왕의 후궁이었다. 그는 태어나자마자 왕에게 버림을 받았고, 한쪽 눈마저 잃게 되었다. 유모가 궁예를 몰래 키웠고, 자신이 왕자임을 알게 되자, 그는 강원도 영월에 있는 세달사^{世達寺}의 승려가 되어 이름을 선종^{善宗}이라 지었다.

어느 날 선종이 부처님께 음식을 공양하러 가는 길에 까마귀가 물건을 물고 와서 떨어뜨렸다. 그 물건은 상아로 만든 첨대^{예언적이고 신비로운 점괘가 적힌 것}였는데, 거기에 임금 왕^王자가 쓰여 있었다. 궁예는 이것을 남에게 말하지 않고 혼자 마음속으로 새겨서 자못 자부심을 가졌다.

진성여왕 3년⁸⁸⁹부터 농민들이 전국 방방곡곡에서 벌떼처럼 일어나자, 궁예는 자기의 뜻을 펼칠 기회라고 생각하여 승려생활을 그만두고 죽주^{竹州: 경기도 안성시 이죽면 일대}에서 활동하는 기훤^{箕萱}의 부하가 되었다. 그러나 기훤은 궁예를 잘 대우해주지 않았다. 이에 궁예는 다시 북원^{北原: 강원도 원주시}에서 활동하는 양길^{梁吉}에게 가서 그의 부하가 되었다.

양길은 그의 군사 일부를 궁예에게 맡겼다. 궁예는 양길의 군대를 이끌고 강원도 동해안을 공략하여 점령하고, 이후 그가 강원도 북부지방

〈그림 7〉 영월 흥녕사징효대사탑비
신라 말에 사회적 혼란으로 왕실이 위태롭기가 달걀을 쌓아 놓은 것 같고, 흥녕사에
초적이 나타났다는 기록이 보인다.

과 황해도지방으로 진출하니, 거기에서 활동하던 도적들이 그에게 항복
하였다. 궁예는 899년에 비뇌성非惱城에서 양길의 군대마저 물리치고 충
북지방까지 세력을 넓혔다.

농민의 아들, 견훤

　견훤은 상주 가은현에 사는 아자개阿慈介의 아들로 태어났다. 아자개는
농사를 지으며 살다가 후에 가문을 일으켜 장군將軍이 된 사람이었다.
아자개의 성은 본래 이씨였으나 후에 견훤이 견씨甄氏로 바꾸었다.

『삼국유사』에 견훤이 광주光州 북촌北村에 살던 부자의 딸과 지렁이 사이에서 출생하였다는 시조신화가 전한다. 본래 후백제에서 견훤이 용과 광주 북촌 부자의 딸 사이에서 태어났다는 내용의 시조신화를 만들었으나 고려가 후백제를 멸망시킨 후에 견훤을 깎아내리기 위하여 용을 지렁이로 바꾸었다고 이해한다.

견훤은 나이가 들자 체격이 우람하고, 성품이 매우 활달하였다. 그는 지방의 평범한 농민 출신이었기 때문에 출세를 위하여 스스로 군대에 입대하였다. 그는 경주 근처에서 근무하다가 후에 서남 해안가에서 경비를 섰다. 이때 견훤은 항상 창을 베고 잠을 자면서 경계를 게을리하지 않고, 매우 용감하여 다른 군인들의 모범이 되어 그 공로를 인정받아 비장裨將으로 진급하였다.

견훤은 진성여왕 3년889부터 전국 곳곳에서 농민들이 벌떼처럼 들고일어나자, 비장을 그만두고 전라도지역에서 농민들을 규합하였다. 그가 가는 곳마다 농민들이 열렬하게 호응하여서 삽시간에 그의 무리는 5천명이 넘었다. 그는 892년에 무진주광주광역시를 공격하여 점령하고, 그 곳을 근거지로 새로운 국가를 세울 것을 계획했으나 그때에는 공공연히 왕이라고 칭하지 못하였고, 북원에서 활동하던 양길을 자기세력으로 끌어들이기 위하여 그를 비장裨將으로 임명하기도 하였다.

두 영웅의 각축

견훤은 무진주를 근거지로 하여 후에 완산주전북 전주시에 진출하였다. 그가 완산주에 이르렀을 때, 주의 백성들이 그를 매우 환영하였다. 이때 견훤이 '내가 삼국의 시초를 생각하여 보건대, 마한이 먼저 일어나고 뒤에 혁거세가 일어났으므로 진한과 변한이 따라서 일어났다. 이때에 백제는 나라를 금마산에 세워서 그 역사가 600여 년이 되었는데, 660년에 당나라가 신라와 연합하여 백제를 멸망시켰다. 이제 내가 완산을 도읍으로 정하여 의자왕의 쌓인 원한을 반드시 갚고야 말겠다.'라고 비장하게 주위 사람들에게 말하였다.

견훤은 백제유민을 끌어들이기 위하여 백제부흥운동을 전개하고, 마침내 900년에 나라 이름을 후백제後百濟라 칭하고, 스스로 왕으로 자처하였다. 견훤은 이때부터 주변의 여러 지방세력을 휘하에 끌어 들여 국가기반을 공고하게 다진 다음, 901년 신라의 대야주大耶州: 경남 합천군를 공격하였다가 실패하였다. 907년에 다시 신라를 침략하여 일선군一善郡: 경북 구미시 선산읍 이남 10여 성을 점령하여 영토를 경상도지역까지 확장하였다. 이때부터 본격적으로 궁예와 한반도의 패권을 둘러싸고 치열한 각축전을 전개하기 시작하였다.

궁예는 양길의 군사를 기반으로 하여 옛 고구려지역을 대부분 차지하자, 901년에 송악경기도 개성시에 도읍을 정하고 국호를 고려高麗라고 하였다. 이 무렵 평양에 들러 사람들에게 '이전에 신라가 당나라에 군사를 요청하여 고구려를 격파하였기 때문에 옛 수도인 평양이 풀만 무성한 황폐한 땅이 되었다. 내가 반드시 고구려의 원수를 갚겠다.'라고 말하면서 고구려의 부흥을 다짐하였다.

일찍이 궁예는 승려생활의 경험을 바탕으로 스스로 미륵불을 자처하며, 20여 권의 경전을 저술하고 강설講說하였다. 민중들은 그를 자신들의 고통을 구원해주는 미륵불의 화신으로 여겨 적극적인 지원을 아끼지 않았다. 여기에다 그가 고구려부흥운동을 주창하자, 고구려유민들이 그를 적극적으로 지지하였던 것이다.

궁예는 904년에 나라 이름을 마진摩震으로 바꾸고, 연호를 무태武泰라고 정하였다. 이때 그는 신라의 관제를 폐기하고 태봉 고유의 관제를 정비

했는데, 광평성廣評省을 비롯한 관제는 이때에 정비된 것이었다. 특히 관제를 정비할 때 신라의 관등명, 관직명, 군현명을 모두 비속하다고 하여 취하지 않았다. 이것은 신라를 멸도滅都라 부르게 하고, 또 경북 영주시 순흥읍에 위치한 부석사에서 신라왕의 초상을 칼로 찢어버리는 등 궁예 자신의 극에 달한 반신라감정의 표현으로 이해된다. 폐쇄적인 골품제를 기반으로 운영되던 신라 관제의 폐기는 신라 국가, 나아가 고대사회를 전면적으로 부정하는 개혁적인 조치로서 긍정적으로 평가한다.

궁예는 905년에 도읍을 철원으로 옮기고 연호를 성책聖册이라고 고쳤으며, 911년에 연호를 고쳐 수덕만세水德萬歲라 하고, 국호를 태봉泰封으로 바꾸었다. 궁예가 여러 번 국호와 연호를 바꾼 것은 그가 새로운 시대를 여는 청사진을 가지고 국가를 경영하고자 하는 의지를 자주 표명하고자 하였음을 반영한다.

궁예는 905년에 소백산맥 근처에 위치한 상주 등 30여 주현을 공격하여 획득하였는데, 이때 신라 효공왕은 궁예의 군사를 힘으로 막을 수 없다고 한탄하며 여러 성주에게 나가서 함부로 싸우지 말고 성을 굳건하게 지키도록 지시하였다. 궁예는 910년에 왕건에게 명령을 내려 후백제의 배후에 위치한 금성군錦城郡; 전남 나주시을 공략하게 하여 차지하였다. 이후 후고구려와 후백제는 나주를 둘러싸고 서남해안에서 자주 전투를 벌였는데, 대부분 왕건이 이끄는 궁예의 군대가 승리를 거두었다.

궁예와 견훤이 치열하게 각축할 무렵에 신라는 겨우 경주와 그 주변지역을 통제할 정도로 국력이 쇠약해졌다. 당시 신라는 후백제와 후고구려를 제압할 아무런 힘이 없었고, 다만 두 나라 사이의 대립을 이용하여 나라의 명맥만을 유지할 따름이었다. 이제 한반도는 바야흐로 두 나라의 대결에서 승리하는 쪽이 차지하는 형세가 되어 버렸던 것이다.

왕건, 새로운 시대를 열다!

40년 넘게 이어진 후삼국의 분열을 마감한 이는 궁예의 부하였던 왕건이었다. 그의 조상은 대대로 송악^{경기도 개성시}에서 살았고, 혈구진^{인천광역시 강화군}을 중심으로 하는 해상세력과 밀접한 관계를 맺었다. 896년 왕건의 아버지 용건龍建이 궁예에게 합세하자, 그는 왕건을 철원군 태수로 임명하였다.

왕건은 궁예 치하에서 수군을 거느리고 금성군^{錦城郡: 전남 나주시}을 공격하여 차지하는 데에 큰 공을 세웠고 서남해안에서 벌어진 전투에서 여러 차례 견훤의 후백제군을 격퇴하는 전과를 올렸다. 한때 광평성 시중을 역임하는 등 태봉에서 궁예 다음의 제2인자로서 군림하였다.

905년 이후 전선이 남쪽의 경상도지역으로 확대되면서 궁예는 노골적으로 반신라정책을 추진하였다. 이 정책은 결과적으로 친신라적인 입장을 지닌 호족과 신료들의 반감을 사게 되었고, 이로 말미암아 그의 정치적 입지가 축소되었다. 궁예는 소수 정권의 한계를 극복하기 위하여 정교일치^{政敎一致}적인 전제주의를 채택하였다. 그는 자신의 두 아들을 청광보살^{靑光菩薩}과 신광보살^{神光菩薩}로 삼아 자신의 일가를 신격화시키고, 미륵관심법^{彌勒觀心法}으로 그에 반대하는 정적들을 무참하게 제거하였다. 이에 의해 궁예의 부인 강씨^{康氏} 및 두 아들마저 희생되었고, 왕건마저 화를 당할 뻔한 위기를 겪기도 하였다.

궁예의 폭압적인 전제정치에 대하여 일군의 무장세력이 918년 6월에 정변을 일으켜 궁예를 몰아내고 왕건을 왕으로 추대하였다. 궁예는 궁궐에서 나와 평복으로 옷을 갈아입고 산 속으로 도망쳤다가 곧 부양^{斧壤: 강원도 평강} 백성들에게 잡혀 살해당하였다. 왕건은 국호를 고려^{高麗}라 정하고 연호를 천수^{天授}라고 하였으며, 곧이어 수도를 철원에서 송악^{개경}으로

〈그림 8〉 왕건 동상(상반신)

옮겼다.

918년 고려 건국 이후 후백제가 신라와 고려에 대한 공세를 더욱 강화하였다. 특히 927년에 견훤의 후백제군이 경주의 포석정을 습격하여 경애왕과 귀족들을 능멸하였다. 이때 견훤은 후궁으로 피신한 경애왕을 사로잡아 자살케 하고, 왕비를 강제로 욕보였을 뿐만 아니라 부하들에게 궁녀들을 욕보이게 했던 것이다. 견훤은 김부金傅: 경순왕를 새로운 신라왕으로 삼은 다음 경주에서 철수하였다.

이때 신라의 구원요청을 받은 왕건이 공산公山: 대구광역시 팔공산에서 후백제군과 맞아 싸웠으나 대패하였다. 이후 한동안 고려가 후백제에게 밀리다가 930년 정월에 고창경북 안동전투에서 승리한 것을 계기로 전세를 역전시켰다. 견훤의 포석정 습격 이후 신라의 민심은 후백제에게 등을 돌렸고, 결국 935년 경순왕은 나라를 들어 왕건에게 항복하였다. 이로써 신라의 천년 사직은 종식을 고하게 되었다.

견훤은 935년 무리하게 넷째 아들 금강金剛을 후계자로 삼으려다가 장남 신검神劍 등의 반발을 사서 결국 왕좌에서 쫓겨나 금산사에 유폐당하는 신세가 되었다. 견훤은 후백제를 건국한 이후 영토확장에 어느 정도 성공을 거두었으나 궁예처럼 신라의 제도를 전적으로 부정하는 관제의 개혁을 추진하거나 국가경영을 위한 청사진을 제시하였다는 자취는 찾아지지 않는다. 게다가 그 배후에 위치한 나주를 상실하여 자주 협공을 받았고, 해상권마저 고려에게 빼앗겨 유연한 외교전술을 구사할 기회마저 잃고 말았다. 태봉에서 고려로 넘어가는 교체기에 신라를 압박하여 위세를 떨치다가 결국 아들에 의해 왕위에서 쫓겨나게 된 것이다.

견훤은 금산사에서 도망하여 고려 왕건에게로 가서 신검을 정벌하기를 청원하였다. 견훤의 부탁을 받은 왕건은 936년 명주의 호족인 김순식 등의 도움을 받아 일리천경북 구미시 선산읍의 낙동강전투에서 신검의 후백제군을 물리치고 결국 그의 항복을 받아 후삼국을 통일하였다. 현재 고려의 건국과 후삼국의 통일, 이것은 골품과 같은 신분에 기초하여 운영되던 고대사회를 부정하고, 호족과 같은 지방세력이 새로운 권력주체로 부상하여 유교정치이념을 기반으로 사회를 운영하는 새로운 중세사회로의 전환을 가져온 역사적 대사건으로 이해되고 있다.

궁예와 견훤의 한계

궁예와 견훤이 아니라 왕건이 후삼국 통일에 성공한 비결은 무엇일까? 왕건은 고려 건국 이후 곧바로 사신을 여러 도道에 파견하여 호족들에게 값진 물건을 많이 주고 말을 낮추어 겸손하게 하고 그들을 후대하였다. 또한 호족과의 동맹을 위하여 결혼정책과 아울러 왕씨 성을 사여하는 사성정책賜姓政策을 폈다. 그리고 궁예 정권시대의 반신라정책을 친신라정책으로 바꾸었는데, 이 결과 후삼국 사이의 정치적 향배를 좌우하던 경상도지역의 친신라 호족들이 대거 왕건에게 합세하였다.

이와 더불어 골품과 같은 신분에 기초하지 않은 관제를 마련하고 십일세법什一稅法: 수확량의 10분의 1을 조세로 징수하는 수취제도의 시행을 내용으로 하는 개혁정책을 추진하는 한편, 신라의 옛 제도를 완전히 청산하지 않고 부분적으로 수용하는 중용中庸의 도道를 실현하였다. 그 결과 왕건은 민중들의 지지를 잃지 않으면서도 골품제에 의하여 정치적 출세에 제한을 받았던 지방세력의 전폭적인 지지를 받을 수 있었다.

그렇다면 왜 궁예와 견훤은 왕건처럼 친신라정책과 아울러 호족들을 적극 포용하는 정책을 추진하지 않았을까? 궁예와 견훤은 기본적으로 몰락한 농민이나 도적집단을 규합하여 강력한 무장력을 갖춘 다음, 여러 지역을 경략經略하고 약탈하여 세력을 확장하였으며, 마침내 고구려와 백제부흥운동을 제창하여 고구려와 백제유민의 전폭적인 호응을 받아 후고구려와 후백제를 건국하였다. 농민들이 경제적으로 곤궁하여 몰락하거나, 나아가 그들이 도적이 된 배경은 신라정부나 또는 진골귀족들의 과중한 수탈에서 찾을 수 있다. 여기다가 고구려와 백제유민 역시 결코 신라에 대하여 호의적이지 않았음은 두 말할 나위조차 없다. 이러한 이유 때문에 궁예와 견훤은 태생적으로 친신라정책을 펼 수 없었던 것이다.

889년진성여왕 3부터 전국 각지에서 농민들이 벌떼처럼 들고 일어났을 때, 그들이 주로 공격한 대상은 부호계층이나 사원세력, 그리고 지방의 관리들이었다. 피해를 당한 사람들은 스스로 군사를 고용하여 자위력을 갖추고 농민이나 도적들의 약탈을 방어하는 한편, 그 지역을 독자적으로 통치하는 지배자로 나서 성주城主 또는 장군將軍이라고 자칭自稱하였고, 여기에 부호계층이 적극 호응하였다.

역사학자들은 신라 말기에 지방에서 군사력을 배경으로 지방의 지배자로서 군림하던 성주 또는 장군을 칭한 자들을 흔히 호족이라고 부른다. 어떤 사람은 지방에서 관리를 지내다가 호족이 된 경우가 있는가 하면, 어떤 사람은 촌주에서 호족으로 성장한 경우도 있었다. 이밖에 지방에 주둔하던 군대의 지휘관들이 군대를 기반으로 호족이 된 자도 있었다.

호족은 옛 고구려와 백제지역보다 옛 신라지역인 경상도지역에 널리 분포하였다. 그들 가운데 일부는 궁예와 견훤의 압도적 무력 아래에 굴복하는 경우가 없지 않았으나 대부분은 관망하는 자세를 취하였다. 왜냐하면 궁예와 견훤의 주요 지배기반이 몰락한 농민이나 도적집단, 고구려와 백제유민이었고, 두 사람 모두 반신라정책을 취하였으므로 몰락한 농민이나 도적집단을 진압하며 지방의 지배자로 군림한, 그리고 친신라 입장을 가진 경상도지역의 호족들이 선뜻 두 사람에게 합세하기가 쉽지 않았을 것이기 때문이다.

왕건은 개성지역의 호족이어서 경상도지역의 호족들과 계급적인 이해관계가 크게 상충되지 않았다. 더구나 왕건의 지배기반은 몰락한 농민이나 도적집단이 아니었기 때문에 적극적인 반신라정책을 펼 필요성도 크게 느끼지 않았다. 왕건은 경상도지역 호족들의 계급적, 정치적 성향을 정확하게 꿰뚫어 보고, 그들을 적극 후대하는 정책과 아울러 친신라정책을 적극 추진하여 세력을 크게 확장할 수 있었으며, 마침내 후삼국을 통일하고 새로운 시대의 주인공이 될 수 있었던 것이다.

반면에 궁예와 견훤은 경상도지역의 호족들과 계급적인 이해관계를 달리하였을 뿐만 아니라 정치적인 입장마저 달랐다. 따라서 두 사람은 호족들을 포용하는 정책을 적극 추진하기가 어려웠다고 말할 수 있다. 이 때문에 두 사람은 세력 확장에 한계를 가질 수밖에 없었고, 결과적으로 후삼국통일의 주역이 될 수 없었다고 평가할 수 있다. 몰락한 농민이나 도적집단을 규합하여 세력을 키워 태생적으로 친신라 호족들을 포용할 수 없었던 궁예와 견훤, 그것이 바로 극복할 수 없는 그들의 치명적인 약점으로 작용하여 새로운 시대를 여는 주인공이 될 수 없었던 것이다.

참고문헌 ••••

이순근, 1992 「신라말 지방세력의 구성에 관한 연구」, 서울대학교 박사학위논문
신호철, 1993 『후백제견훤정권연구』, 일조각
정청주, 1996 『신라말·고려초 호족 연구』, 일조각
이순근, 1999 「힘인가, 지력인가, 민심인가」, 『역사의 길목에 선 31인의 선택』, 푸른역사
김갑동, 2000 『태조왕건』, 일빛
조인성, 2007 『태봉의 궁예정권』, 푸른역사

제 2 부
역사의 진실을 찾아서

우리 민족의 기원은?

슈와 쟁점으로 읽는 한국고대사

　우리 민족의 조상은 누구였을까? 한반도에 살았던 구석기와 신석기 시대 사람들은 우리의 직접적인 조상이었을까? 언제 만주와 한반도에 거주하던 사람들이 민족이라는 강고한 인간공동체를 형성하였을까? 이러한 질문에 대하여 어떤 역사학자나 고고학자도 딱히 답하기가 그리 녹록치 않다. 앞으로도 정답이 무엇일까를 둘러싸고 논란이 그치지 않을 것이다.

　현재까지 우리 민족의 기원과 민족 형성 시기를 밝히기 위하여 부단하게 노력하였다. 한국사의 체계적인 전개과정을 올바로 설명하기 위해서는 민족의 기원과 형성에 대해서 분명하게 규명할 필요가 있기 때문이다. 민족의 기원에 대하여 다양한 의견이 제출되었다. 그러나 민족의 기원 문제에 대하여 평소 대중들의 관심이 워낙 지대한 관계로 간혹 학계의 연구 성과가 잘못 전달되어 여러 가지 오해와 편견을 낳는 경우가 적지 않았다. 더구나 오해와 편견이 확대 재생산되어 엉뚱한 방향에서 민족의 기원 문제를 설명하는 경우도 종종 볼 수 있었다.

아직까지 만족할 만한 정답을 찾았다고 보기 어렵지만, 대중들의 오해와 편견을 불식시키기 위해서 나름대로 한국 민족의 기원과 형성 시기를 밝히려고 노력한 여태까지의 결실을 분명하게 짚고 넘어가는 것이 필요할 듯싶다. 먼저 구석기시대 사람들이 과연 현대 한국인의 조상이었는가 하는 의문부터 차근차근 풀어나가면서 우리 민족의 기원 문제에 대하여 접근하도록 하자.

구석기시대 사람들의 동향

북한에서는 100만 년 전부터 한반도에 사람들이 살기 시작하였다고 주장하기도 하나 그대로 신뢰하기 어렵다. 종래에 국사편찬위원회에서 펴낸 국정 중·고등학교 국사교과서에서 70만 년 전부터 한반도에 인류가 살기 시작하였다고 서술하였으나 이것조차도 고고학자들 사이에 논란이 되고 있다. 구석기시대는 지금으로부터 1만 2,000여 전에 끝나고, 신석기시대로 전환된다. 그러면 구석기시대에 한반도에 살았던 인류를 과연 현대 한국인의 직접적인 조상으로 볼 수 있을까?

우리가 살고 있는 지구상에 인류가 처음으로 출현한 것은 지금으로부터 450~300만 년 전이다. 이후 인류는 호모 사피엔스를 거쳐 구석기시대 후기인 약 4만 년 전 무렵에 호모 사피엔스 사피엔스로 진화하였다. 분자유전학적 연구성과에 따르면, 호모 사피엔스와 그 이전의 인류인 호모 에렉투스, 네안데르탈인은 혈연적으로 직접 연결되었을 가능성은 높지 않다고 한다.

몇 십만 년 전에 한반도에 살았던 인류를 현대 한국인의 직접적인 조상으로 보기 어렵다고 한다면, 구석기시대 후기에 한반도에 살았던 인류는 어떠하였을까? 북한에서는 일찍부터 민족단혈성기원론을 주장하였다. 그 내용은 직립 원인 단계의 고인류로부터 시작하여 한반도 내에서 이루어진 장기간의 인류 진화 결과, 구석기시대 말기에 소위 '조선옛유형사람'이 형성되고, 고조선의 성립 이후에 청동기시대의 주민인 '조선옛유형사람'을 주축으로 '고대 조선족'이 형성되었으며, 현대 '조선한국 민족'은 바로 이들의 직계 후손이라는 것으로 요약할 수 있다. 북한에서는 구석기시대 화석인골과 현대 한국인 두개골의 형질인류학적인 비교 분석을 통하여 구석기시대에 한반도에 살았던 인류가 혈연적으로 현대 한국인에 연결된다는 민족단혈성기원론을 주장한 것이다.

그러나 민족단혈성기원론은 계속 교류하며 피가 뒤섞이는 인류의 보편적인 발전 모습과 전혀 거리가 멀다. 구석기시대 인류는 현대 한국인과 지역, 인간이라는 측면에서 공통성을 지닐 뿐이지, 그들을 현재 한국 민족의 직접 조상이라고 보거나 그 기원을 구석기시대까지 끌어올려 보는 것은 설득력이 약하다.

북한에서 민족단혈성기원론을 주장한 것과 달리 일찍부터 남한에서는 구석기시대 사람들이 현대 한국인의 직접 조상이 아니었다고 주장하였다. 이에 따르면, 1만여 년 전에 후빙기가 시작되어 기후가 따뜻해지면서 한반도의 자연환경이 크게 변화하자, 구석기시대 사람들은 주요 먹잇감인 한대寒帶 동물을 따라 북쪽으로 이동하였고, 시베리아지역에서 새로운 신석기시대 사람들이 한반도로 이주하기까지 상당 기간 한반도는 무인지대無人地帶였다고 한다. 이와 같은 주장을 편 배경은 한반도에서 기원전 6,000년 이전의 신석기시대 유적이 발견되지 않은 것에서 찾을 수 있다.

그러나 현재 이러한 주장은 강력하게 비판받고 있다. 비판은 후빙기가 도래하여 기후가 따뜻해지면서 인간이 생활하기에 편리한 자연환경이 조성되었는데, 왜 구석기시대 사람들이 굳이 추운 지방으로 이동하였겠느냐에 관한 의문에서부터 출발한다. 물론 그들 가운데 일부는 한대 동물을 따라 이동한 경우도 있었겠지만, 일부는 변화된 환경에 적응하여 한반도에 계속 거주하였을 가능성도 충분히 생각해볼 수 있다는 논리이다.

신석기시대 한반도의 주인공

1990년대에 제주도 현경 고산리 유적에서 1만여 년 전까지 올라갈 수 있는 원시 무늬없는 토기와 뗀석기 및 잔석기가 발견되었다. 한반도에서 발견된 신석기시대 유적 가운데 양산 오산리가 8,000년 전으로 가장 오래되었다. 이 때문에 고고학계에서 제주도 고산리 유적을 근거로 우리나라 신석기시대의 상한을 1만여 년 전까지 끌어올리는 것에 주저하고 있다. 그렇다면 제주도 고산리 유적에서 1만여 년 전까지 올라가는 토기가 발견된 것은 어떻게 이해할 수 있을까?

근래에 이에 관한 흥미로운 해결책이 제시되었다. 흑룡강 유역에서 1만여 년 전부터 토기를 사용하였고, 일본 열도에서도 역시 마찬가지라고 한다. 흑룡강 유역과 일본 열도의 중간에 위치한 한반도에서도 1만여 년 전부터 토기를 사용하였다고 가정해볼 수 있다.

1만 5,000년 전만 하더라도 지금보다 해수면이 120m 이상 낮아 한반도와 중국은 황해평원을 두고 하나의 대륙으로 연결되었고, 일본 열도도 좁아진 대한해협을 사이에 두고 대륙과 거의 붙어 있었다. 이후 해수면이 상승되면서 현재의 한반도 모습을 갖추게 된 시기는 8,000년 전 이후라고 한다. 신석기시대 초기에 사람들이 해안가에서 주로 생활하였음을 고려하건대, 지금으로부터 1만 년 전에서 8,000년 전 사이에 한반도에 살았던 사람들의 흔적은 결과적으로 바다 속에 묻혀버린 셈이 된다. 실제로 동해안에서 어민들이 바다에서 석기를 건진 사례가 있었다고 알려졌다.

이렇다고 한다면, 2,000년 동안 한반도가 무인지대였다는 주장은 설득력을 잃게 되고, 구석기시대 사람 가운데 일부가 새로운 환경에 적응하여 한반도에 계속 거주하였다는 가정이 설득력을 지니게 된다. 그렇다고 그들이 한반도 신석기시대의 주인공이라고 말할 수 있을까? 결론부터 말하면, 그렇지는 않다.

신석기시대의 대표적 토기는 빗살무늬토기이다. 종래에 빗살무늬토기는 시베리아지역에서 주민의 이주와 더불어 전래된 것으로 이해하였다. 근래에 이에 대한 비판이 제기되면서 논란이 되고 있긴 하지만, 아직도 가능성이 높다고 보는 편이 지배적이다. 구석기시대 사람 가운데 일부가 새로운 환경에 적응하여 살았고, 빗살무늬토기를 사용하던 주민들을 비롯한 일부는 다른 곳에서 한반도로 이주하여 들어왔으며, 이들이 서로 어우러져 한반도 신석기시대의 주민이 되었다고 볼 수 있다.

예족과 맥족, 한족의 기원

신석기시대는 3,500년에서 3,300년 전 사이에 청동기시대로 전환되었다. 종래에 전자에서 후자로 전환되면서 주민의 교체가 이루어졌다고 주장하였다. 이것과 구석기에서 신석기시대로 전환되면서 주민의 교체가 이루어졌다는 견해를 포괄하여 주민 2단계 교체설이라고 명명한다. 그 내용은 '구석기시대의 인류는 후빙기의 도래와 함께 어디론가 떠나갔으며, 이후 수천 년 뒤에 고아시아족에 속하는 신석기시대 사람들이 한반도에 도래하였다. 후에 청동기문화를 지닌 퉁구스족 또는 알타이계의 주민집단이 한반도에 이주하였는데, 신석기시대의 주민은 새로 등장한 청동기시대의 주인공들에 의하여 흡수 동화 내지 구축驅逐되었다. 오늘날의 한국 민족은 바로 청동기문화를 갖고 들어온 주민집단의 후예이다.'는 것으로 요약할 수 있다.

이 학설은 한때 남한 학계에서 지배적인 학설로 받아들여지기도 하였다. 그러나 현재 고아시아족이나 퉁구스족의 개념 및 실체를 정확하게 규명하기 곤란한 점, 고고학적으로 청동기문화의 주인공이 다른 곳에서 만주와 한반도로 이주한 주민집단임을 증명할 수 있는 자료가 절대적으로 부족한 점 등을 근거로 주민 2단계 교체설이 강력하게 비판받고 있다. 현재 고고학계에서는 요동과 한반도의 대부분 지역에서 고고학적으로 신석기시대에서 청동기시대로의 계승적 발전과정을 확인할 수 있다는 견해가 우세한 편이다.

요동遼東과 한반도의 청동기문화를 대표하는 유물이 악기 비파 모양을 닮은 비파형동검이다. 비파형동검은 중원과 북방 유목민족의 청동검과 분명하게 구별된다. 요서遼西에서도 비파형동검이 발견되긴 하지만, 거기에서는 중원中原과 북방 유목민족의 청동기가 함께 발견되므로 요동의 청동기문화와 동일한 성격을 지녔다고 보기 어렵다.

요동과 한반도의 청동기문화 주인공을 사서에서는 예족濊族과 맥족貊族, 한족韓族이라고 언급하였다. 예족과 맥족의 관계를 둘러싸고 논란이 되고 있다. 이에 관한 근래의 연구를 소개하면 다음과 같다.

처음에 맥족은 북방의 오랑캐를 포괄적으로 가리키는 개념으로 사용되다가 점차 요동지역에서 활동하는 종족을 지칭하는 것으로 바뀌었다. 이는 중국의 섬서성陝西省 북방에서 활동하던 맥족 일부가 예족이 거주하던 요하 이동으로 이주하여 '예맥의 세계'를 형성한 사실과 관계가 깊다. 동쪽으로 이동한 맥족과 중국 섬서성 북방에서 활동한 맥족은 장기간

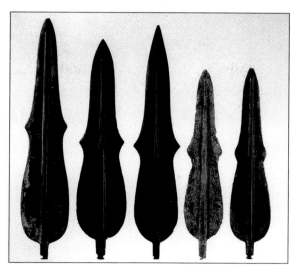

〈그림 9〉 한반도 중남부지역 출토 비파형동검

각기 상이한 자연환경과 주변 민족과의 교섭으로 그 동질성이 점차 적어졌고, 동쪽으로 이동하지 않은 맥족은 점차 북방 유목민족 또는 농업과 목축을 함께 하는 민족들에게 흡수되었다.

중국 북방에서 활동하던 종족이 요동지역으로 이주하였음을 뒷받침해주는 증거로서 요동과 한반도의 청동기문화에 중국 화북지방에 위치한 오르도스와 러시아 남시베리아에 위치한 미누신스크, 그리고 초원지대의 스키타이 청동기문화의 요소가 포함된 사실을 들 수 있다. 이들 지역의 청동기문화 요소는 물론 두 주민집단 사이의 교류와 접촉으로 말미암았을 가능성이 높으나 주민의 이동으로 말미암은 측면도 완전히 배제할 수 없다.

그렇다고 중국 섬서성 북방에서 이주한 맥족이 우리나라 청동기문화의 주인공이라고 말하는 것은 곤란하다. 그들이 요동과 서북한지역에 거주하던 주민들과 함께 어우러져 비파형동검문화를 발전시킨 것으로 보는 것이 합리적이기 때문이다. 그러나 앞에서 소개한 견해처럼 맥족이 동쪽으로 이주하기 전에 요동과 서북한지역에서 활동하던 주민집단을 예족으로 볼 수 있느냐의 여부는 여전히 논란이 되고 있다.

청동기시대 한반도의 비파형동검과 농경문화는 요동의 영향을 받아 성립되었다고 이해되고 있다. 한반도와 요동지역에 거주하던 주민집단 사이의 교류와 접촉으로 말미암은 측면도 부정할 수 없으나 요동지역에서 활동하던 주민의 이주 결과일 가능성이 높다. 이들이 중심이 되어 훗날 한족韓族의 세계를 형성하였다. 예족과 맥족이 한반도로 이주한 결과, 한족의 세계가 형성되었기 때문에 한족과 예족 및 맥족 사이에 문화적 이질성이 크게 나타나지 않았다.

한국 민족의 형성과정

청동기시대에 예족과 맥족, 한족의 교류와 접촉, 주민 이동의 결과, 그들 사이에 융합이 시작되었다. 이후 융합작업은 국가를 단위로 적극적으로 전개되었는데, 요동지역을 중심으로 하여 최초로 성립된 국가가 바로 고조선이다. 고조선이 성장하면서 예족과 맥족의 융합이 활발하게 진행되어 예맥濊貊이라는 종족 명칭이 새로이 등장하였다. 특히 기원전 4~3세기경에 고조선이 중심지를 대동강유역으로 옮기면서 요동과 서북한지역에 거주하던 예족과 맥족의 융합운동이 더욱 활발하게 전개되었다.

고조선의 멸망 이후 그 외곽지역에서 삼국이 성립되었고, 이후 삼국을 중심으로 하여 예족과 맥족, 한족의 융합운동이 진행되어 삼국시대 말기에 이르면, 예족과 맥족, 한족의 정체성이 사라지고, 고구려인과 백제인, 신라인이라는 인식이 확립되었다. 이후 그들 상호 간에 동류의식이 한층 더 진전되었는데, 이것은 신라의 삼국통일 이후 '일통삼한의식一統三韓意識'

으로 발전되었다.

일통삼한의식은 고구려와 백제, 신라를 변한과 마한, 진한에 대응시켜 이해하고, 세 개로 나누어진 한韓을 하나로 통일하였다는 의식의 소산으로서 신라는 삼국통일 이후 이러한 의식에 의거하여 민족융합정책을 적극 추진하였다. 9주제의 실시, 9서당의 설치 및 고구려와 백제 지배층에게 신라의 관등을 수여한 정책 등이 대표적인 민족융합정책으로 거명되고 있다. 그러나 일통삼한의식에는 삼국의 관계에 대한 동일체의식이 전제된 반면에 그 기원에 대해서는 다원적이고 분립적인 의식이 전제되어 있기도 하다. 후자의 인식은 9세기 후반 이래 신라의 통치체제가 와해되고 고구려와 백제고지에서 고구려와 백제부흥운동이 표출되면서 전면화되었다.

일통삼한의식에 내재된 다원적이고 분립적인 역사의식이 완전히 극복된 것은 고려 후기였다. 몽골의 침략과 간섭으로 고려인들 사이에 동일역사체로서의 그들의 존재에 대한 민족적 자의식이 강렬해졌고, 전통문화에 대한 재인식과 민족의 역사적 기원과 변천에 대한 관심이 고조되었다. 이러한 가운데서 삼한분립의식은 힘을 잃고 우리나라 역사의 시원으로서 고조선에 대한 인식이 뚜렷이 부각되어졌다. 이때에 비로소 삼국은 모두 단군의 후예가 세운 국가라는 의식이 정립되었고, 고려의 지배층 사이에 단군의 후예라는 단일민족의식이 확립되었다.

고려 후기 삼한분립의식의 극복은 민족의식의 진전이라는 측면에서 진일보된 것이지만, 그러나 당시에 지배신분과 피지배신분 모두가 단일민족의식을 공유한 것이 아니었기 때문에 일정한 한계를 지녔다. 조선시대에 양반들은 혈통이 천한 사람을 노비로서 차별 대우하였기 때문에 조선의 모든 백성들이 단군의 후예라고 인식하는 것은 기대할 수 없었다.

지배신분과 피지배신분이 모두 단군의 후예라는 인식이 확립된 것은 근대에 이르러 가능하였다. 1894년 갑오개혁에서 신분제를 폐지하고, 이후 제국주의 열강이 조선을 침략하자, 2,000만 동포同胞 또는 겨레라는 표현을 사용하기 시작하였는데, 이것은 지배신분과 피지배신분이 모두 단군의 피를 이어받은 후손으로 인식하였음을 전제하는 것이다. 단일민 족의식이 확립된 상황에서 우리는 일제의 식민지배를 받았고, 해방 후 남북의 분단이 이루어졌다.

한국 민족의 형성 시기는?

현대 한국인은 한국 민족korea nation이라는 공동체의 성원으로서 삶을 영위하고 있다. 그러면 과연 한국 민족은 언제 형성되었을까? 이에 대해 서는 '민족'에 대한 개념의 정의에 따라 학자들 사이에 의견이 크게 엇갈 린다. 스탈린은 민족을 '공통의 언어, 지역, 경제생활 및 공통의 문화에 바탕을 둔 공통의 심리적 특성을 지닌 역사적으로 형성된 강고한 인간공 동체이다.'라고 정의하였다. 경제생활의 공통성은 자본주의시대에 가서 야 형성되기 때문에 스탈린의 민족 이론에 따르면, 한국 민족은 근대 이후에 비로소 형성되었다고 보아야 하고, 실제로 많은 학자들이 여기에 동의하고 있다.

그러나 스탈린의 민족이론을 과연 모든 민족에 적용할 수 있는가에 대한 비판이 일찍부터 제기되었다. 특히 비판은 서구와 달리 이른 시기 부터 중앙집권적인 국가를 형성한 동양사회에 그것을 그대로 적용할 수 있는가에 대해 집중되었다. 그러면서 학자들마다 '민족'이라는 개념 을 다양하게 정의하였다. 그리고 그것에 기초하여 학자들마다 한국 민 족의 형성 시기를 기원전 10세기 무렵 또는 그 이전 시기로 보는 견해, 삼국통일시기로 보는 견해를 제기하였다.

오늘날의 한국인은 하루아침에 형성된 것이 아니다. 한국 민족 역시 만주와 한반도에 거주하던 사람들이 오랜 기간 동안 역사적 경험을 공유하면서 형성된 강고한 인간공동체라고 정의할 수 있다. 이러한 측면에서 한국 민족이 특정 시기에 형성되었고, 그 이전과 이후를 분명하게 차별하여 인식하는 것은 그리 바람직한 태도로 보이지 않는다.

한국 민족의 기원을 해명하려고 하면 할수록 점점 미궁에 빠져드는 것처럼, 한국 민족의 형성시기를 딱 잘라 규명하려고 하면 할수록 미궁에 빠질 개연성이 높다. 오히려 만주와 한반도에 거주하던 사람들이 오랜 기간 동안에 걸쳐 역사적인 경험을 공유하면서 점차 단일민족이라는 의식을 가지게 된 과정을 밝히는 데에 초점을 맞추는 것이 한층 더 바람직한 태도가 아닐까?

참고문헌 • • •

노태돈, 1991 「한국민족 형성에 대한 이론적 고찰」『한국고대논총』1, 가락국사적개발연구원

이선복, 1991 「신석기 · 청동기시대 주민교체설에 대한 비판적 검토」『한국고대사논총』1, 가락국사적개발연구원

이성규, 1991 「선진 문헌에 보이는 '동이'의 성격」『한국고대사논총』1, 가락국사적개발연구원

김주원, 1991 「한국어의 계통과 형성에 대한 연구사적 고찰」『한국고대사논총』1, 가락국사적개발연구원

이기동, 2003 「기원 연구의 흐름」『한국사시민강좌』32, 일조각

이홍규, 2003 「유전자로 찾는 한민족의 뿌리」『한국사시민강좌』32, 일조각

이선복, 2003 「화석인골 연구와 한민족의 기원」『한국사시민강좌』32, 일조각

안승모, 2003 「고고학으로 본 한민족의 계통」『한국사시민강좌』32, 일조각

이성규, 2003 「고대 중국인이 본 한민족의 원류」『한국사시민강좌』32, 일조각

이기문, 2003 「한국어와 알타이제어의 친족관계」『한국사시민강좌』32, 일조각
김정배, 2006 「한민족의 기원」『한국고대사입문』1, 신서원
한국고고학회, 2007『한국고고학강의』, 사회평론

고조선은 언제, 어디서 건국되었을까?

수와 쟁점으로 읽는 한국고대사

　우리나라 최초의 국가가 바로 고조선古朝鮮이다. 『삼국유사三國遺事』에 전하는 단군신화에 따르면, 단군왕검檀君王儉이 기원전 2,300여 년 무렵에 평양성을 도읍으로 하여 조선朝鮮을 건국하였다고 한다. 『삼국유사』의 찬자인 일연一然은 단군왕검이 세운 나라 이름을 위만조선과 구별하기 위하여 고조선이라고 불렀다. 그러나 현재 우리가 흔히 사용하는 고조선이란 명칭은 이성계가 세운 조선과 구별하기 위한 것이다.

　그러면 기원전 2,300여 년 무렵에 평양성을 도읍으로 하여 고조선을 건국하였다는 사실을 그대로 믿을 수 있을까? 지금으로부터 4,300년 전은 신석기시대에 해당한다. 국가는 청동기시대에 비로소 출현하므로 고조선이 기원전 2,300여 년 무렵에 건국되었다고 보기 어렵다. 현재 학자들 사이에 고조선 초기의 중심지에 대하여 논란이 되고 있다. 당시 고조선의 중심지가 평양이었음을 증명해주는 근거가 부족하기 때문이다. 그렇다면 고조선은 언제, 어디서 건국되었을까? 기원전 108년 위만조선 멸망 시의 수도인 왕험성王險城의 위치를 추적하는 것으로부터 출발하여 이러한 궁금증을 차근차근 풀어 보도록 하자.

왕험성의 위치

사마천이 지은 『사기』 조선전에 기원전 194년에 위만이 고조선의 왕이 되어 왕험성王險城을 도읍으로 삼았다고 한다. 『삼국유사』에서는 왕검성王儉城이라고 표기하였다. 한나라는 왕험성을 함락시키고 거기에 낙랑군樂浪郡 조선현朝鮮縣을 설치하였다. 당나라 사람인 두우杜佑: 735~812가 지은 『통전通典』을 비롯한 중국의 여러 사서에는 고구려의 수도인 평양성이 옛 조선국고조선 왕험성이라고 기록되어 있어 중국인들이 왕험성이 평양에 위치하였다고 인식하였음을 알 수 있다.

북위北魏의 지리학자 역도원酈道元: 469~527이 5세기 말~6세기 초에 북위를 방문한 고구려사신에게 패수浿水에 대하여 궁금한 사항을 묻자, 고구려사신은 '(평양)성은 패수의 북쪽에 위치하며, 그 강은 서쪽으로 흘러 옛 낙랑군 조선현, 즉 한 무제武帝가 설치한 낙랑군의 치소治所를 지나 서북쪽으로 흐른다.'고 대답하였다. 고구려에서 대동강을 패수라고 불렀으며, 고구려인 역시 낙랑군 조선현이 대동강유역에 위치하였다고 인식하였음을 알려준다.

중국인뿐만 아니라 고구려인 역시 낙랑군 조선현이 대동강유역에 위치하였다고 인식하였으므로, 그것이 설치된 옛 조선의 수도 왕험성 역시 거기에 있었음이 분명하다. 낙랑군의 치소가 대동강유역에 위치한 것은 다른 여러 자료를 통해서도 증명할 수 있다.

평양 남쪽의 토성동 일대에서 봉니 200여 점이 발견되었다. 낙랑군과

〈그림 10〉 낙랑 봉니

그 예하 현의 관인官印 봉니가 대부분을 차지한다. 대표적인 것으로 '낙랑 태수장樂浪太守章', '낙랑대윤장樂浪大尹章', '조선령인朝鮮令印', '조선우위朝鮮右尉' 가 찍힌 봉니를 들 수 있다. 한편 1990년대 초에 평양시 낙랑구역 정백동 364호 귀틀무덤에서 목간이 발견되었는데, 거기에 '낙랑군초원4년현별

호구다소〇부樂浪郡初元四年縣別戶口多少 〇簿'라는 표제標題가 씌어 있었다. 이 목간은 초원 4년기원전 45 낙랑군 소속 25개 현의 호구 수와 전년도 통계와의 증감增減 현황을 기재한 공문서이다. 또한 대동강 남쪽에 위치한 낙랑 토성에서 '낙랑예관樂

봉니란 무엇인가?
봉니(封泥)는 도장이 찍힌 점토 덩어리를 가리킨다. 한나라 시기에 종이문서가 아직 널리 사용되지 않았다. 대신 나무나 대나무 조각에 문서 내용을 기재하였는데, 이를 목간(木簡) 또는 죽간(竹簡)이라고 부른다. 이것들을 대바구니 등에 넣고 끈으로 묶은 다음, 보안을 유지하기 위하여 점토 덩어리를 붙이고 도장을 찍어 봉하였다. 일제식민지시기에 가짜로 만든 봉니가 매매되어 한때 진위논란이 제기되기도 하였으나 대부분은 진품(眞品)이라고 이해되고 있다.

浪禮官'이란 명문이 새겨진 와당이 발견되기도 하였다. 봉니와 목간, 와당 등은 모두 위만조선의 수도인 왕험성에 둔 낙랑군 치소가 대동강유역에 위치하였음을 알려주는 증거물이다.

고조선과 한(漢)의 경계, 패수(浿水)의 위치

위만조선의 수도인 왕험성이 대동강유역에 위치하였다면, 당시 위만조선의 서쪽 경계는 어디였을까?『사기』조선전에 한나라 시기에 한과 위만조선은 패수浿水를 경계로 하였다고 전한다. 따라서 패수가 현재 어떤 강을 가리키는 것인가에 따라 고조선의 서쪽 변경에 대한 이해가 달라지게 된다.

> **요동과 동호**
> 요동과 요서는 요하(遼河) 동쪽과 서쪽 지역을 가리키는 지명이고, 동호는 흉노족의 동쪽에 살던 이민족[胡]을 총괄해서 부른 것으로서 후에 오환산(烏桓山)에 거주하는 동호를 오환족, 선비산(鮮卑山)에 거주하던 동호를 선비족이라고 불렀다.

종래에 고조선과 한나라 경계인 패수에 대하여 난하灤河, 대릉하大凌河, 압록강, 청천강으로 보는 견해가 제기되었다. 이 가운데 난하와 대릉하는 요동遼東 서쪽에, 압록강과 청천강은 요동 동쪽에 위치한 강이다. 요동이 위만조선의 영역으로 편입되었느냐의 여부가 패수의 위치를 가늠하는 중요한 지표가 되는 셈이다.

『사기』흉노전에 연나라의 현장賢將 진개秦開가 동호東胡의 인질이 되었다가 돌아와서 동호를 공격하여 1,000여 리 밖으로 쫓아낸 다음, 조양造陽에서 양평襄平에 이르기까지 장성長城을 쌓고 상곡上谷, 어양漁陽, 우북평右北平, 요서遼西, 요동 등 5군을 설치하여 동호에 항거抗拒하였다고 전한다.

한나라 선제기원전 74~기원전 49 때에 환관桓寬이 편찬한『염철론鹽鐵論』벌공편伐功篇에 '연나라가 동호를 공격하여 몰아내고 1,000리의 땅을 넓혔으며, 요동을 넘어 조선을 공략하였다.'고 전한다. 진개가 고조선을 공략하였다는 내용은 진수陳壽: 233~297가 지은 『삼국지』 위서 동이전에도 전한다. 이에 따르면, 연이 장군 진개를 보내서 (조선의) 서쪽 지방을 침공하고 2,000여 리의 땅을 빼앗아 만번한滿番汗에 이르는 지역을 경계로 삼았다고 한다.

연 소왕昭王: 기원전 311~기원전 279 때에 진개가 동호와 고조선을 공략하였다고 알려졌다. 일반적으로 『삼국지』 위서 동이전의 기사는 약간의 착오가 있었다고 이해한다. 진개가 동호를 침략하여 1,000여 리의 땅을 넓히고, 이후 연나라가 고조선을 공략하여 땅을 넓혔는데, 후대 사람들이 이때에 연나라가 마치 고조선을 공략하여 2,000여 리의 땅을 빼앗은 것처럼 오해하였고, 진수는 그것을 사실인양 기록한 『위략魏略』의 내용을 그대로 『삼국지』에 인용하였다는 것이다.

> **『위략』의 성격**
> 『위략』은 어환(魚豢)이 중국 삼국 시대 위나라 중심의 역사를 정리한 사서이다. 현재 그것은 전하지 않으며, 『삼국지』 위서 동이전의 기술에 중요한 기초 자료로서 활용되었다고 알려졌다.

연나라 장수 진개가 고조선을 공략하여 2,000여 리의 땅을 빼앗았다는 『삼국지』의 기록을 곧이곧대로 믿을 수 없지만, 『염철론』의 기록을 통하여 연나라가 동호뿐만 아니라 고조선을 공략한 것은 분명하다고 말할 수 있다. 연나라는 동호와 고조선을 공략하고 빼앗은 땅에 5개의 군을 설치하였고, 아울러 이때 연나라는 조양造陽에서 양평襄平에 이르기까지 장성을 쌓아 동호의 침략에 대비하였다고 볼 수 있다는 것이다. 그 시기는 대략 기원전 280년대라고 이해한다.

조양은 현재 중국 하북성 회래현懷來縣, 양평은 요녕성 요양시遼陽市를 가리킨다. 한나라 때에 양평은 요동군의 치소治所였다. 연나라가 동호와 조선을 공략하고, 장성을 쌓은 기원전 280년을 전후한 시기에 요동은 연나라의 영토였음이 분명하다. 진나라가 임조臨洮: 중국 감숙성 민현(岷縣)에서 요동에 이르기까지 만리장성을 쌓았다고 전하므로 기원전 222년에 연나라를 멸망시킨 후, 진나라가 다시 요동을 차지하였다고 볼 수 있다.

연나라와 진나라가 모두 요동을 차지하고 있었으므로 한나라 시기에 고조선과의 경계선인 패수는 요하遼河 서쪽에 위치한 난하와 대릉하라고 보기 어려울 것이다. 패수는 요동의 동쪽에 위치한 청천강이나 압록강 가운데 하나였을 가능성이 높다. 현재 이 가운데 어느 것이라고 딱 잘라 말할 수 있는 증거를 찾기 어렵다. 이렇다고 하더라도 낙랑군의 서북쪽 경계는 대체로 청천강이었음이 확인된다.

중국 전국시대戰國時代에 각 국은 독자적인 화폐를 사용하였다. 연나라에서 사용한 대표적인 화폐가 명도전明刀錢과 포폐布幣: 모양이 대패와 비슷한 화폐로서 산폐〈鏟布〉라고도 부름. '포〈布〉'는 '포〈鋪〉'의 가차자〈假借字〉였다. 명도전은 청동제 손 칼 모양의 납작한 표면에 '明'자 비슷한 문양이 새겨져 있어서 이렇게 불렀다. 명도전은 연나라의 영토인 요서와 요동지역에서 대거 발견되고, 청천강 이북의 북한지역에서도 많이 발견되는 편이다. 반면에 청천강 이남의 북한지역에서는 명도전이 별로 발견되지 않고 있다. 현재 이러한 사실을 근거로 연 · 진나라와 위만조선이 청천강을 경계로 하여 대치하였다고 이해한다.

진나라가 고조선과 요동지역 사이를 공지空地로 만들고, 거기에 상 · 하장上 · 下障이라고 불리는 방어시설을 설치하였는데, 위만이 패수를 건너 고조선으로 망명한 다음, 거기에 거주하여 세력을 키웠다고 알려졌다. 종래에 이러한 사실을 주목하여 고조선과 한나라의 경계인 패수를 압록강이라고 주장하기도 하였지만, 그러나 이에 대해서 반론도 만만치 않게 제기되고 있어 여전히 논란이 되고 있는 실정이다. 아무튼 패수가 압록강이냐, 청천강이냐에 관해서 딱 잘라 고증하기 어렵지만, 위만조선의 서쪽 변경이 청천강이었으므로 결국 위만조선은 대동강유역을 중심으로 하고, 청천강 이남의 서북한 및 황해도지역을 망라하는 범위를 세력

권으로 하여 성장하다가 기원전 108년에 한나라에게 멸망당하였다고
정리할 수 있다.

새로운 평양중심설의 제기

일제식민지시기와 해방 이후 남한에서 한때 왕험성은 평양에 위치하
였고, 패수는 청천강 또는 대동강임을 고증한 다음, 이에 의거하여 고조
선의 중심지가 시종일관 대동강유역이었다고 주장하기도 하였다. 1980
년대 이후 이에 대한 비판이 집중적으로 제기되어 한동안 크게 주목을
받지 못하다가 근래에 들어 다시 북한학계와 일부 학자가 새로운 평양중
심설을 제기하였다.

고조선에 관한 기록이 전하는 가장 오래된 문헌으로 알려진 것이 바로
『관자管子』이다. 여기에 조선의 특산물이 반점이 있는 짐승 가죽[文皮]이
고, 제齊나라와 조선이 모피毛皮를 매개로 교역하였다고 전한다. 『관자』
는 제나라 환공桓公: 재위 기원전 685~기원전 643 때에 활동한 관중管仲: 기원전 ?~기원전
645이 지은 것으로 알려졌다. 『관자』가 관중이 지은 것이 확실하다면,
조선이 기원전 7세기에 역사상에 등장하였다고 볼 수 있다. 그러나 『관
자』를 관중이 지은 것으로 보기 어렵다는 점에서 문제가 있다. 현재
『관자』는 전국시대기원전 403~기원전 221 중·후기에 걸쳐 제나라 사람들의
언행을 모아서 편찬한 것으로 보는 견해가 지배적이기 때문이다.

『관자』 이외에 고조선에 관한 기록이 전하는 가장 오래된 문헌이 바
로 『전국책戰國策』이다. 『전국책』 권29 연책燕策에 소진蘇秦이 연나라 문후
文侯: 재위 기원전 361~기원전 333에게 연의 주변 상황을 전하면서 '연나라의 동쪽
에 조선과 요동이 있고, 북쪽에는 임호林胡와 누번樓煩이 있다.'고 말하였
다는 내용이 보인다. 동일한 내용은 『사기』 소진열전에서도 찾을 수

있다. 『전국책』과 『사기』의 기록은 적어도 연나라 문후가 재위한 기원전 361년에서 기원전 333년 사이에 연나라 동쪽에 조선이란 나라가 존재하였음을 알려주는 증거이다. 고조선은 그 이전에 건국되었음이 분명하다.

기원전 280년대에 연나라 장수 진개가 동호와 조선을 공략하고 요동을 차지하였다. 그 이후 시기 고조선의 세력 범위는 청천강 이남의 서북한지역이었다. 그러면 기원전 4세기 중반 고조선의 세력 범위는 어떠하였을까? 당시에도 고조선의 중심지를 대동강유역이라고 볼 수 있을까?

『염철론』 벌공편에서 연나라가 동호를 공격한 다음, '요동을 넘어 조선을 공략하였다.'고 하였다. 이 구절은 '도요동이공조선度遼東而攻朝鮮'을 번역한 것이다. 여기서 '도度'는 '도渡'와 같은 뜻으로서 '건너다'란 의미이다. 결국 이 구절은 진개가 '요동을 건넌 다음, 조선을 공략하였다.'는 의미로 풀이할 수 있다. 이에 의하면, 조선은 요동의 동쪽에 위치한 셈이 되고, 진개가 조선을 공략하기 이전에 고조선의 중심지는 요동의 동쪽, 즉 오늘날의 서북한지역이었다고 볼 수 있다.

근래에 『염철론』 벌공편의 기록을 근거로 고조선은 대동강유역을 중심으로 하여 건국되었다는 주장이 제기되었다. 한동안 북한학계에서는 시종일관 요동지역이 고조선의 중심지였다고 주장하였다. 그러나 1990년대 초반 단군릉 발굴 이후에 요동중심설을 수정하고, 단군이 평양에서 고조선을 건국한 이래, 고조선이 요동 방면으로 영역을 확장하였다는 주장을 폈다. 근래에 제기된 새로운 평양중심설은 이러한 북한학계의 견해와 맥락을 같이한다는 점에서 주목을 끈다.

초기 고조선의 중심지는 요동이다

　그런데 새로이 제기된 평양중심설은 비파형동검문화가 발달한 선진지역이 서북한이 아니라 요동지역임을 간과했다는 점에서 문제가 있다. 청동기시대에 악기 비파 모양을 닮은 비파형동검을 사용하다가 기원전 4세기 무렵부터 칼날 모양이 더욱 세련되고 날이 좁은 세형동검을 사용하기 시작하였다. 세형동검은 청천강 이남의 한반도지역에서 집중적으로 발견되고, 요동지역에서는 그것이 별로 발견되지 않고 있다. 기원전 4세기 중반 이전 시기에 고조선은 비파형동검을 사용하였음이 분명한데, 비파형동검이 집중적으로 발견되는 지역이 바로 요서와 요동지역이고, 서북한지역에서는 그것이 거의 발견되지 않고 있다.

　만약에 고조선이 평양성을 도읍으로 하여 건국되었다고 한다면, 연나라가 진출하기 이전의 요동지역은 고조선의 변방으로 보아야 한다. 그런데 비파형동검을 사용하던 시기에 선진지역은 서북한이 아니라 요서나 요동지역이었다. 이에 의거하여 현재 고고학계에서는 비파형동검문화는 요서와 요동지역에서 한반도지역으로 전파되었다고 본다. 당시 고조선의 중심지가 서북한지역이라고 한다면, 이러한 고고학계의 견해를 합리적으로 설명하기 어렵게 된다. 이러한 이유 때문에 현재 초기 고조선의 중심지는 요동지역이라는 견해가 널리 지지를 받고 있다.

　1990년대 초반 이전 북한학계와 남한의 일부 학자는 신채호선생이 제기한 요동중심설을 계승하여 요동과 요서를 망라하여 비파형동검이 발견된 지역 모두를 고조선의 세력 범위로 보아야 한다는 주장을 폈다. 그런데 요서지방에서 비파형동검이 발견된 유적은 유목생활을 하던 산융족山戎族과 관계가 깊기 때문에 비파형동검이 발견되는 모든 지역을 고조선의 세력권으로 묶어 설명하는 것은 문제가 있다. 현재 비파형동검

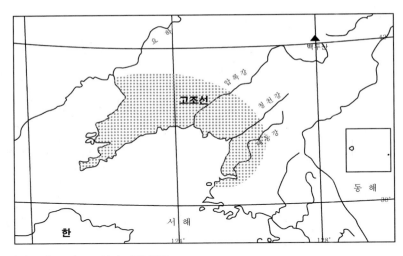

〈지도 1〉 초기 고조선의 세력 범위

과 함께 탁자형 고인돌, 그리고 미송리형토기와 팽이형토기가 발견되는 요동과 서북한지역을 고조선의 세력 범위로 이해하는 것이 일반적이다.

　그러면 초기 고조선의 중심지는 구체적으로 요동의 어느 지역이었을 까? 종래에 『삼국지』 위서 동이전에 전하는 만번한滿潘汗을 초기 고조선 의 중심지로 이해하고, 그것을 요동군 소속 문현汶縣, 번한현潘汗縣과 연결 시켜 오늘날 중국 요녕성의 해성海城 서남쪽과 개(평)현[蓋(平)縣]을 포괄하 는 지역의 어느 지점이 중심지였을 것이라고 추정하였다.

　한편 요동지역에서 비파형동검을 비롯한 다량의 화살촉, 말재갈, 동 경, 다양한 모양의 청동기, 단추장식 등이 발견된 유적이 바로 기원전 6~5세기에 만든 심양沈陽 정가와자鄭家窪子 6512호 목곽묘이다. 종래에 이 것을 초기 고조선의 대표적인 유적으로 주장한 학자가 있었다. 이에 따른다면, 초기 고조선의 중심지는 요하 중류의 심양 부근이었다고 추정 해볼 수도 있다.

그러나 현재 초기 고조선의 중심지가 어디라고 딱히 잘라 말할 수 있는 직접적인 증거는 없기 때문에 이 가운데 어디가 옳다고 말하기 어렵다. 이에 대해서는 앞으로의 숙제로 남겨둘 수밖에 없다.

그러면 고조선은 언제 건국되었을까? 정가와자 6512호가 고조선의 대표적인 유적이라면, 기원전 6~5세기에 조선이란 국가체가 역사상에 등장하였다고 볼 수 있다. 그러나 이 유적 하나에 근거하여 고조선의 건국 연대를 추정하는 것은 매우 위험하기 때문에 딱 잘라서 기원전 6~5세기경에 고조선이 건국되었다고 말하기도 어렵다. 하여튼 기원전 4세기 중엽 이전에 고조선이 건국되었음은 분명하며, 대체로 기원전 10~6세기에 고조선을 건국한 것으로 이해되지만, 그러나 고조선이 건국된 정확한 시기에 관해서는 앞으로의 숙제로 남겨둘 수밖에 없다.

요동에서 평양으로

고조선의 초기 중심지는 요동에 위치하였다. 기원전 280년대 진개가 고조선을 공략한 이후 연나라가 요동지역을 차지하였다. 이후 시기 고조선의 중심지는 대동강유역이었음이 확인된다. 위만조선의 세력 범위는 청천강 이남의 서북한지역이었다.

그런데 초기 고조선의 중심지는 요동이었다. 여기서 고조선이 연나라의 침략을 받아 요동지역을 빼앗긴 이후에 중심지를 요동에서 대동강유역으로 옮겼다는 결론을 유도할 수 있다. 이러한 이유 때문에 요동지역에서 비파형동검을 발전시킨 세형동검이 거의 발견되지 않았다고 설명할 수 있다. 이러한 견해를 피력한 종래의 학설을 중심지이동설이라고 부른다. 이것이 현재 학계에서 널리 지지를 받고 있다. 다만 초기 고조선의 중심지가 정확하게 어디인가를 규명하는 것, 고조선이 중심지를 이동

하였음에도 불구하고 왜 그러한 사실이 문헌에 전혀 전하지 않는 것
등은 중심지이동설을 제기한 학자들이 해결해야 할 숙제로 남아 있다.

참고문헌 •••

서영수, 1988 「고조선의 위치와 강역」『한국사시민강좌』2, 일조각
윤내현, 1994 『고조선연구』, 일지사
노태돈, 2000 「고조선 중심지의 변천에 대한 연구」『단군과 고조선사』, 사계절
송호정, 2003 『한국고대사 속의 고조선사』, 푸른역사
이청규, 2005 「청동기를 통해 본 고조선과 주변 사회」『북방사논총』6, 고구려
　　　연구재단
조법종, 2006 「단군과 고조선」『한국고대사연구입문』1, 신서원
오영찬, 2007 「고조선 중심지 문제」『한국고대사연구의 새동향』, 서경문화사
송호정, 2010 「고조선의 위치와 중심지 문제에 대한 고찰」『한국고대사연구』
　　　58
이청규, 2011 「요동과 한반도 청동기문화의 상호교류」『한국고대사연구』63

한사군(漢四郡)이 우리 역사에 끼친 영향은?

한나라는 기원전 108년에 고조선을 멸망시키고, 옛 고조선지역에 낙랑樂浪과 진번眞番, 임둔臨屯, 현토군玄菟郡을 설치하였다. 이를 흔히 한사군漢四郡이라고 부른다. 고구려가 한사군 가운데 하나인 낙랑군을 313년에 공격하여 병합하기까지 중국의 군현은 420여 년 동안 한반도에 위치하면서 우리나라 역사에 지대한 영향을 끼쳤다.

일제식민지시기에 식민사학자들은 단군신화를 부정하고, 기자조선과 위만조선, 한사군을 강조하였다. 한국이 상고시대부터 중국의 압도적 영향 아래 타율적으로 발전하였음을 설파함으로써 그들의 식민지배를 합리화하려는 의도에서였다. 식민사관의 영향으로 말미암아 해방 후에 한사군은 한국사의 내재적 발전을 저해하는 부정적인 것으로 인식되었다. 그 결과 국사교과서나 한국사 개설서에서 한사군은 천대받거나 철저하게 외면당하였다. 다른 한편에서는 한사군이 요동지역에 위치하였다고 주장하면서 나름의 위안을 찾기도 하였다.

부끄러운 역사를 지나치게 강조하는 것도 결코 바람직하지 않지만, 그렇다고 그것을 철저하게 은폐, 축소한다고 해서 그러한 역사 자체가 부정되지 않는다. 자랑스럽든 부끄럽든 과거의 모든 역사는 바로 현재 우리의 거울로서 기능하기 때문이다. 한사군은 결코 우리의 자랑스러운 역사는 아니다. 그러나 선입견을 철저하게 배제하고, 한사군의 역사를 객관적으로 확인한 다음, 그것이 한국사에 끼친 영향을 올바로 규명할 때에 비로소 우리는 한국고대사의 흐름을 체계적으로 이해할 수 있다는 점을 결코 잊지 말아야 할 것이다.

한사군의 설치와 변동

기원전 194년에 중국에서 망명한 위만衛滿이 연나라나 제나라에서 이주한 한인漢人을 정치적 기반으로 삼아 준왕準王을 몰아내고 조선의 왕위를 차지하였다. 위만 집권 이후의 고조선을 흔히 위만조선이라고 부른다. 위만은 요동태수의 중재로 한나라와 외신外臣의 관계를 맺었다. 위만은 외신으로서 새외塞外: 한나라 국경 바깥의 오랑캐들을 보호하여 중국의 변방을 침략하지 못하도록 하고, 새외의 군장君長이 중국에 들어가 천자를 뵈려고 할 때에 그것을 방해하지 못하도록 하는 임무를 부여받았다.

기원전 128년에 고조선의 지배를 받던 예군濊君 남려南閭가 한나라에 투항하자, 한나라는 그 지역에다 창해군滄海郡을 설치하였다. 그 위치를 정확하게 알 수 없지만, 창해군의 유지에 인력과 비용이 많이 들자, 기원전 126년에 창해군을 폐지하였다. 창해군의 설치는 한나라가 고조선을 정벌하기 위한 서막이었다.

위만의 손자 우거왕右渠王이 중국에 와서 천자를 알현謁見하지 않을 뿐만 아니라 진번 곁에 있는 진국辰國이 글을 올려 한나라 천자를 뵈려고 하자, 이를 방해하였다. 이에 대해 한나라 무제武帝는 섭하涉何를 고조선에 사신으로 파견하여 우거왕에게 외신의 의무를 이행하도록 요구하였다 가 두 나라 사이에 분쟁이 발생하여 고조선에서 섭하를 살해하였다. 이 무렵 고조선은 동방으로 진출한 흉노와 연결하였다. 한나라 무제는 고조선이 외신의 의무를 제대로 이행하지 않고, 더구나 흉노와 연결하여 한나라를 압박하자, 이에 기원전 109년에 고조선 정벌을 단행하였다.

한나라는 기원전 108년에 고조선의 수도 왕험성王險城: 평양을 함락시키고, 옛 고조선지역에 낙랑과 진번, 임둔군을 설치한 다음, 그 다음해에 현토군을 추가로 설치하였다. 한사군 설치 후에 고조선유민들이 거세게 반발하자, 기원전 82년에 진번

현토군
현토군은 서기 106년 무렵에 다시 고구려의 공격을 받아 무순(撫順) 방면으로 그 치소를 옮겼다. 이후 공손씨와 선비족 모용씨의 지배를 받았으나 점차 세력이 약화되었다. 5세기 초 광개토왕 때에 고구려의 공격을 받아 현토군이 폐지되고 요동군과 함께 고구려의 영토로 편입되었다.

과 임둔군을 폐지하고, 그 소속 현들을 각기 낙랑군과 현토군으로 하여 금 통괄하게 하였다. 기원전 75년경에 고구려인의 침략을 받아 현토군의 치소治所를 요녕성 신빈현 영릉진으로 옮겼다. 이를 계기로 임둔군 소속 현도 낙랑군에서 관할하기 시작하였다. 서기 2년 무렵 낙랑군은 25현, 인구 40만여 명이었다.

기원전 75년 이후에 전한은 동부도위東部都尉와 남부도위南部都尉를 두어 낙랑군을 분할하여 통치하였다. 토인土人 왕조王調의 반란을 진압한 서기 30년 무렵을 전후하여 후한은 동부도위와 남부도위를 폐지하였다.

최리의 낙랑국
후한은 동부도위 폐지 후에 그에 소속된 이른바 영동(嶺東) 7현의 거수(渠帥)를 현후(縣侯)로 삼았고, 불내(不耐), 화려(華麗), 옥저(沃沮) 등의 현들을 후국(侯國)으로 삼았다. 아마도 이 무렵에 현후의 하나로 추정되는 최리(崔理)가 영동 7현을 기반으로 하여 낙랑국(樂浪國)을 칭하였고, 서기 37년에 고구려 대무신왕의 아들 호동(好童)이 낙랑공주를 이용하여 낙랑국을 혼란에 빠트리고, 그 틈을 타서 고구려군이 낙랑군을 공격하여 멸망시켰다. 이때 낙랑군의 통치를 받던 동예와 동옥저인 5,000여 인이 사로국으로 이주하였다.

초기에 후한은 낙랑군에 대한 통제를 강화하여 나름대로 통치체제를 원활하게 유지하다가 서기 2세기 중반부터 후한이 약화되면서 낙랑군의 통치체제가 흔들리기 시작하였다. 특히 환제桓帝: 서기 146~167 · 영제靈帝: 167~189 때에 후한이 약화된 틈을 타서 한韓과 예濊가 강성해지자, 그 주민들이 대거 이탈하였다. 이 무렵, 예전에 동부도위가 관할하던 영동 7현이 낙랑군의 통제를 벗어났으며, 옛 남부도위가 관할하던 황해도지역에 위치한 현들도 역시 마찬가지였던 것으로 추정된다.

서기 204~207년 사이에 요동태수 공손강公孫康이 한과 예에 대한 통제력을 강화하기 위하여 둔유현屯有縣 이남의 황해도지역에 대방군帶方郡을 설치하였다. 조위曹魏 건국 이후 낙랑군과 대방군은 유주幽州의 통제를 받았고, 서진西晉 건국 이후에 동이교위東夷校尉가 동이東夷에 대한 통제를 담당하면서 2군은 한과 예족을 통제하는 기능을 상실하였다. 또한 한 · 예족과 중국과의 교역창구로서의 역할도 더 이상 수행할 수 없게 되면서 세력이 크게 위축되었다. 『진서晉書』 지리지에 따르면, 태강太康 원년280에 낙랑군은 6현, 총 3,700호였고, 대방군은 7현, 총 4,490호였다고 한다. 서기 2년 낙랑군의 소속 현이 25개, 호구 수가 6만 2,812호, 인구가 40만 6,780명이었던 것과 비교하면, 격세지감을 느끼게 한다.

교군(僑郡) 낙랑군(樂浪郡)
교군 낙랑군은 후연·북연 때에도 계속 존속하였고, 북위 때에는 낙랑군인을 대릉하 방면에서 난하 하류로 강제로 이주시켰다. 100여 년 만인 북위 정광(正光) 연간(520~524)에 다시 대릉하 방면으로 그들을 천사(遷徙)시켜 낙랑군을 부활시켰다. 그후 북위 말~동위 초에 낙랑군을 천진(天津) 방면으로 옮겼다가 583년 북제에서 주·군·현을 대량으로 감축할 때에 낙랑군이 소멸되었다. 신채호를 비롯한 민족주의 사학자들은 교군 낙랑군을 근거로 한사군 반도외 존재설을 주장하기도 하였다.

낙랑군의 소속 현과 호구 수가 급감한 일차적 원인은 고구려가 낙랑군의 영역을 침식한 것에서 찾을 수 있고, 두 번째 원인은 낙랑군과 대방군의 주민들이 거기에서 대거 이탈한 것에서 찾을 수 있다. 낙랑군과 대방군의 통치체제가 거의 형해화된 상황에서 313년과 314년에 고구려가 2군을 공격하여 그것들을 병합하였다. 이때 낙랑군의 왕준王遵은 주민 1,000여 호를 거느리고 선비족 모용외慕容廆에게 투항하였는데, 모용외는 대릉하 방면에 낙랑군을 설치하고 장통張統을 낙랑태수로, 왕준을 참군사參軍事로 임명하였다. 모용외가 대릉하 방면에 설치한 낙랑군을 흔히 교군僑郡 낙랑군이라고 부른다.

낙랑군의 통치구조

한나라의 군현은 크게 두 가지로 분류할 수 있다. 하나는 중국 국내에 설치한 군현으로서 이를 내군內郡이라고 부른다. 또 다른 하나는 변경 가까이에 위치하여 이민족을 방비하는 군현을 말하며 외군外郡 또는 변군邊郡이라고 부른다. 변군은 대체로 새외塞外의 이민족을 정복하고 설치하였다. 낙랑군을 비롯한 한사군은 변군에 해당한다. 변군은 자체의 영역을 통치하는 역할뿐만 아니라 그 주변에 위치한 여러 이민족을 강력하게 통제하고, 그들로 하여금 한漢에 귀부歸附하여 조공하도록 주선하는 역할도 수행하였다.

낙랑군의 관리는 크게 중앙에서 파견한 장리長吏와 지방 현지에서 임용한 속리屬吏로 구성되었다. 장리에는 태수太守, 승丞, 장사長史와 도위都尉 등이 있었고, 속리는 낙랑군의 행정실무를 맡아보는 관리를 말하는데, 현지인이 임명되었다. 낙랑군 소속의 현에도 장리와 속리를 두어 행정을 담당케 하였다. 낙랑군과 그 소속 현의 속리 숫자는 전한시대에는 모두 합하여 700여 명, 후한시대에는 500여 명 정도였다고 한다.

현재까지 평양의 낙랑 토성을 비롯하여 옛 낙랑군의 영역에서 5~6개의 토성이 발견되었다. 낙랑 토성이 바로 낙랑군의 치소였고, 나머지는 소속 현의 치소였다. 토성 내에는 관아를 중심으로 그 주위에 속리들이

〈그림 11〉 낙랑예관(樂浪禮官)명 수막새

업무를 보는 제조와 숙식을 함께 하는 관사가 있었고, 그밖에 군영, 창고, 주방, 옥사 등이 갖추어져 있었으며, 주변에는 고분군이 분포하였다. 당시 토성은 군과 현의 관리 및 한인漢人들이 거주한 군현 지배의 거점으로서 기능하였다.

한사군을 설치한 초기에 낙랑군 현지에서 관리를 충원하기가 어려워서 요동군에서 속리들을 데리고 왔다. 초기에 고조선유민들의 반발이 심하여 진번과 임둔 등을 폐지하지 않을 수 없었는데, 한나라는 그들의 반발을 무마하고, 군현 지배를 안정적으로 유지하기 위하여 점차 고조선의 지배세력을 속리로 채용하기 시작하여 관례로 굳어졌다.

후한 때 사람인 허신許愼: 58~147년경이 서기 100년경에 지은 『설문해자說文解字』에 낙랑설령樂浪挈令이란 표현이 보인다. 여기서 설령은 황제의 승인을 받아 특정 관부官府 또는 지역에서만 시행되는 특별법을 이른다. 따라서 낙랑설령은 낙랑군에서 시행된 특별법으로 이해할 수 있다.

『한서』 지리지에서 고조선에서 본래 범금이 8개의 조항에 불과하였으나 낙랑군의 설치 이후에 범금이 60여 조로 늘어났다고 하였다. 범금 60여 조는 고조선의 법령을 계승한 것이므로 여기에는 고조선의 관습법이 대거 포함되었다고 보아야 한다. 종래에 범금 60여 조는 고조선의 관습법을 고려하여 한나라가 제정한 특별법으로 이해하고, 그것을 낙랑설령이라고 명명하였다고 추정하였다. 나름대로 일리가 있는 주장이다. 범금 60여 조에 포함되지 않은 여러 가지 사안은 한률漢律의 적용을 받았을 것이다. 낙랑설령의 존재는 한나라의 고조선유민에 대한 군현 지배가 나름 체계적이고, 효율적으로 관철되었음을 추정케 해주는 자료로서 주목을 끈다.

군현 지배가 장기간 지속되면서 낙랑군의 중심부인 평양 일대에서는 한인계와 예·맥계 조선인 사이의 종족적 융합이 점진적으로 이루어졌고, 이러한 와중에 한인계의 재지화와 더불어 예·맥계 조선인의 한화漢化가 진행되었다. 이 결과 기원 1세기 후반에는 한화된 고조선계 유민과 재지화된 한인계를 포괄하여 낙랑인樂浪人이라고 부르기 시작하였다. 다만 낙랑인은 낙랑군 전체 지역에서 형성된 것이 아니라 평양 일대의 낙랑군 중심부에 제한되었다.

동예와 동옥저처럼 읍락사회에서 여전히 공동체적인 관계가 중시된 경우에는 읍락 거수의 자치적인 지배기반을 적극 활용하여 군현 지배를 실현하였다. 한나라는 동옥저·동예지역에 7현을 설치하였다. 현에는 현령과 현장 등을 비롯한 장리를 파견하면서도 읍락의 거수渠帥를 후侯, 읍군邑君, 삼로三老로 임명하였다. 후, 읍군, 삼로는 속리가 아니라 이민족의 지배자에게 수여한 작호爵號였다. 한나라가 군현 지배를 원활하게 실현하기 위해서는 동예와 동옥저 거수들의 협조가 필요하였다. 이러한 이유 때문에 그들을 후, 읍군, 삼로로 임명하여 현의 통치에 참여할 수 있는 기회를 부여한 것이다.

중국 군현의 영향

기원전 194년에 위만이 준왕을 몰아내고 왕위에 올라 한나라와 외신의 관계를 맺었다. 위만은 이에 대한 대가로 한나라로부터 우수한 병기兵器와 재물을 얻어서 주변의 소읍小邑을 정벌하였는데, 이때 진번眞番과 임둔臨屯이 스스로 와서 고조선에 항복하였다. 당시 고조선의 영토는 사방 수천 리에 이르렀다고 한다. 만약에 위만조선이 한나라의 침략을 받지 않았다고 한다면, 기원전 108년에서 그리 멀지 않은 시기에 한반도에서 연맹체적인 성격을 극복한 중앙집권적인 고대국가가 출현하였을 것으로 예상해볼 수 있다.

한나라는 한사군을 통하여 예·맥·한족의 통합을 방해하고, 정치적 성장을 억제하였다. 예·맥·한족에게는 한 군현에 저항하면서 정치적 자주성을 획득해야 하는 힘겨운 여정이 기다리고 있었다. 한 군현에 맞서 정치적 자주성을 처음으로 획득한 것은 바로 압록강 중류유역에 거주하던 맥족이었다. 그들은 기원전 75년경에 현토군을 공격하여 그 치소를 서쪽으로 옮기게 만들고 소노부消奴部가 중심이 되어 연맹체적인 성격을 지닌 고구려를 건국하였으며, 기원 1세기에 태조왕은 현토군과 낙랑군을 공격하여 영토를 넓히고 중앙집권적인 고대국가로 성장할 수 있는 기틀을 다졌다. 이후에도 고구려는 중국 군현세력과 자주 갈등을 벌이면서 강력한 국가로 성장하였다.

백제는 3세기 중·후반 고이왕 때에 마한 목지국을 병합하고 낙랑군

등을 공격하여 영토를 넓혀 중앙집권적인 고대국가로 성장할 수 있는 기틀을 다졌다. 3세기 말에서 4세기 초반에 책계왕과 분서왕이 한 군현에 의하여 피살되어 국가적으로 어려움을 겪기도 하였으나 고구려가 낙랑군과 대방군을 병합한 이후인 4세기 후반 근초고왕 때에 대외팽창을 적극 전개하여 국가의 위세를 대내외에 크게 떨쳤다.

예 · 맥족과 한족은 고구려, 백제, 신라를 중심으로 하여 한 군현에 강력하게 저항하면서 정치적 자주성을 획득하는 힘겨운 여정을 걸었지만, 그러나 또 다른 한편으로 한사군을 매개로 전래된 중국의 선진 문물은 예 · 맥 · 한족에게는 정치와 사회, 문화 발전의 강력한 동력이 되었다는 사실도 결코 간과할 수 없다. 한사군의 설치 이후 한인들이 상당수 평양 일대로 이주하였다. 그들에 의하여 중원문화가 한반도에 전래되어 고조선유민의 한화漢化가 진행되었는데, 이 결과 낙랑군에서 시서詩書를 암송하는 식자층이 존재하였을 뿐만 아니라 도읍에 사는 상류층은 중원에서 파견된 관리와 중국의 상인처럼 배기杯器: 칠기 그릇에 음식을 담아 먹었다고 한다. 이러한 사실을 증명하는 『논어』 죽간竹簡과 여러 종류의 칠기들이 낙랑 고분에서 출토되었다.

낙랑군 주변에 거처한 예와 한족은 중국의 선진 문물을 수용하려는 욕구가 강하였다. 『삼국지』 위서 동이전에 한족韓族이 중국의 의책衣幘: 관리들이 입는 관복과 의례용 모자을 좋아 하여서 하호下戶들이 (낙랑)군에 이르러 조공을 바치고 알현하면 모두 의책을 주었으며, 스스로 인수印綬와 의책을 착용한 사람이 1,000여 인이나 되었다고 한다. 또한 낙랑군과 대방군에 가까운 삼한 소국들이 예속禮俗을 다소 알았다고 전한다. 한족들이 한나라의 의책과 인수를 착용하기를 좋아한 이면에는 중국의 선진 문물에 대한 그들의 동경과 선망이 깔려 있다고 보아야 한다. 또한 낙랑군 북쪽에 위치한 소국에서 예속을 다소 알았다는 것은 한족이 중국의 선진

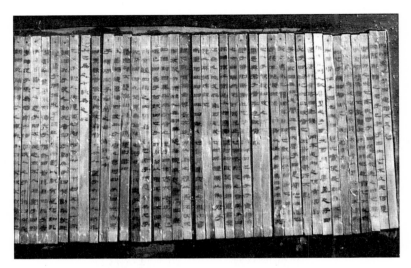

〈그림 12〉 평양 정백동 364호분 출토 논어 목간

문물을 적극 수용하였음을 반영한 것이다.

　그러나 삼한과 예지역에서 중원계의 유물이 그리 많이 발견되지 않는다. 그 이유는 무엇 때문일까? 중국 왕조는 이민족의 귀부歸附와 조공을 환영하고, 그들에게 나름대로 은사恩賜를 베풀었지만, 거기까지였다. 한나라에서는 중국인이 새외塞外로 나가는 것을 엄격하게 통제하였고, 철기를 비롯한 전략 물자의 유출은 원칙적으로 금지하였다. 낙랑군의 경우도 군민의 출입은 물론이거니와 철기를 비롯한 중국의 선진 문물과 기술이 새외로 유출되는 것을 엄격하게 통제하였을 것이다. 이와 같은 한나라의 정책은 주변 한과 예지역의 한화漢化를 방해하였을 뿐만 아니라 낙랑군과 한·예 사이의 이질감을 더욱 심화시키는 결과를 초래하였다. 이것은 결국 낙랑군의 고립을 심화시켜 한 군현의 세력기반을 약화시키는 동인으로 작용하였다.

　일찍부터 낙랑군과 대방군의 주민들이 고구려와 백제, 신라로 이주하였다. 고구려가 313년과 314년에 낙랑군과 대방군을 병합한 후에 그 유민들이 대거 고구려와 백제로 유입되었다. 고구려의 제2 국상國相으로서 동진에서 전래된 칠현금七絃琴을 개조하여 거문고를 제작한 왕산악王山岳, 『일본서기』에 유교경전에 밝았다고 전하는 아직기阿直岐, 왜에 천자문과 『논어』 등을 전해준 왕인王仁 등이 낙랑 · 대방군의 유민으로 추정된다. 백제 근초고왕 때에 『서기』라는 역사책을 편찬한 고흥高興 역시 마찬가지이다. 낙랑군이나 대방군 유민들에 의하여 유학 및 한학에 대한 지식이 삼국에 널리 전파되었고, 그것은 삼국이 중앙집권적 고대국가로 성장하는 데에 중요한 밑거름이 되었다.

낙랑군과 대방군 등 중국 군현은 예 · 맥 · 한족의 통합과 성장을 방해하는 존재이면서 동시에 중국의 선진 문물을 전파해주는 매개 역할을 수행하였다. 긍정과 부정의 어느 한 측면만을 지나치게 강조하다 보면, 중국 군현이 수행한 복합적인 역할을 올바르게 설명할 수 없다. 예 · 맥 · 한족은 한편으로 중국인들의 정치적 지배에 강력하게 저항하면서도 다른 한편으로 중국의 선진 문물을 수용하려는 강렬한 욕구를 가졌으며, 중국 군현을 매개로 전래된 중국의 선진 문물과 지식은 삼국의 성장과 문화 발전에 크게 기여하였다. 이러한 점에서 한반도에 위치한 중국 군현의 역사를 우리나라 역사와 따로 떼어 설명하려고 하거나 그것을 지나치게 은폐, 축소하려는 태도는 지양하는 것이 바람직하지 않을까 한다.

참고문헌 • • •

권오중, 1992 『낙랑군연구-중국 고대 변군에 대한 사례적 검토-』, 일조각
권오중, 2004 「중국사에서의 낙랑」 『한국고대사연구』 34
이성시, 2004 「동아시아에서의 낙랑-과제와 방법에 대한 시론-」 『한국고대사
　　　연구』 34
오영찬, 2006 『낙랑군연구』, 사계절
이성규, 2006 「중국 군현으로서의 낙랑」 『낙랑문화연구』, 동북아역사재단
권오중, 2009 「낙랑사 시대구분 시론」 『한국고대사연구』 53
송호정, 2010 「한군현 지배의 역사적 성격」 『역사와 현실』 78

백제의 요서 진출, 과연 믿을 수 있는가?

슈와 쟁점으로 읽는 한국고대사

　백제가 한때 중국의 요서지역遠西地域에 진출하여 다스렸다고 하는, 이른바 대륙진출설은 대중들 사이에 관심이 지대한 핫이슈 가운데 하나이다. 늘 외적의 침략만을 받았다고 알았던 우리 역사에서 백제의 대륙진출은 고구려 광개토왕의 영토확장 못지않게 민족적 자부심을 갖게 만든 아이콘이기 때문이다. 그런데 문제는 역사학자 사이에 백제의 요서 진출을 그대로 믿을 수 있을까를 둘러싸고 논란이 일고 있다는 사실이다.

　백제의 요서 진출을 알려주는 내용은 중국의 역사책인 『송서宋書』와 『양서梁書』에만 전하고, 정작 『삼국사기』를 비롯한 우리나라 역사책에는 전혀 보이지 않는다. 이 때문에 일부 사서에 백제가 요서지역에 진출했다고 전하지만, 여러 가지 측면을 두루 고려해보건대, 그것을 그대로 믿을 수 없다는 주장이 일찍부터 제기되었다. 반면에 일부 역사학자는 사서의 기록을 부정할만한 근거가 없기 때문에 그대로 믿어야 한다는 주장을 펴기도 하였다. 국사교과서와 한국사개설서에서는 이러한 긍정론을 받아들여 해상활동을 활발하게 전개한 4세기 후반 근초고왕 때에 백제가 요서지역에 진출하였다고 서술하였다.

그러면 과연 백제의 요서 진출을 그대로 믿을 수 있을까? 믿을 수 있다고 한다면, 그 근거는 무엇일까? 믿을 수 없다면, 그 이유는 무엇일까? 이런 저런 의문을 하나하나 차근차근 풀어나가다 보면, 백제의 요서 진출을 둘러싼 X파일을 열 수 있는 어떤 단서를 찾을 수 있지 않을까?

요서 진출을 알려주는 기록들

『송서』는 중국 남조南朝 제齊나라 사람인 심약沈約이 488년에 편찬한 송宋나라420~479의 역사서이다. 『양서』는 629년에 당나라 사람 요사렴姚思廉이 편찬한 양梁나라502~557의 역사서이다. 바로 『송서』와 『양서』 백제전에 백제의 요서 진출을 알려주는 내용이 기록되어 있다. 그것을 소개하면 다음과 같다.

> 백제국은 고려高驪: 고구려와 더불어 요동의 동쪽 천여 리에 있다. 그 후 고려가 요동遼東을 공략하여 차지하자, 백제는 요서遼西를 공격하여 차지하였다. 백제가 다스린 곳을 이르러 진평군晉平郡 진평현晉平縣이라고 불렀다(『송서』).

> 백제는 본래 고구려와 함께 요동의 동쪽에 있다. 진晉나라 시기에 고구려가 이미 요동을 공격하여 차지하자, 백제 또한 요서·진평 2군을 점거하고, 스스로 백제군百濟郡을 설치하였다(『양서』).

『송서』에서는 백제가 요서지역을 차지하고, 진평군 진평현을 설치하여 다스렸다고 하였고, 『양서』에서는 요서지역의 요서군과 진평군을 차지하고 백제군을 두어 다스렸다고 하였다. 백제가 설치한 군현의 명칭은 다르지만, 두 사서 모두 백제가 요서지역을 공격하여 차지하고 직접 다스렸다는 내용은 공통적이다.

한편 526~536년 사이에 양나라의 소역蕭繹이 편찬한 『양직공도梁職貢圖』에는 '진나라 말기에 구려駒驪: 고구려가 요동을 공략하여 차지하자, 낙랑樂浪 또한 요서·진평현을 차지하였다.'고 전한다. 요서와 진평현을 차지한 존재가 백제가 아니라 낙랑이라고 전하는 것이 『양서』와 다른 점이다. 이 밖에 다음에 소개한 두 기록 역시 백제의 요서 진출을 짐작케 해주는 정황 증거자료로서 널리 알려졌다.

> 모용황慕容皝의 기실참군記室參軍인 봉유封裕가 간언하기를, '구려와 백제 및 우문부宇文部와 단부段部의 사람들은 모두 병세兵勢, 즉 전쟁으로 인하여 강제로 몰려온 자들이지 중국인들처럼 의義를 사모하여 온 자들이 아닙니다.'라고 말하였다(『진서』).

> 앞서 부여는 녹산鹿山에 자리 잡고 있다가 백제의 침략을 받아 부락이 쇠잔해졌다. 그래서 서쪽으로 연燕에 가까운 곳으로 근거지를 옮겼는데, 연에 대하여 전혀 방비를 하지 않았다(『자치통감資治通鑑』).

우문부와 단부는 선비족의 일파이다. 330년대 후반에서 340년대 전반까지 전연前燕: 337~370이 주변의 세력들과 치열한 전쟁을 벌이면서 고구려와 백제 등의 주민들을 포로로 잡아왔던 것이다. 전연은 요서지역에 위치하고 있었으므로 이때 사로잡은 백제인은 결국 요동이나 요서지역에 존재하여야 한다. 만약에 기록대로라면 요서지역에 백제가 다스리는 군현이 있어야만 합리적이다.

두 번째의 기록은 진나라 목제穆帝 영화永和 2년346 이전에 백제가 녹산에 자리 잡고 있던 부여를 공격하였다는 내용이다. 백제가 길림성 송화 강유역에 자리 잡은 부여를 공격하였음이 분명하다면, 여기서 말하는 백제는 요동지역이나 요서지역에 위치하여야만 합리적인 설명이 가능하다. 이러한 이유로 이것은 백제가 요서지역에 진출하였을 가능성을 짐작케 해주는 정황 증거로서 널리 주목을 받았던 것이다.

그러나 고구려가 요동지역을 차지한 것은 385년 무렵 또는 400년대 초반이고, 또한 340년대를 진나라 말기, 즉 동진東晉: 317~420의 말기로 보기 어렵기 때문에 위에서 소개한 두 자료는 백제의 요서 진출을 알려주는 사료로서 적합하지 않다. 더구나 전연이 사로잡은 백제인은 부여인을 잘못 표기한 것일 가능성이 높고, 백제가 녹산에 자리 잡은 부여를 공략하였다고 하였지만, 여러 가지 정황으로 보아 부여를 공격한 나라는 백제가 아니라 고구려일 가능성이 높다. 이처럼 위에서 소개한 두 사료 모두 여러 가지 문제를 안고 있으므로 그것들을 백제의 요서 진출과 관련된 정황 증거로 채택하기는 곤란할 듯싶다.

여암(餘巖)의 요서 경략(經略)

『송서』와 『양서』에서 고구려가 요동을 차지하자, 백제가 요서지역을 공격하였다고 전한다. 그러면 고구려가 요동을 차지한 시기는 언제였을까?

385년고국양왕 2 6월에 고구려가 군사 4만을 보내 요동과 현토를 공격하여 함락시키고 남녀 1만 명을 포로로 잡아왔다. 384년 1월에 전연의 왕족인 모용수慕容垂가 다시 연을 재건하였는데, 이를 후연이라고 부른다. 후연이 아직 동북지역으로 힘을 뻗치기 전에 고구려가 재빨리 요동과 현토를 공격하여 차지한 것이다. 그러나 385년 11월에 고구려는 후연의 공격을 받아 요동과 현토를 잃고 말았다.

고구려는 397년 이후 왕위계승분쟁으로 후연의 국력이 약화된 틈을 타서 다시 요동지역으로 진출하였는데, 그 시기는 대체로 402년 5월에서 멀지 않은 시기로 추정되고 있다. 이후부터 요동지역은 줄곧 고구려의 영토였다. 고구려가 요동지역을 차지한 시기가 385년 또는 402년 무렵이었으므로 백제가 요서지역에 진출하였다고 한다면, 그 시기 역시 마찬가지였다고 보아야 한다.

그런데 후연이 400년 이후부터 407년 7월 멸망할 때까지 요서지역을 계속 통치하였음이 확인된다. 따라서 고구려가 요동지역을 공격하여 다시 차지한 402년 무렵에 백제가 요서지역에 진출하였을 가능성은 희박하였다고 볼 수밖에 없다. 자연히 백제가 요서지역에 진출한 시기는 385년 무렵으로 좁혀진다. 그러면 당시 요서와 요동지역의 정세는 어떠하였을까?

383년 11월 북중국을 차지한 전진前秦이 동진을 정벌하려다가 비수肥水의 전투에서 크게 패하였다. 이후 전진의 통치체제가 급격하게 무너졌고, 이 틈을 타서 384년 1월에 모용수가 후연을 건국하였는데, 이때 요서지역의 민심이 크게 동요하고 도적이 벌떼처럼 일어났다. 385년 6월에 후연의 정세가 불안한 틈을 타서 고구려가 요동과 현토를 공격하여 차지하고, 이 해 7월에 후연의 건절장군建節將軍 여암餘巖이 기주驥州 무읍武邑에서 반란을 일으켰다. 여암은 4천여 인을 거느리고 유주幽州로 진격하여 후연 평삭장군平朔將軍 평규平規를 격파한 다음, 계성薊城: 북경 서남쪽을 공략하여 1천여 호를 빼앗고, 난하灤河 하류의 영지令支로 들어가서 웅거雄據하였다.

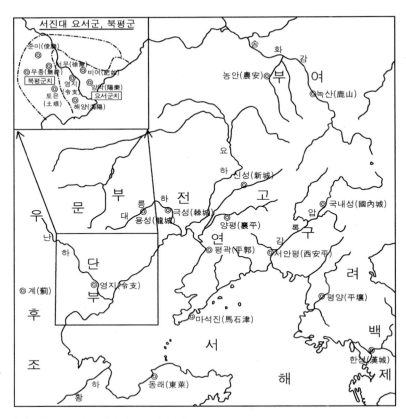

서진대 요서군, 북평군

준미(俊靡)
서무(徐無)
무종(無終)
비여(肥如)
북평군치
영지
토은
(土垠)
녹지(令支)
양락(陽樂)
해양(海陽)
요서군치

송 화 강

농안(農安)
부 여
녹산(鹿山)

우 난
하

문 부
대 릉
하 룽
용성(龍城)
극성(棘城)
전 연
평곽(平郭)
양평(襄平)

단 부
영지(令支)

계(薊)

후 조

하
황

동래(東萊)

마석진(馬石津)

서 해

요 하
신성(新城)

고 구 려
압
록
강
국내성(國內城)

서안평(西安平)

평양(平壤)

백 제
한성(漢城)

〈지도 2〉 330년대 전반경 동북아 형세도

385년 11월에 후연이 군사 3만을 보내 영지를 공격하여 함락시키고, 여암을 사로잡아 참수斬首하였다. 이어서 후연은 고구려를 공격하여 요동과 현토지역을 다시 차지하여 요서와 요동지역을 확고하게 장악할 수 있게 되었다. 후연은 이후 요서와 요동지역을 기반으로 각지로 세력을 확장하는 한편, 통치체제를 새롭게 정비하였다.

385년 무렵 요서와 요동지역의 정세를 살펴본 결과, 그 무렵에 고구려가 요동을 차지한 것을 확인할 수 있지만, 백제가 요서지역을 차지하였음을 알려주는 구체적인 증거는 발견되지 않는다. 다만 역사학자들의 주목을 끌었던 사실이 바로 여암이 385년 7월부터 11월까지 요서지역을 장악하고 위세를 떨쳤다는 점이다. 현재 여암의 요서 경략과 백제의 요서 진출이 어떤 연관성을 지녔는가를 둘러싸고 논쟁이 되고 있기 때문이다.

여암과 백제와의 관계는?

사서에 여암은 후연의 장군으로서 반란을 일으켰다고 전한다. 그런데 4세기 후반에 여씨餘氏 성姓을 가진 인물이 여럿 사서에 전한다. 여암을 비롯하여 여울餘蔚, 여숭餘嵩, 여초餘超 등이 바로 그들이다. 대체로 전연이나 전진, 후연의 관리 또는 장군이었다고 알려졌다. 이들은 285년 또는 346년에 전연이 부여를 공격하였을 때에 포로로 잡혀온 부여인의 후손으로 추정되고 있다. 여암 역시 부여인의 후손이었다고 이해되고 있다.

백제 왕실의 성이 부여씨扶餘氏였다. 그런데 중국의 사서에는 단지 여씨餘氏로만 전하고 있다. 예를 들어 『진서』에서는 근초고왕의 이름이 '여구餘句'라고 전하고, 『송서』에서 구이신왕久爾辛王을 여영餘映, 비유왕毗有王을 여비餘毗, 개로왕蓋鹵王을 여경餘慶이라고 표기하였다. 이 밖에도 관군장군冠軍將軍 여기餘紀를 비롯하여 여러 장군호를 칭하는 인물 가운데 여씨 성을 가진 이가 여럿 발견된다.

어떤 역사학자는 『송서』에 백제 왕실의 성을 여씨라고 기록한 사실을 주목하여 그 편찬자가 여암을 백제의 장군이라고 착각하여 '고구려가 요동을 공격하여 차지하자, 바로 이어서 백제가 요서지역을 공격하여 차지하였다.'고 기록하였다고 주장하였다. 『송서』는 462~467년 무렵에 서원徐爰이 기본 골격을 완성하고, 488년에 심약이 그것을 기초로 하여 편찬하였다고 알려졌다. 서원 또는 심약은 『송서』를 편찬하면서 백제왕의 성이 여씨이고, 다양한 장군호를 칭하는 백제 인물 가운데 여씨가 여럿 존재하는 것을 인지하고, 여암을 백제의 장군으로 착각하였다는 것이다.

『송서』 편찬자가 여암을 백제의 장군으로 착각하였다고 한다면, 『양직공도』에 고구려가 요동을 차지하자, 낙랑이 요서지역을 공격하여 차지하였다고 전하는 것은 어떻게 설명할 수 있을까?

어떤 역사학자는 이 기록을 중요하게 여겨 백제가 요서지역을 차지하였다고 전하는 『송서』나 『양서』의 기록을 교군僑郡 낙랑군과 관련시켜 이해하기도 한다. 고구려 미천왕이 313년에 낙랑군을 공격하여 병합하자, 낙랑군의 왕준王遵은 주민 1,000여 호를 거느리고 선비족 모용외慕容廆에게 투항하였다. 모용외는 대릉하 방면에 낙랑군을 설치하고 장통張統을 낙랑태수로, 왕준을 참군사參軍事로 임명하였는데, 이를 교군僑郡 낙랑군이라고 부른다.

고구려가 낙랑군과 대방군을 병합한 이후에 그 유민들이 대거 백제에 유입되었다. 그들은 백제에서 중국 남조와의 교류에서 중요한 역할을 수행하였다고 알려졌다. 이 역사학자는 낙랑 및 대방군의 유민들과 교군 낙랑군민 사이에 존재했을 법한 일종의 심리적, 혈연적 연대감을 백제측에서 적극 활용하였고, 백제의 요서 진출은 바로 이와 같은 시대 상황을 남조의 입장에서 나름대로 재구성한 결과라고 이해하였다. 이와 같은 주장을 편 역사학자는 백제의 요서 경략을 결과적으로 부정하는 입장에 서 있다고 볼 수 있다.

한편 여암의 요서 경략을 마치 백제의 요서 진출이라고 『송서』 편찬자가 착각하였다고 주장한 역사학자는 『양직공도』에 낙랑이 요서지역을 차지하였다고 전하는 것과 관련하여 근초고왕이 372년에 동진으로부터

'낙랑태수樂浪太守'라는 작호를 수여받은 사실을 주목한다. 즉 『양직공도』의 편찬자, 즉 소역이 근초고왕의 작호를 근거로 『송서』에 요서지역에 진출하였다고 전하는 '백제'를 '낙랑'으로 바꾸어 기술하였다는 것이다.

그런데 백제의 요서 진출을 부정하는 역사학자들의 주장 가운데 제대로 해명되지 않은 것이 하나 있다. 『양서』에서 백제가 요서·진평군을 공략하여 차지하고 스스로 '백제군'을 설치하였다는 사실에 관해서이다. 여암이 경략한 요서지역은 서진의 북평군과 요서군에 해당한다. 어떤 역사학자는 여암이 북평군을 차지한 다음, 그것을 '진晉의 북평군'이라고 하여 진평군晉平郡으로 군명을 고쳤을 가능성이 높다고 보았다. 그러나 여암은 분명히 백제인이 아니었기 때문에 그가 백제군을 설치하였을 가능성은 매우 희박하다. 그런데 『양서』에서 백제가 요서·진평군을 차지하고, 거기에 스스로 백제군을 설치하였다고 분명하게 밝혔다. 무엇인가 분명히 백제가 요서지역에 진출하여 다스렸음을 강력하게 유추케 해주는 표현으로서 주목을 끈다.

백제의 요서 진출을 부정하는 역사학자는 『양서』 편찬자가 『송서』에 백제가 설치하였다고 전하는 진평군 진평현을 백제가 설치한 군이라고 이해하여 단순히 '스스로 (백제가) 백제군을 설치하였다自置百濟郡'라는 문구를 추가하였다고 주장하였다. 역사적 사실을 그대로 반영한 것이 아니라 『양서』 편찬자가 임의로 추가한 문구에 불과하다는 논리이다. 나름 일리가 있다고 생각되지만, 『송서』의 기록은 그 편찬자의 착각에 불과하고, 『양직공도』와 『양서』의 편찬자는 『송서』 편찬자의 착각을 그대로 수용하였다고 보기에는 무엇인가 석연치 않은 점이 전혀 없지 않다. 『송서』 이외의 다른 문헌에 백제의 요서 진출을 알려주는 기록들이 전하여서 소역과 요사렴이 그것과 『송서』의 기록을 근거로 『양직공도』와 『양서』에 낙랑 및 백제의 요서 진출 사실을 기술하였을 가능성도 전혀 배제할 수 없다고 보이기 때문이다.

어떤 역사학자는 백제의 요서 진출을 알려주는 『송서』의 기록은 편찬 자의 착각이라고 단정하기에는 근거가 부족하다고 비판하였다. 그러면 서 『송서』의 편찬자 심약이 자신의 명예에 결정적인 오점으로 남을 엉 터리 기사를 썼을 가능성은 낮고, 적어도 역사에 대해서 해박하거나 또는 백제의 사정을 잘 아는 사람들이 공유하는 지식으로 판단하여 그가 백제전에 요서 진출과 관련된 내용을 기록하였다고 보아야 한다고 주장 하였다. 즉 백제가 요서지역에 백제군을 설치하여 다스렸다는 『송서』 등의 기록을 합리적으로 설명하기 위해서는 여암이 어떤 사정과 이유 때문에 백제와 연결하였고, 공동의 군사 행동을 전개하여 후연으로부터 요서지역을 탈취한 다음, 그 지역에서 일정 기간 동안 공동으로 지배권 을 행사하였다고 보아야 한다는 논리이다.

과연 진실은 무엇일까?

한동안 백제의 요서 진출을 둘러싸고 논란이 많았다. 『양직공도』에서 고구려가 요동지역을 차지한 시기를 진나라, 즉 동진 말기라고 규정하였 고, 고구려가 385년과 402년 무렵에 요동지역을 차지하였음이 확인된 다. 근래에 이르러 이러한 사실을 근거로 하여 여암이 385년 7월에 요서 지역을 경략한 사실과 백제의 요서 진출 기록이 어떤 이유로든 관련이 있다고 보아야 한다는 것으로 의견이 모아지고 있는 추세이다. 여기서 역사학자들 사이에 의견이 갈리는 문제는 여암을 『송서』 편찬자가 백제 의 장군이라고 착각한 것으로 볼 수 있는가, 아니면 『송서』의 기록을 그대로 신뢰하여 여암이 백제와 모종의 어떤 관계를 맺고 있었다고 보아 야 하는가에 관해서이다.

『송서』 편찬자가 여암을 백제의 장군이라고 착각하여 백제가 요서지역에 진출하였다는 내용이 사서에 기록되었을 것이라는 주장이 설득력을 지니려면, 『송서』와 『양서』 백제전의 기록 가운데 비슷한 사례를 더 많이 제시할 필요가 있다. 또한 중국 정사 동이전에 만주와 한반도의 정세에 대한 중국 사가들의 착각이 적지 않았다는 증거를 좀 더 찾아야 한다. 그리고 무조건 사료의 내용을 역사적 사실이 아니라고 부정하는 것도 그리 바람직한 태도는 아니다.

반면에 백제의 요서지역 진출이 역사적 사실임을 증명하려면, 4세기 후반 요서지역의 정세에 대한 보다 정밀한 고찰이 필요할 듯싶다. 그리고 백제가 요서지역에 군현을 설치하여 지배하였다면, 그것을 입증할 수 있는 고고학적인 증거를 찾을 필요가 있다. 나아가 385년침류왕 2에 백제가 요서지역에 진출하지 않으면 안되었던 이유를 충분하게 설명하여야만 한다. 아울러 그와 같은 중요한 역사적 사건이 『삼국사기』에 서술되지 않은 이유도 나름대로 설명할 필요가 있을 것이다.

역사학자들은 문헌에 전하는 기록이 과연 역사적 사실을 그대로 반영하고 있는지를 끊임없이 고민하여야 한다. 다른 자료와 비교하거나 다양한 방법론을 동원하여 사료를 비판하여 나름대로 역사적 사실을 반영하고 있음이 검증된 뒤에 비로소 사료로서 활용하여 연구를 진행하여야만 한다. 실제로 충분한 사료 비판 없이 무조건 사료를 신뢰하고 연구를 진행하였다가 낭패를 보는 사례가 적지 않게 발견되고 있다.

백제의 요서 진출을 알려주는 『송서』와 『양서』의 기록 역시 과연 역사적 진실을 담고 있는가에 관하여 끊임없이 의심을 가지고 접근하는 것이 필요하다. 역사적 진실을 담고 있느냐의 여부를 판단하는 기준, 그것은 항상 과학적이고 객관적이어야 한다. 현재까지 백제의 요서지역 진출을 알려주는 사료들에 대해서 역사적 진실을 담고 있다고 판단할 수 있는 과학적이고 객관적인 기준이 뚜렷하게 제시되었다고 보기 어렵다. 따라서 그것들에 접근할 때에는 신중하고 또 신중하지 않으면 안될 것이다. 앞으로 연구가 계속 진행되어서 후일에 백제의 요서 진출이 역사적 진실로 증명될 수 있다는 가능성을 충분히 열어두면서 말이다.

참고문헌 •••

강종훈, 1992 「백제 대륙진출설의 제문제」『한국고대사논총』4, 가락국사적개발연구원

김기섭, 2000 「근초고왕과 요서경략설」『백제와 근초고왕』, 학연문화사

여호규, 2001 「백제의 요서진출설 재검토-4세기 후반 부여계 인물의 동향과 관련하여-」『진단학보』91

강종훈, 2003 「4세기 백제의 요서지역 진출과 그 배경」『한국고대사연구』30

첨성대는 천문대인가?

신라의 천년 고도 경주에 가면, 반드시 가보는 곳이 바로 석굴암과 불국사이다. 문화와 종교적 열정의 결정체로서 거기에 우리나라 문화유산 가운데 으뜸으로 꼽는 예술품이 많기 때문이다. 석굴암과 불국사 못지않게 관심을 끄는 유적이 바로 첨성대瞻星臺이다. '동양 최고'의 천문대로서 유명하기 때문이다.

첨성대는 '별을 바라보는 건물'이란 뜻이다. 첨성대를 점성대占星臺라고도 불렀다. 건물의 명칭을 근거로 예전부터 첨성대가 천체를 관측하는 천문대라고 이해하였다. 그런데 첨성대는 높이가 겨우 9.1m에 불과하다. 또 꼭대기에 오르기도 어려운 구조이고, 꼭대기가 비좁아서 간의簡儀, 혼천의渾天儀와 같은 기구를 설치하고 전문적으로 천체를 관측하기도 어렵다. 이와 같은 구조적 결함을 지적하며 첨성대가 천문대가 아니라는 주장이 제기되었다.

그러면 정말로 첨성대는 천문대가 아니었을까? 만약에 천문대가 아니라면, 그것을 어떤 목적으로 건립하였을까? '동양 최고'라는 수식어가 무색할 정도로 현재 첨성대의 성격을 둘러싸고 논쟁이 활발하게 전개되고 있다. 첨성대에 숨겨진 비밀을 하나하나 풀어가면서 신라의 선덕여왕이 첨성대를 건립한 이유를 밝혀보도록 하자.

우물모양으로 만든 이유

첨성대는 옛 모습 그대로 현재 경북 경주시 인왕동의 월성과 대릉원 사이에 우뚝 서 있다. 높이는 9.108m이고, 밑지름이 4.93m, 윗지름이 2.85m이다. 밑에서 4.16m 되는 곳에 정남쪽으로 한 변의 길이가 1m인 정사각형의 창문을 냈다.

아랫부분의 기단석은 2단으로 땅에 닿아 있고, 그 위에 27단의 원통형 몸통부가 있다. 정상부에는 천장형 바닥과 2단으로 된 우물 정#자 모양의 장대석을 설치하였다. 원통형 몸통의 한 가운데에는 3단을 차지하는 사방 약 1m 폭의 출입구가 있고, 그 위와 아래로는 12단의 층이 있다. 아래쪽 12단까지는 흙이 가득 차 있어, 이곳이 중간 바닥 구실을 한 것으로 보인다. 일반적으로 기단석을 네모로 만들고, 몸통부를 원형으로 만든 것은 하늘은 둥글고 땅은 네모나다는 천원지방天圓地方의 우주관을 반영하는 것으로 이해한다.

첨성대 맨 꼭대기에 정#자석이 놓여 있다. 첨성대를 우물 모양을 본 따 만들었을 가능성을 알려주는 증표이다. 실제로 첨성대는 경주시 교동의 옛 김유신 저택에 있는 재매정財買井의 모양과 비슷하다. 이 우물은 벽돌같이 다듬은 화강암으로 정성스럽게 쌓아 올리고, 그 위의 네 면에 각각 거칠게 다듬은 장대석을 이중으로 올린 후, 맨 위는 잘 다듬은 두 개의 ㄱ자 장대석을 짜 맞추어 정사각형으로 마무리하였다. 우물 속의 가장 넓은 곳의 지름은 약 2m 가량이고, 맨 위에 있는 ㄱ자 장대석의 한 변의 길이는 1.8m이다. 재매정을 그대로 지상으로 들어 옮기면, 첨성대의 모양과 거의 유사하다고 볼 수 있다.

그러면 선덕여왕은 왜 하필이면 첨성대를 우물 모양을 본 따서 만들었을까? 불교에서는 우주가 33천으로 구성되었다고 이해한다. 수미산 꼭대기에 존재하는 33번 째 하늘을 도리천忉利天이라고 부른다. 도리천을 관장하는 천신이 환인桓因인데, 이를 다른 말로 제석천帝釋天이라고 부른다. 선덕여왕은 자기가 죽은 다음에 도리천에 묻어달라고 유언하였다. 선덕이란 왕명은 본래 도리천에 환생하고자 한 선덕바라문의 이름에서 따온 것이다. 선덕여왕은 도리천 신앙을 강조하였고, 죽어서 도리천에 다시 태어나고자 소망하였음이 분명하다.

신라의 시조 박혁거세는 나정蘿井이란 우물 곁에서 태어났다. 혁거세의 왕비 알영부인은 알영정이란 우물에서 태어났다. 그러면 혁거세와 알영부인을 우물 곁이나 우물에서 태어났다고 설정한 이유는 무엇 때문일까? 혁거세와 알영부인은 모두 신성한 존재이다. 신라인들은 이러한 존재는 다른 세계에서 자신들이 사는 세상으로 왔다고 생각하였다. 다른 세상에서 신라로 오는 통로, 그것이 바로 우물이었던 것이다.

옛날 사람들은 지하에서 물이 졸졸 나오는 샘이나 우물을 지상과 지하를 연결하는 통로라고 생각하였다. 지상에서 지하로 연결되는 통로로서 우물이 존재하였다면, 지상과 하늘을 연결하는 우물도 있었을 텐데, 이것을 흔히 우주의 우물이라고 부른다. 첨성대는 바로 우주의 우물이라고 생각하여, 우물 모양을 본 따서 그것을 만들었던 것으로 보인다. 선덕여왕은 우주의 우물인 첨성대를 통로로 하여 도리천으로 올라가고자 소망하였던 것이 아닐까?

〈그림 13〉 **첨성대**

천문대로 보기 어렵다!

첨성대에 관한 기록은 1280년대 초반에 편찬한 『삼국유사』에 처음 보인다. 여기서 선덕여왕 때에 돌을 다듬어서 첨성대를 쌓았다고 하였다. 『세종실록지리지』에는 선덕여왕 2년633에 첨성대를 쌓았고, 『증보문헌비고』에는 선덕여왕 16년647에 만들었다고 전한다.

일본의 기상학자 와다 유지和田雄治는 1909년에 첨성대를 관찰한 다음, 계단을 통해 창구까지 이르고, 거기에서 나무 사다리를 이용하여 꼭대기로 올랐으며, 첨성대 위를 반쯤 덮고 있는 판석板石에 관측기구를 올려놓고 천문을 관측했다고 주장하였다. 조셉 니덤J. Needham이 『중국과학기술사』1953년에서 '경주의 첨성대는 당나라 천문대의 구조를 알려주는 중요한 근거이다.'라고 언급하면서 첨성대가 국제적인 주목을 받기 시작하였고, 이후 '동양 최고의 천문대'란 명성을 얻게 되었다.

그러나 첨성대를 천문대로 보기에는 구조적인 결함을 안고 있다. 조선시대의 문헌인 『동국여지승람』에는 '사람이 속으로부터 오르내리면서 천문天文을 관측하였다.'라고 서술되어 있다. 실제로 첨성대를 살펴보면, 남쪽 창문 아래턱에 사다리를 걸어놓은 것으로 추정되는 자리가 남아 있다. 그런데 창문을 통하여 오르내릴 수 있다고 하여도 매일 밤마다 천문을 관측하기 위한 목적에서 첨성대를 건립하였다면, 오르내리는 것을 매우 불편하게 만든 점은 상식적으로 쉽게 납득이 되지 않는다.

그리고 지름 2.85m의 정상부는 별을 관측하는 기구인 혼천의를 놓고 몇 사람이 엄격한 관측과 기록을 하였다고 보기에는 너무 비좁은 편이며, 겨울의 추운 날씨에 대비하여 배려한 어떠한 흔적도 발견할 수 없다. 또한 약 9.1m 높이의 첨성대에서 천문을 관측하나 지상에서 관측하나 별로 차이가 없는 점, 별을 잘 볼 수 있는 산꼭대기가 아니라 평지에 첨성대를 건립한 점 등이 첨성대를 천문대로 보기 어렵다는 이유로 종종 거론된다.

1960년대부터 첨성대의 구조적 결함을 근거로 하여 그것을 천문대로 보는 주장에 대한 비판이 제기되었다. 먼저 첨성대에서 천문을 관측하였다는 사실 자체를 완전히 부정하지 않으면서도 첨성대는 기본적으로 4계절과 24절기를 정확하게 측정하기 위하여 설치한 규표圭表로서의 성격을 지녔으며, 어느 방향에서 보나 똑같은 모양으로 보이므로 계절과 태양의 위치에 관계없이 그림자를 측정하여 시간도 알아냈을 것이라는 견해가 제기되었다.

또한 1970년대에 첨성대는 중국에서 후한 무렵에 편찬한 고대 천문·수학서인 『주비산경周髀算經』의 내용을 담은 상징물로서 천문대의 부속건물이라는 주장이 제기되었다. 이에 따르면, 첨성대에는 1:3의 간단한 원주율, 3:4:5의 구고법句股法; 피타고라스의 정리 등의 수학적 비례가 상징적으로 숨겨져 있고, 첨성대 건축에 사용된 돌의 숫자는 12개월, 24절기, 365일, 28수宿 등과 연관성을 지녔다고 한다.

이 밖에 첨성대는 종교적인 신앙의 차원에서 수미산을 본 따서 만들었고, 그것은 강화도 마니산의 참성단, 평양의 첨성단과 같이 '하늘에 제사를 지내던 제단'으로서 기능하였다는 주장이 제기되었다. 특히 신라에서 입추 다음의 진일辰日에 농업을 관장하던 영성靈星이라는 별에 제사를 지낸 곳으로 추정하였다.

최근에 첨성대를 천문대로 보는 견해와 더불어 규표설, 주비산경설, 제단설 등을 모두 비판하면서 첨성대는 우물과 석가모니의 어머니인 마야부인의 몸을 겹쳐서 만들었다는 견해가 제기되었다. 우물 모양은 신성한 탄생을, 첨성대의 부푼 아랫부분은 마야부인의 엉덩이를, 중간의 창은 싯다르타석가모니 태자가 태어난 마야부인摩耶夫人의 옆구리를 상징한다고 본다. 진평왕은 석가모니의 이름을 따서 백정白淨, 왕비는 석가모니 어머니의 이름을 따서 마야부인이라고 이름을 지었는데, 이를 주목하여 첨성대는 선덕여왕의 성스러운 두 조상인 박혁거세와 석가모니의 탄생, 그리고 '성스러운 조상을 둔 여자 황제聖祖皇始'인 선덕여왕의 신성한 탄생을 상징하는 '삼위일체 성탄대聖誕臺'였다고 주장하였다.

규표설과 주비산경설을 제기한 학자들은 첨성대가 천문을 관측하는 건물과 관련되었다는 사실 자체는 부정하지 않았다. 반면에 최근에 제기된 새로운 견해는 첨성대를 천문대가 아니라는 시각에서 접근한다는 점에서 이전에 제기된 견해와 분명하게 차별된다. 그러면 정말로 첨성대는 천문대가 아니었을까? 첨성대를 통상적으로 알고 있는 천문대로 보는 것은 분명히 문제가 있다고 보아야 한다. 그렇다고 하여 첨성대를 건립한 목적과 천문 관측이 전혀 관계가 없다고 보는 견해에는 선뜻 동의하기가 어렵다.

첨성대의 기능은?

고려 말기의 문신인 안축安軸: 1282~1348은 월성 근처에 위치한 첨성대를 보고 시를 지으면서 '어떤 사람이 오늘날 천상을 살피니何人今日觀天象, 한 점의 문성學問을 다스린다는 별이 사성使臣을 맡은 별이 되었노라一點文星作使星'라고 표현하였다. 안축이 첨성대에서 신라인들이 천상天象, 즉 천문을 살폈다고 이해하였음을 알려준다. 1481년성종 12에 편찬된 『동국여지승람』에서 경주의 첨성대에서 천문天文을 관측하였다고 분명하게 밝혔다.

1420년세종 2 3월에 세종이 내관상감內觀象監을 설치하고, 첨성대를 세우도록 명령한 다음, 천문에 밝고 산수算數에 지극히 정밀한 사람을 뽑아 천문을 맡겼다. 이 해 10월 20일에 혜성이 나타나자, 세종이 직접 첨성대에 올라가 관측하였고, 몇 년 뒤에 세종이 친히 첨성대에 가서 노인성老人星을 관측하려고 하였으나 실패하였다는 내용이 이긍익이 지은 『연려실기술燃藜室記述』에 전한다. 조선 전기에 천문을 관측하는 건물을 첨성대라고 불렀음을 알게 해준다.

『삼국유사』에서는 첨성대에서 천문을 관측하였다고 분명하게 기록하지 않았다. 그러나 고려시대에 안축이 첨성대에서 천문을 관측하였다고 이해하였으므로 일연 역시 첨성대를 천문을 관측하는 건물로 인식하였다고 보아야 한다. 이러하였기 때문에 조선 세종 때에 천문을 관측하는 건물을 건립하고, 그것을 첨성대라고 명명할 수 있었음은 물론이다.

한편 『삼국유사』의 다른 부분에서는 첨성대를 점성대占星臺라고 표기하였다. 그런데 『일본서기』에 675년 정월에 처음으로 점성대占星台를 세웠다고 전한다. 일본의 역사학자들은 점성대를 천문을 관찰하고 길흉吉凶을 점치는 시설이라고 정의하였다. 신라의 점성대, 즉 첨성대에서도 천문을 관측하고 길흉吉凶을 점쳤음이 분명하다. 동예에서는 (정초의) 새벽에 별자리의 움직임을 관찰하여 그 해의 풍흉을 미리 알았다고 한다. 신라에서도 필요할 때에 천문을 관측하여 길흉을 점치거나 풍흉을 미리 예측하였음이 분명하다.

첨성대를 점성대라고 부른 점, 일본에서 천문을 관측하는 시설을 점성대라고 불렀다는 점, 조선 세종 때에 천문을 관측하는 시설을 첨성대라고 명명하였다는 점 등을 두루 참고하건대, 첨성대 자체는 천문대와 관계된 건축물이었음을 부정하기가 쉽지 않을 듯싶다. 다만 첨성대의 꼭대기에 혼천의와 같은 기구를 설치하여 매일 밤마다 체계적, 전문적으로 천문을 관측하였다고 보기에 구조적인 결함이 있기 때문에 아마도 첨성대 주변에 천문을 관측하는 건축물이 존재하였고, 첨성대는 그 가운데 하나로서 정치적, 종교적, 그리고 기타 여러 가지 필요에 따라 제한적으로 천문을 관측하던 곳이었다고 보는 것이 합리적이라고 생각된다.

천문 관측의 중요성

오늘날처럼 고도로 과학이 발달하지 않은 고대에 천체의 운동이나 인간에게 커다란 영향을 끼치는 자연현상을 과학적, 합리적으로 설명할 수 없었다. 고대인들은 자연현상은 모두 천신天神에 의하여 좌지우지되며, 신들을 만족시켜주면 인간의 행복이 보장된다고 생각하였다. 이러한 이유 때문에 초기에 고대사회에서 신들과 교통이 가능하고 그들을 잘 섬길 줄 아는 사람들을 지배자로 내세웠다. 만약에 가뭄과 홍수가 들어 흉년이 들면, 부여에서 보듯이 그들이 신을 잘 섬기지 못하였다고 여겨 교체하거나 죽였다.

고대사회가 발전하면서 중국에서 유학이 전래되어 천신신앙을 대체하였다. 정치와 자연현상을 긴밀하게 대응시켜 설명한 유학의 한 학설이 바로 천인감응설天人感應說이다. 이 학설을 체계적으로 정립한 유학자가 중국 한나라의 동중서董仲舒였다. 동중서는 자연현상과 인사人事, 특히 정치는 긴밀하게 대응되어서 군주의 통치행위는 우주질서의 근원인 천天에 순종해야만 한다고 주장하였다. 천의 의지는 구체적으로 상서祥瑞와 재이災異 등과 같은 자연현상을 통하여 발현되는데, 만약에 군주가 통치를 잘하면, 천은 상서로서 그에 응답하고, 만약에 통치를 잘못하면 재해나 이변을 통하여 군주의 잘못을 꾸짖었다고 보았다. 만약에 천의 경고에도 불구하고 군주가 그것을 무시하고 폭정暴政을 계속 행하면, 천명天命을 바꾸어 왕조王朝를 쓰러뜨리고 멸망시킨다는 것이다.

동중서는 재이현상은 군주의 실정失政에서 비롯되는데, 항상 '이異'가 먼저 나타나고, '재災'는 '이異'에 대한 군주의 반응에 따라 결정된다고 주장하였다. 즉 경고의 의미인 괴이한 현상에 대해서 군주가 자각하여 행동을 고치지 않으면, 피해를 동반한 가뭄이나 홍수와 같은 재해가 뒤따른다는 것이다. 만약에 괴이한 현상이 나타나면, 군주는 일단 안으로는 스스로 책임을 통감하고 마음을 닦으며, 밖으로는 나라의 상황을 잘 살펴 교화를 베풀어 왕도王道를 실현하기 위하여 노력하여야만 하는데, 그렇지 못하면 재해가 발생하여 나라가 크게 위태로워진다고 이해하였다. 동중서가 천인감응설을 제기한 목적은 천과 인간을 서로 연관시켜서 군주가 덕치이념德治理念을 기반으로 왕도정치를 실현하게 하도록 유도하기 위해서였다.

유학자들은 하늘의 경고에 해당하는 괴이한 현상은 주로 천문天文의 변화를 통하여 표출된다고 이해하였다. 『삼국사기』를 살펴보면, 별자리의 움직임이나 혜성의 출현, 일식日食 등에 대하여 서술한 기사를 자주 발견할 수 있다. 특히 고대사회에서 혜성의 출현은 정변 또는 전쟁이 일어날 조짐으로, 일식이 일어나거나 금성이 낮에 보이는 것은 태양빛이

밝지 못한 것을 의미하므로 국왕의 권위를 위협하는 세력이 존재하는 것으로 해석하였다. 이처럼 고대의 군주들이 현실 정치의 잘잘못, 또는 정변과 전쟁의 조짐이 천문 현상에 반영된다고 보았기 때문에 국가 차원에서 천문 관측을 매우 중시하였던 것이다.

고구려의 고분벽화에 별자리 그림이 여럿 보인다. 백제에서 553년^{성왕} 31에 역박사曆博士를 왜에 파견하였고, 백제의 승려 관륵觀勒이 602년^{무왕 3}에 왜에 역본曆本·천문지리서·둔갑방술서遁甲方術書 등을 전하였다. 고구려와 백제에서 5~6세기에 천문 관측이 발달하였음을 알려준다. 같은 시기에 신라에서도 천문 관측이 발달하였다고 추정되며, 7세기 전반 선덕여왕 때에 신라에서 천문 현상을 체계적, 전문적으로 관측하기 위하여 천문대를 건립하였고, 첨성대는 그것을 구성하는 시설의 하나였다고 보인다.

첨성대, 그것은 고대 천문대의 모습을 부분적으로 간직하고 있는 세계에서 몇 안 되는 유적이라는 점에서 자랑스럽기 그지없다. 도리천으로 올라가고자 하는 선덕여왕의 소망이 담겨 있는 우주의 우물을 형상화하였다는 점에서 첨성대의 가치가 한층 더 돋보인다. 더구나 1,400여 년 동안 원래의 모습을 그대로 간직하고 있는 첨성대, 거기에 스며있는 신라인의 숨결과 우수한 과학적 지식, 뛰어난 건축기술을 만날 수 있어 더욱 더 신비롭게 느껴진다.

참고문헌 •••

남천우, 1974 「첨성대에 관한 제설의 검토—김용운, 이용범 양씨설을 중심으로—」
『역사학보』64

한국역사연구회, 2017 「첨성대의 수수께끼」『한국고대사산책』, 역사비평사

김기흥, 2000 『천년의 왕국, 신라』, 창작과 비평사

김동민, 2004 「동중서 춘추학의 천인감응론에 대한 고찰—상서・재이설을 중
심으로—」, 『동양철학연구』36

이문규, 2004 「첨성대를 어떻게 볼 것인가—첨성대 해석의 역사와 신라시대의
천문관—」『한국과학사학회지』 26권 1호

정연식, 2009 「첨성대의 기능과 형태에 관한 여러 학설 비판」『역사학보』204

정연식, 2009 「선덕여왕과 성조(聖祖)의 탄생, 첨성대」『역사와 현실』74

발해사의 주인공은?

이슈와 쟁점으로 읽는 한국고대사

　발해는 한국 역사상 가장 북쪽에 위치한, 가장 넓은 영토를 차지한 나라이다. 발해의 멸망 이후 만주 영토는 우리의 역사무대에서 사라졌다. 이와 더불어 발해의 역사 또한 점차 우리의 기억 속에서 멀어져갔다. 그래서 현재 발해는 안타깝게 잃어버린 한국사의 미아처럼 인식되고 있기도 한다.

　한국사의 미아인 발해를 더욱 서글프게 만드는 것은 발해의 귀속歸屬을 둘러싼 논쟁이다. 중국인은 발해사가 중국사에 속한다고 주장하고, 러시아인은 극동지역에 살던 소수 민족인 말갈족의 역사로서 러시아 역사의 한 부분으로 이해한다. 발해 영토의 대부분은 중국에 속하지만, 북한과 러시아의 연해주지역도 발해의 영토였다. 게다가 발해인이 직접 쓴 역사책이 전하지 않고 발해를 계승한 나라가 오늘날까지 존재하지 않는 데서 기인한 결과이다.

그러면 과연 발해사를 한국사로 보는 것이 옳을까? 그렇다고 한다면, 그 근거는 무엇일까? 중국인은 어떤 근거로 발해사를 중국사에 속한다고 주장할까? 발해사의 귀속 문제를 해결하는 관건, 그것은 바로 발해인이 어떤 나라를 계승하였고, 당唐과 신라, 일본 등이 발해에 대하여 어떻게 이해하였는가를 밝히는 것에 달려 있다.

대조영은 고구려 사람인가?

발해는 고구려유민뿐만 아니라 다양한 계통의 말갈족으로 구성된 다종족국가였다. 여러 종족 가운데 발해국의 중심을 이룬 것은 누구인가를 둘러싸고 논란이 되고 있다. 논쟁은 『구당서』와 『신당서』에서 발해 건국자인 대조영大祚榮의 출신을 다르게 기록한 것에서 비롯되었다.

『구당서』에서는 '발해말갈의 대조영은 본래 고려고구려의 별종別種이다.'라고 기록하였다. 반면에 『신당서』에서는 '발해는 본래 속말말갈粟末靺鞨로서 고구려에 복속되어 있었으며, 성姓은 대씨大氏이다.'라고 기술하여 차이를 보인다. 어떤 역사학자들은 전자의 기록을 중시하여 발해국의 중심을 이룬 종족은 고구려계 유민으로, 어떤 역사학자들은 후자를 주목하여 속말말갈족으로 이해하였다.

그런데 『구당서』에서 대조영이 세운 나라를 발해가 아니라 '발해말갈'이라고 표기하였다. 발해가 말갈과 관계가 깊었음을 반영한다. '고려고구려의 별종'에서 '별종'은 고구려국가의 핵심을 이룬 종족, 즉 예맥계통의 족속과 다른 지파支派 혹은 별파別派의 종족이란 뜻이다. 발해와 마찬가지로 고구려 역시 다종족국가였다. 특히 고구려에 다양한 계통의 말갈족이 복속되어 지배를 받았다. 속말말갈도 그 가운데 하나였다.

속말말갈족은 속말수粟末水 유역에 거주하던 말갈족을 가리킨다. 속말수는 북쪽으로 흐르는 송화강을 이르며, 그 유역은 바로 부여의 옛 땅에 해당한다. 부여가 멸망한 이후에 말갈족이 그곳에 정착하였는데, 그들을 속말갈말이라고 불렀던 것이다.

속말말갈은 대조영의 아버지인 걸걸중상乞乞仲像 때부터 고구려에 복속된 것으로 이해되고 있다. 『삼국유사』에서 대조영은 고구려의 장군이라고 하였다. 645년에 당나라가 안시성을 포위하자, 연개소문은 고혜진과 고연수에게 고구려군과 말갈병 15만을 거느리고 안시성을 돕도록 하였다. 고구려에 복속된 말갈족을 군사로 동원하였음을 알려준다. 걸걸중상과 대조영도 말갈병으로 구성된 고구려 군대의 장군으로 활약하였을 것이다. 이러한 이유 때문에 668년 고구려 멸망 후에 걸걸중상과 대조영이 통솔하던 속말말갈인도 고구려유민과 함께 집단적으로 영주營州: 중국 요녕성 조양시지역으로 이주당하였던 것이다.

'고려고구려의 별종'은 구체적으로 고구려국가의 중심을 이룬 예맥계통의 종족이 아니라 바로 고구려국가에 복속된 속말말갈과 같은 존재를 가리키는 표현이었을 것이다. 따라서 걸걸중상과 그의 아들 대조영은 속말수 유역에 거주하던 고구려화된 속말말갈인이나 그 지역에 거주하던 고구려 변경의 고구려인, 또는 말갈계통의 고구려인, 즉 고구려에 귀화한 말갈계 고구려인으로 이해하는 것이 합리적일 듯싶다.

중국과 러시아의 발해관

중국과 러시아는 대조영이 속갈말갈인이라는 사실을 크게 부각시켜 발해를 말갈계통의 나라로 규정한다. 중국의 역사학자들은 발해는 고구려와 그다지 연관성이 없다고 강조하고, 발해의 중심 족속은 고구려족의 별종이 아니고, 또 고구려의 후예도 아닐 뿐만 아니라 중국 동북지방에 옛날부터 생활하고 있던 종족, 즉 숙신족의 후예인 속말말갈이었다는 점을 크게 강조한다.

중국에서는 현재의 중국 영토 안에 있었던 여러 종족의 역사를 모두 중국사에 편입시켜 이해한다. 중국인들은 중국은 역사적으로 형성된 통일적 다민족국가라고 규정하고, 비록 문화 발전 정도가 다르지만, 각 형제 민족이 모두 유구한 역사를 가지고 조국宗國의 역사와 문화의 발전에 공헌을 해왔다고 주장한 다음, 발해 역시 중국 영토 안에서 과거에 말갈족이 세운 국가로서 중국사에 속한다는 것이다.

현재 중국에서는 공식적으로 발해를 '당나라 시기에 속말말갈족이 주체가 되어 동북지방에 세워진 지방 봉건정권이다.'라고 규정한다. 중국의 역사학자들은 대조영은 나라를 세워 처음에 진국震國이라고 하다가 얼마 뒤에 당나라 책봉을 받아 귀속하면서 오로지 발해라고 불렀고, 당나라는 발해의 중심지구에 홀한주를 설치하여 홀한주도독부를 두었으며, 그 수령을 도독으로 삼아 발해군왕에 책봉하였다고 본다. 그리고 이것이 바로 역사에서 말하는 발해 또는 발해왕국으로서, 당나라에 예속된 지방정권으로서 일개 특수한 변경지역의 주군州郡에 해당하며, 따라서 발해사는 우리나라宗國의 한족을 주체로 한 통일 다민족국가 역사의 중요한 부분을 이루었다고 이해하고 있다.

러시아의 역사학자들은 중국인의 발해관을 아시아 중심주의로서 날카롭게 비판한다. 여기서 아시아 중심주의란 '한 민족의 우월성을 인정하고, 다른 민족의 능력을 불충분하다고 보는 인식'으로서 중국인이 한족漢族을 중심으로 세계를 바라보는 관점, 즉 중화주의中華主義를 이르는 것이다. 비판은 바로 말갈족의 독자적인 문화와 그 주체적인 역사 발전과정을 인정하지 않으려는 중국 역사학자들의 태도에 초점을 맞춘다.

그러면서 러시아의 역사학자들은 발해사를 러시아의 먼 동쪽에 살던 소수 민족인 말갈족의 역사로, 나아가 러시아 역사의 한 부분으로 파악한다. 아울러 발해를 중국과 별개의 독립국가로, 발해는 중국보다 중앙아시아나 남부 시베리아로부터 영향을 많이 받아서 문화를 발전시킨 나라임을 부각시켰다.

발해사는 한국사이다

중국, 러시아와 달리 남한과 북한은 발해는 고구려를 계승한 나라이며, 그래서 발해는 한국사에 포함시켜야 한다고 주장한다. 발해인 가운데 성명姓名이 알려진 사람이 380명 정도이다. 이 가운데 대씨가 117명이고, 고씨가 63명, 장씨가 20명, 양씨가 8명, 하씨가 4명, 이씨가 21명이다. 대씨는 발해 왕족의 성이고, 고씨는 고구려 왕족의 후예이다. 발해국의 운영에 고구려유민이 대거 참여하였음을 알려준다.

귀화한 말갈계 고구려인 또는 고구려 왕족의 후예들이 발해의 핵심 지배층을 구성하고 있기 때문에 그들은 스스로 고구려를 계승하였다고 표방하였다. 제2대 무왕은 일본에 국서國書: 편지를 보내, '고구려의 옛 터전을 회복하고 부여의 풍속을 소유하게 되었다.'라고 말하였다. 제6대 강왕대숭린은 일본에 사신을 파견하여 '부지런히 교화를 사모하는 태도는 고씨고구려에게서 그 발자취를 찾을 수 있다.'라고 언급하였다. 발해 집권층이 고구려를 계승하였다고 인식하였음을 알려주는 증거이다.

발해에서 일본에 사신을 파견할 때에 스스럼없이 자신의 나라를 '고려고구려'라고 불렀고, 일본에서도 발해사신을 '고려사신'이라고 불렀다. 일본 나라의 평성궁에서 일본에서 발해에 파견한 사신을 '견고려사遣高麗使'라고 불렀음을 증명해주는 목간이 발견되었다. 물론 일본 역사학자는 일본에서 예전에 일본에 조공을 바치던 고구려에 빗대려는 태도, 즉 외교적인 제스처로서 발해를 고려고구려라고 불렀던 측면을 감안해야 한다고 비판하기도 하지만, 일본인도 발해가 고구려를 계승한 나라라고 인식하였음이 분명하다.

최치원이 '과거의 고구려가 지금의 발해가 되었다', 또는 '고구려유민들이 모여서 나라발해를 세웠다.'고 언급하였다. 신라인이 발해가 고구려를 계승하였다고 인식하였음을 알려준다. 발해가 멸망한 이후에 그 고지에 건국된 정안국定安國이 송나라에 사신을 파견하였는데, 이때 정안국왕 오현명이 '신은 본래 고구려 옛 땅에서 살던 발해유민이다.'라고 말하였다고 하고, 또 중국 사서인 『송사宋史』에서 '정안국은 본래 마한종족이다. 거란에 격파되자, 그 지도자들이 서쪽 변방을 차지하였다. 여기서 나라를 세우고 연호를 정하여 스스로 정안국이라 하였다.'고 전한다. 최치원은 고구려를 마한, 백제를 변한, 신라를 진한과 연결시켰다. 여기서 말하는 마한은 바로 고구려를 가리킨다. 정안국의 역사인식은 발해가 고구려를 계승한 국가라고 인식한 사실을 그대로 수용하였음이 분명하다.

초기 발해의 핵심 지배층 다수가 고구려유민이었음은 고고학적인 자료로도 증명할 수 있다. 중국 길림성 돈화시 육정산고분군에 초기 지배층의 무덤이 분포하고 있다. 여기서 발굴된 상층부 지배층의 무덤은 모두 돌로 쌓은 돌방무덤으로서 고구려 양식을 띠고 있다. 반면에 말갈족은 흙무덤을 만들었는데, 육정산고분군의 하층 사람들 무덤이 바로 그것에 해당한다. 육정산고분군의 고구려 양식 무덤은 초기 발해의 핵심 지배층 다수가 고구려유민임을 알려주는 증거이다.

발해의 궁궐터에서 왕이 침식을 하며 기거하던 건물지에서 온돌이 발견되었다. 방 한쪽에만 구들을 설치한 쪽구들이다. 온돌은 고구려를 비롯한 우리 민족이 주로 사용한 난방시설이다. 온돌은 고구려로부터 계승된 것이 분명하다. 건물지에서 발견된 각종의 기와 문양 가운데 고구려의 영향을 받은 것이 많이 발견되었다. 온돌과 기와 문양은 발해가 고구려 문화를 계승하였음을 알려주는 증거들이다.

남한과 북한의 역사학자들은 발해인 스스로 고구려를 계승하였다고 인식하고, 일본과 신라인 역시 그렇게 생각한 사실, 무덤과 온돌, 기와 문양 등에서 고구려의 영향을 받은 점 등을 근거로 발해사를 한국사에 포함시켜야 한다고 주장한다. 발해가 멸망한 이후 10여 만 명이 고려로 망명하였다. 태조 왕건은 발해가 고구려를 계승한 나라로 생각하여 발해를 '친척의 나라'라고 불렀다. 이러한 이유 때문에 발해유민을 적극 포용하였음은 물론이다. 특히 왕건은 발해왕자인 대광현에게 왕씨 성을 내려주고, 백주를 다스리게 하였으며, 시조인 대조영과 역대 왕들에 대한 제사를 지내도록 물심양면으로 도와주기도 하였다. 우리나라의 역사학자들은 이러한 고려의 발해유민에 대한 태도도 발해사를 한국사에 포함시켜야 한다는 주요한 논거의 하나로 제시한다.

발해사에 접근하는 올바른 태도는?

중국은 발해사를 중국사에, 남북한은 한국사에 포함시켜 이해하고, 러시아는 러시아사와 연계시켜 이해한다. 중국과 러시아, 남북한이 발해사를 자기 나라의 역사라고 주장한 배경은 발해 영토가 중국의 만주, 러시아의 연해주, 한반도 북부지방에 걸쳐 있었던 것에서 찾을 수 있다. 영토상으로 따지게 되면 발해사가 중국사에 속할 수도 있고, 러시아에 속할 수도 있고, 우리나라 역사에 속할 수도 있기 때문이다. 그러면서도 발해지역에 발해를 정통으로 계승한 나라가 존재하지 않고, 어느 나라에서건 그곳은 변방에 해당한다. 바로 이러한 점이 발해가 전적으로 어느 나라 역사에 속하는 것인가에 대한 답변을 더욱 어렵게 만들고 있는 이유의 하나이다.

러시아가 연해주지역에 진출한 것은 19세기 후반이다. 그 이전에 연해주를 영토로 하였던 발해와 러시아는 전혀 접촉이 없었다. 오늘날 연해주가 러시아의 영토가 되면서 러시아인들이 발해사를 러시아사와 연계시키려고 노력한 것이다. 중국도 비슷한 경우에 해당한다. 중국은 발해를 당나라의 지방정권이라고 주장하지만, 그대로 따르기 어렵다. 발해는 신라와 마찬가지로 당나라와 별개의 독립된 국가였기 때문이다.

당나라에서 외국학생들이 치르는 과거시험을 빈공과賓貢科라고 부른다. 반면에 당나라인은 진사과進士科에 응시하였다. 발해와 신라인은 빈공과에 응시하게 하였다. 당나라가 발해를 신라와 마찬가지로 지방정권이 아니라 외국으로 인정했다는 명백한 증거이다. 더구나 발해에서는 당나라와 마찬가지로 독자적인 연호를 사용하였을 뿐만 아니라 발해왕을 황제와 같은 의미인 '황상皇上'이라고 불렀다. 발해인이 당나라와 대등한 자주국가임을 표방하였음을 반영한다.

그러면 왜 러시아와 중국은 과거에 그들과 직접 관계가 없었던 발해사를 자신들의 역사 속에 편입시키려고 하는 것일까? 근대사회에 이르러 민족을 단위로 국민국가가 형성되었다. 국민국가는 민족주의에 기초하여 과거의 역사를 새롭게 해석하기 시작하였다. 이 과정에서 각 국가의 영토 안에 과거에 존재하였던 국가에 대한 소유권 문제가 크게 부각되었다. 발해사의 귀속 문제를 둘러싼 논쟁은 바로 이와 같은 민족주의에 기초한 국민국가의 역사관을 바탕으로 전개되고 있음은 물론이다.

더구나 러시아와 중국은 현재의 당면한 문제점을 극복하기 위하여 학술이라는 미명하에 과거의 역사를 그들의 필요에 따라 재단하였다.

구소련은 1920년대에 시베리아와 연해주의 소수 민족을 통합하여 어떻게 하면 사회주의 국가체제에 편입시킬 것인가를 과제로 설정하였다. 그들은 이러한 목적을 달성하기 위하여 발해를 시베리아와 연해주의 여러 다양한 소수 민족들을 통일한 최초의 국가로서 자리 매김하고, 발해사가 전개되는 과정에서 여러 민족이 통합하여 발해 민족이라는 단일 민족이 형성되었음을 강조하였다.

중국은 한족漢族과 55개의 소수 민족으로 구성된 국가이다. 그런데 중국의 인구 가운데 한족이 90% 정도를 차지하고, 나머지 55개 소수 민족이 약 10% 정도를 차지한다. 반면에 인구가 절대적으로 적은 소수 민족이 차지하는 영토는 전체 국토 가운데 63.7%를 차지한다. 소수 민족을 포용하지 않으면, 90%의 인구를 차지하는 한족이 겨우 36.3%의 영토에 거주하며 살아야 한다는 문제가 발생할 수도 있다. 이에 중국은 소수 민족을 한족으로 동화, 흡수하기 위한 정책을 강력하게 추진하고 있다.

중국은 소수 민족 동화정책의 일환으로 현재 중국 영토 안에 존재하였던 과거의 비한족 계통이 세운 국가들을 모두 중국사에 편입시켜 이해한다. 이때 비한족 계통의 국가는 한족이 세운 국가에 종속된 지방정권으로 규정하였는데, 발해도 그러한 논리에 입각하여 당나라의 지방정권으로 정의한 것이다. 현재의 문제점을 해결하기 위하여 과거의 역사를 심각하게 왜곡한 대표적인 사례라고 할 수 있다. 더구나 중국은 이른바 동북공정이라는 미명 하에 발해뿐만 아니라 심지어 고구려, 부여, 고조선의 역사마저 중국사의 일부로 편입시키려고 기도하여 우리의 반발을 사기도 하였다.

물론 남북한도 현실의 문제점을 해결하기 위하여 발해사를 활용하기는 마찬가지이다. 어떤 역사학자는 남북한은 발해를 한민족韓民族의 국가로 간주함으로써 오늘날 남북분단 상황의 극복이라는 현실적 과제를 발해와 신라의 병립 시대에 투영하여 동일 민족이 남북으로 병립해 있는 오늘날의 부자연스러움과 불완전함을 환기시키고 통일을 향한 전망을 제시해 보이려는 의도가 있다고 주장하였다. 실제로 이러한 의도에서 일부 역사학자들은 발해와 신라가 병립한 시대를 '남북국시대'라고 주장하였다. 그러나 역사적 계승성을 고려할 때, 통일신라와 발해의 역사를 동등하게 취급하는 것은 문제가 있다.

우리는 모든 국제관계가 국민국가를 단위로 하여 움직이는 세계에 살고 있고, 싫건 좋건 한국 민족의 구성원으로 살아야만 한다. 따라서 한국 민족의 관점에서 과거의 역사를 바라보고 해석하지 않을 수 없다. 우리나라의 역사학자들이 발해사를 한국사에 편입시키려고 노력한 배경에 국민국가에서 강조하는 민족주의적인 역사관이 자리 잡고 있음은 물론이다. 우리나라의 역사책에서 발해사를 서술할 때에 지나칠 정도로 발해가 고구려를 계승하였음을 강조한 사실도 바로 이러한 역사관에서 비롯된 것이다.

그러면 어떠한 관점에서 발해사에 접근하는 것이 바람직할까? 발해의 지배층은 속말말갈계와 고구려유민이 중심을 이루고, 피지배층의 다수는 말갈족이었다. 발해사가 전개되면서 고구려유민과 말갈족 사이에 종족적 융합이 진행되어 발해가 멸망할 때에 말갈족의 정체성을 그대로 유지하는 집단과 스스로 발해인이라고 자처하는 집단으로 크게 구분되었다. 이때 발해인이라고 자처하는 사람들은 고구려유민이나 말갈족이라는 정체성을 더 이상 가지고 있지 않았다. 다만 그들 가운데 고구려유민의 후예가 다수를 차지하였다고 하여도 말이다.

발해의 역사는 바로 발해인이라는 정체성을 가지고 있는 사람들이 개척하였다고 보아야 한다. 그들은 고구려문화를 바탕으로 당나라와 말갈족의 문화를 융합하여 그들 나름의 독자적인 발해문화를 창출하였음이 분명하다. 그런데 안타깝게도 발해를 계승한 나라가 오늘날까지 존재하지 않고, 또한 그들 스스로 편찬한 역사책이 전하지 않기 때문에 현재 남북한과 중국, 러시아는 각기 자신들에게 유리한 사실만을 부각시켜 발해사를 연구하고 서술하고 있는 실정이다. 이러한 태도는 결코 발해사에 접근하는 올바른 방법이라고 보기 어렵다.

발해사를 올바로 이해하기 위해서는 국민국가와 민족주의를 넘어 과거에 존재하였던 발해사를 있는 그대로, 그리고 발해인의 시각에서 접근하는 것이 바람직하다. 어쩌면 주인이 없는 발해사, 나라마다 모두 발해가 자국의 역사라고 주장하는 오늘날에 발해인이 나타난다면, 그는 '발해사는 발해인이 주인이다.'라고 주장할지도 모를 일이다.

참고문헌 • • •

송기호, 1993 『발해를 찾아서』, 솔
송기호, 1999 『발해를 다시 본다』, 주류성
이성시, 2001 『만들어진 고대』, 삼인
노태돈, 2003 「발해국의 주민구성에 관한 연구 현황과 과제-'고려별종'과 '발해족'을 중심으로-」 『한국사연구』122
송기호, 2007 『동아시아의 역사분쟁』, 솔

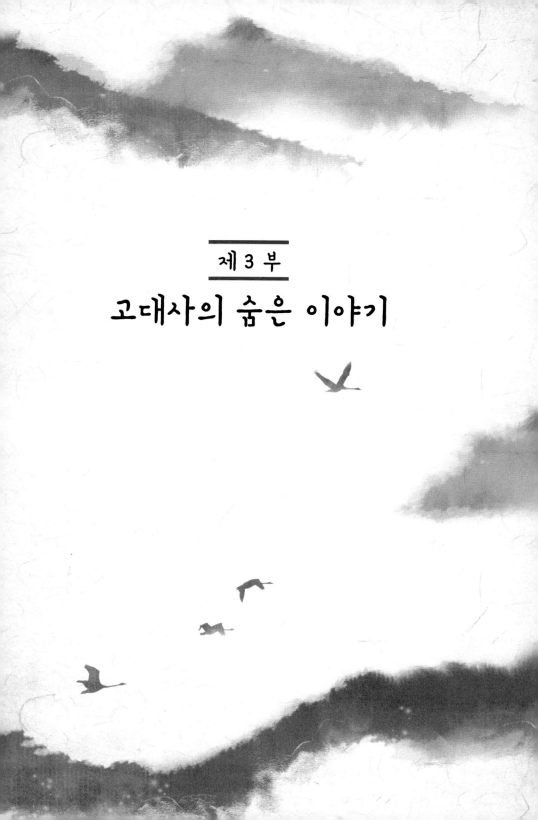

제 3 부

고대사의 숨은 이야기

고구려 태조왕(太祖王)이란
왕호에 숨겨진 암호는?

조선을 건국한 이성계, 그의 묘호廟號는 태조太祖였다. 고려를 건국한
왕건의 묘호 역시 태조였다. 묘호는 왕이 죽은 뒤에 그의 공덕을 칭송하
여 종묘에 신위神位를 모실 때 올리는 칭호이다. 중국에서도 왕조를 개창
開創한 제왕帝王의 묘호 역시 태조라고 불렸다. 물론 왕조를 개창한 제왕을
모두 태조라고 부른 것은 아니다. 한나라를 건국한 유방과 당나라를
건국한 이연은 고조高祖라고 불렀다.

삼국시대에는 묘호가 아니라 시호諡號를 널리 사용하였다. 시호는 제
왕이 죽은 뒤에 지은 왕호를 말한다. 예를 들어 제19대 왕 담덕談德이
사망하자, 그의 시호를 광개토왕廣開土王이라고 지었다. 그가 생전에 영토
를 널리 개척하였기 때문이다. 광개토왕의 아들 거련巨連은 98세까지 장
수하였다. 그래서 그의 시호를 장수왕長壽王이라고 지었다. 일반적으로

고구려왕의 시호는 그의 무덤이 있는 지명을 가지고 지었다. 고국천왕, 고국원왕, 미천왕 등이 바로 그러한 사례에 해당한다.

그런데 고구려에 시호가 태조太祖인 왕이 존재하였다. 제6대 왕인 궁宮의 시호가 바로 태조왕이었다. 그의 또 다른 시호는 국조왕國祖王이다. 국조國祖는 나라의 시조始祖로 풀이할 수 있다. 분명히『삼국사기』, 광개토왕릉비 등에 고구려를 건국한 사람은 주몽朱蒙 또는 추모鄒牟라고 전한다. 이럼에도 불구하고 왜 고구려 사람들은 궁의 시호를 태조라고 지었을까? 몹시 궁금하다. 혹시 태조왕이란 왕호에 숨겨진 암호를 해독하면, 우리가 알지 못하는 고구려 초기 역사의 비밀을 풀 수 있는 어떤 단서를 찾을 수 있지 않을까?

부여와 고구려의 건국신화

광개토왕릉비는 414년장수왕 3에 건립된 우리나라 최고의 비석이다. 여기서 추모왕鄒牟王, 즉 주몽이 고구려를 건국하는 과정을 담은 건국신화를 간략하게 소개하였다. 자세한 건국신화의 내용은 북위北魏: 386~534의 역사를 기록한『위서』고구려전에 전한다. 내용은 물의 신인 하백河伯의 딸이 햇빛의 감응을 받아 알을 잉태하고, 알에서 태어난 주몽이 성장하여 역경을 딛고 흘승골성紇升骨城에서 고구려를 건국하였다는 것으로 요약된다.

『위서』고구려전은 435년장수왕 23에 고구려를 방문한 북위 사신 이오李敖의 견문見聞을 기초로 하여 편찬된 것이다. 따라서『위서』에서 소개한 내용은 5세기 전반 고구려인이 인식한 건국신화라고 이해할 수 있다. 그런데 흥미로운 사실은 고구려 건국신화가 부여 건국신화의 내용과 매우 비슷하다는 점이다. 후한의 왕충王充: 서기 27~100이 지은『논형論衡』

길험편吉驗篇에 실린 부여의 건국신화를 소개하면 다음과 같다.

> 북이北夷 탁리국橐離國의 시비侍婢가 임신을 하여 왕이 죽이고자 했는데,
> 시비가 말하기를 '달걀만한 기氣가 하늘에서 내려왔던 까닭에 내가
> 임신을 하였습니다.'고 하였다. 후에 아들을 낳자 돼지우리에 버렸는
> 데, 돼지가 입김을 불어 죽지 않았다. 다시 마굿간으로 옮겨 말로 하여
> 금 밟아 죽이도록 하였으나 말 역시 입김을 불어주어 죽지 않았다.
> 왕은 하늘의 아들이 아닌가 하여 그 어미로 하여금 데리고 가 노비처럼
> 기르게 하였다. 이름을 동명東明이라 하고 소와 말을 사육하도록 하였
> 다. 동명은 활을 잘 쏘았는데, 왕은 나라를 빼앗길까 두려워하여 그를
> 죽이고자 하였다.

이 글 이후에 동명이 남쪽으로 달아나 부여를 건국하였다는 내용이
기록되어 있다. 고구려 건국신화와 비교할 때, 햇빛에 감응을 받아 주인
공을 잉태하였다는 점, 주인공이 모두 버림을 받았다는 점, 주인공이
활을 잘 쏜다는 점, 그리고 주인공이 모두 태어난 곳에서 위협을 받아
다른 곳으로 도망하여 나라를 세웠다는 점 등이 비슷하다. 이를 미루어
고구려인이 부여의 건국신화를 대본으로 하여 건국신화를 만들었다고
보아도 좋을 것이다.

그러면 고구려에서 언제, 어떤 이유로 부여의 건국신화를 수용하여
건국신화를 만들었을까? 이것은 언제 고구려에서 부여 출신의 주몽을
시조로 인식하기 시작하였는가의 문제와 관련이 깊다.

3세기 후반에 진수陳壽가 편찬한 『삼국지』 위서 동이전에서 5부 가운
데 소노부消奴部에서 왕이 나왔으나 점점 미약해져서 지금은 계루부桂婁部
에서 왕위를 차지하였다고 하였고, 『한서』 왕망열전에 왕망王莽이 황제

에 올라 중국을 다스리고 있던 초기에 중국인 엄우嚴尤가 고구려후高句麗侯 추騶를 유인하여 살해하였다고 전한다. 『삼국사기』에는 엄우가 살해한 사람이 고구려의 장수 연비延조였다고 전하여 차이를 보인다. 중국인이 고구려 장군 연비를 고구려후로 착각하였을 가능성이 높다. 왕망은 서기 9년에 황제에 올라 25년에 피살되었으므로 고구려후 추가 생존한 시기는 서기 10년을 전후한 무렵으로 볼 수 있다.

역사학자들은 고구려후 추가 바로 추모鄒牟, 즉 주몽朱蒙이라고 이해한다. 이렇다고 할 때, 한 가지 의아한 점은 두 사서에서 그를 고구려의 건국자라고 전혀 언급하지 않은 점이다. 왜 두 사서의 편찬자는 추를 고구려 건국자라고 밝히지 않은 것일까? 이것은 『삼국지』를 편찬한 3세기 후반까지 고구려인이 추, 즉 추모朱蒙를 고구려의 시조로 인식하지 않았기 때문이었다. 그러면 언제부터 고구려인이 주몽을 시조로 인식하기 시작하였을까?

소수림왕 때에 주몽을 고구려의 시조로 인식하다

광개토왕릉비에서 '(추모왕의) 유언을 받든 세자 유류왕儒留王이 도道로서 나라를 잘 다스렸고, 대주류왕大朱留王은 왕업王業을 계승하여 발전시켰다. 17세손世孫에 이르러 국강상광개토경평안호태왕國岡上廣開土境平安好太王이 18세에 왕위에 올라 영락대왕永樂大王이라고 불렀다.'고 서술하였다. 여기서 유류왕은 유리왕類利王, 또는 유리명왕瑠璃明王이라고도 불렀고, 대주류왕은 대무신왕大武神王을 가리킨다. 『삼국사기』에서 대무신왕을 포함하여 광개토왕까지 모두 17왕이 즉위하였음을 확인할 수 있으므로 광개토왕릉비에 전하는 초기 고구려 왕 계보는 『삼국사기』에 전하는 것과 동일하다고 볼 수 있다(도표 1) 참조. 그러면 언제 주몽을 시조로 하는 왕 계보가

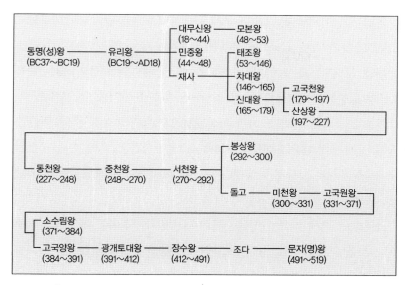

〈도표 1〉『삼국사기』에 보이는 초기 고구려왕 계보도

정립되었을까?

부여 출신인 주몽을 시조로 인식한 것에서 고구려인이 부여를 매우 중시하였음을 엿볼 수 있다. 『삼국사기』에서 부여를 정복하여 복속시킨 왕이 바로 대무신왕이라고 하였다. 시조 주몽이 부여에서 핍박을 받아 도망하였기 때문에 부여를 정복하여 복속시킨 것은 고구려인에게 대사건으로 기억되었을 것이다. 부여 출신의 주몽을 시조로 받들면서 동시에 부여를 정복하여 복속시킨 대무신왕을 강렬하게 추앙하는 운동을 전개하였을 것으로 보인다.

대무신왕을 강렬하게 추앙하였다고 짐작되는 왕이 있었다. 바로 제17대 소수림왕이다. 광개토왕릉비에서 대무신왕을 대주류왕大朱留王이라고 불렀다. 『삼국사기』에서는 대해주류왕大解朱留王이라고도 부른다고 하였다. 대무신왕의 무덤은 대수촌원大獸村原에 있었다. 대수촌원은 대수림을 가리킨다고 이해한다. 그런데 소수림왕은 소해주류왕小解朱留王이라고도 불렸고, 그의 무덤은 소수림小獸林에 있었다.

본래 대무신왕과 소수림왕의 시호는 모두 해주류왕解朱留王이었을 것인데, 후대에 두 사람을 구별하기 위하여 대大, 소小를 붙였다고 보인다. 그리고 소수림왕이 죽자, 대수림촌 근처의 소수림에 그를 묻었다. 소수림왕이 생전에 대무신왕을 강렬하게 추앙하였기 때문에 그의 왕호를 소해주류왕으로 지었고, 대무신왕 무덤 근처의 소수림에 그를 장사지냈을 것이다.

소수림왕 때에 부여를 정복하여 복속시킨 대무신왕을 강렬하게 추앙한 사실을 근거로 4세기 후반 소수림왕대에 부여 출신의 주몽을 시조로 하는 고구려왕 계보를 새롭게 정립하였음을 추론할 수 있다. 나아가 이때에 비로소 부여의 건국신화를 수용하여 주몽鄒牟을 주인공으로 하는 고구려의 건국신화를 만들었을 것으로 보인다. 그러면 소수림왕대 이전 시기에 고구려인은 누구를 시조로 인식하였을까?

태조왕이란 왕호에 숨겨진 비밀은?

『위서』고구려전에서 '주몽이 죽자 여달閭達이 왕이 되었다. 여달이 죽자 여율如栗이 왕이 되었고, 여율이 죽자, 아들 막래莫來가 왕이 되어 부여를 정벌하니, 부여는 크게 패하여 마침내 고구려에 통합·복속되었다. 막래의 자손이 대대로 왕위를 이어 후손 궁宮에 이르렀다.'고 하였다. 여기서 주몽이 부여에 있을 때 부인이 잉태하였는데, 그녀가 주몽이 도망간 뒤에 여달을 낳았고, 그가 어머니와 함께 고구려로 도망하여 왔다고 하였다. 이로 보아 여달은 유리왕을 가리키는 듯하다. 한편『삼국사기』에서 대무신왕 때에 부여를 정벌하여 복속시켰다고 전하므로 막래는 대무신왕을 가리키는 것이 분명하다. 궁은 태조왕의 이름이다.

그런데 여율의 존재는 『삼국사기』 기록에서 찾을 수 없다. 이러한 이유 때문에 역사학자들은 5세기 전반에 고구려에서 공식적으로 인정한 주몽-유류왕-대주류왕으로 이어지는 계보 이외에 또 다른 계보가 전승되었다고 이해하였다. 그러면 이렇게 다양한 왕 계보가 전승된 이유는 어떻게 설명할 수 있을까?

『삼국사기』에 시조 주몽이 비류국沸流國 송양왕松讓王과 싸워서 이겼다는 기록이 전한다. 송양松讓은 바로 비류나부沸流那部, 즉 소노부의 대표였다. 따라서 주몽이 송양왕과 싸워서 이긴 것은 계루부가 소노부에게서 왕위를 빼앗은 것을 반영한다고 볼 수 있다. 즉 고구려후 추, 즉 추모가 계루부 대표로서 최초로 왕위에 오른 인물이었던 것이다.

그런데 『삼국지』에서는 고구려의 시조를 추라고 분명히 밝히지 않고 있다. 반면에 고구려를 건국한 주체세력은 소노부였고, 지금은 계루부가 왕위를 잇고 있다고 전할 뿐이다. 이에서 고구려 초기에 소노부의 대표를 중심으로 하는 왕 계보가 전승되었으며, 왕위가 소노부에서 계루부로 바뀐 이후에도 한동안 소노부 시대의 역사를 부정하지 않고 고구려 역사의 일부로 인정하였음을 짐작할 수 있다. 현재 역사학자들은 소노부를 중심으로 고구려를 건국한 시기를 고구려인이 중국 군현의 하나인 현토군玄菟郡을 요동방면으로 몰아낸 기원전 75년으로 이해하고 있다.

광개토왕릉비와 『삼국사기』에 계루부의 대표인 주몽을 고구려의 시조로 전할 뿐이고, 그 이전 시기, 즉 소노부 시대를 고구려의 역사로서 인정하지 않아서 전혀 기술하지 않았다. 아마도 소수림왕 때에 계루부의 대표인 주몽이 기원전 37년 무렵에 소노부를 누르고 왕위에 오른 것을 마치 그가 고구려를 건국한 것처럼 윤색한 다음, 그 이전 시기의 왕 계보와 고구려 역사를 완전히 부정한 것으로 보인다. 그런데 흥미롭게도 4세기 후반 이전 시기에도 이와 비슷한 작업을 추진한 자취가 발견된다.

주몽-여달-여율-막래로 이어지는 왕 계보를 언제 만들었는가를 알 수 없다. 그러나 이러한 계보를 만들었을 때, 당시 고구려인들이 인식한 고구려 역사는 비록 주몽을 시조로 인정한 것은 동일하였음에도 불구하고 추모왕-유류왕-대주류왕으로 이어지는 계보를 중심으로 하여 인식한 고구려 역사와는 달랐음이 분명하다. 만약에 주몽이 아니라 또 다른 왕을 시조로 하는 계보가 후대까지 그대로 전승되었다면, 오늘날 우리가 알고 있는 것과 전혀 다른 내용의 초기 고구려 역사가 『삼국사기』에 기록되었을 수도 있었을 것이다. 실제로 고구려에서 주몽이 아니라 다른 인물을 시조로 하는 계보가 존재하였음을 알려주는 왕호가 바로 태조왕太祖王이다.

태조왕의 이름은 궁宮이고, 국조왕國祖王이라고도 불렀다. 국조는 나라[國]의 시조란 뜻으로 풀이할 수 있다. 중국에서 왕조를 개창한 제왕을 태조라고 불렀다. 한때 고구려인들이 궁이 새로운 왕조王朝를 개창하였다고 인식하여서 그의 왕호를 태조왕 또는 국조왕이라고 지었음이 틀림없다. 태조왕은 유리왕의 아들인 재사再思의 아들로 전하나 역사학자들은 그대로 믿을 수 없다고 주장한다. 그러면서 태조왕은 주몽의 직계 후손이 아닌 방계傍系이거나 계루부 내의 어떤 집단을 대표하는 존재로 이해하고 있다.

태조왕은 『삼국사기』에서 서기 53년에 즉위하여 94년 재위하다가 서기 146년에 퇴위하였고, 서기 165년에 119세로 죽었다고 하였지만, 이것 역시 그대로 믿기 어렵다. 『삼국지』에 궁은 후한 상제殤帝: 105~106와 안제安帝: 106~124 연간에 생존한 왕으로 전한다.

태조왕 다음에 차대왕次大王과 신대왕新大王이 왕위에 올랐다. 대왕이란 칭호는 후대에 붙인 것이기 때문에 두 왕은 본래 차왕次王, 신왕新王이라고 불렀을 것이다. 차왕은 태조 다음 왕, 즉 두 번째 왕이란 뜻으로 풀이할 수 있다. 태조가 고구려의 시조였고, 그 뒤를 이은 왕은 다음 왕, 즉 2대왕이란 의미를 지닌 차왕이라고 지었던 것이다. 태조왕과 차왕이

란 왕호를 근거로 2세기 전반 무렵에 궁을 시조로 하는 왕 계보를 새로 만들었고, 그를 시조를 하는 건국신화를 새로 구성한 다음, 고구려의 역사를 새로 썼음을 짐작할 수 있다.

그런데 소수림왕대에 태조왕을 시조로 하는 계보와 그를 주인공으로 하는 건국신화 및 고구려의 역사를 부정한 다음, 주몽을 시조로 하는 건국신화와 새로운 왕 계보를 만들고 고구려 역사를 새로이 썼다. 이때 소수림왕은 태조왕을 시조로 하는 고구려 왕계를 부정하지 않고, 주몽-유리왕-대무신왕-민중왕-모본왕으로 이어지는 계보에 그대로 연결하여 왕 계보를 구성하였다. 이러한 이유 때문에 태조왕과 더불어 차대왕과 신대왕의 재위 연대나 나이에 커다란 착오가 생겼던 것으로 이해한다.

그러면 소수림왕대에 주몽을 시조로 하는 왕 계보를 새로이 만든 이유는 무엇일까? 잘 알다시피 소수림왕의 아버지 고국원왕은 371년 평양성 전투에서 백제군이 쏜 화살을 맞아 전사하였다. 이로 말미암아 고구려는 커다란 위기를 맞이하였다. 고국원왕을 이어 즉위한 왕이 바로 소수림왕이다. 그는 대외팽창보다는 국가체제 정비에 힘을 쏟아, 불교를 수용하고, 태학을 설치하였으며, 율령을 반포하였다.

그러면서 소수림왕은 다른 한편으로 위기를 벗어나기 위하여 국가적 단결을 적극 모색하였다. 소수림왕은 국가적 단결을 꾀하려면 무엇보다

도 먼저 고구려 왕실과 한동안 소외되었던 주몽의 후손들 및 부여계 귀족과의 결속을 강화하는 것이 시급하다고 인식하였다. 그리고 그는 이를 위해서 부여 출신의 주몽을 고구려의 시조로 내세운 다음, 주몽 직계 왕들과 태조왕계를 연결하여 새로운 왕 계보를 구성하고, 고구려 역사를 새로 썼던 것으로 보인다.

태조왕이란 왕호에 숨겨진 암호를 해독함으로써 우리는 고구려 초기 역사가 몇 번에 걸쳐 다시 쓰여졌음을 알 수 있었다. 그리고 4세기 후반 소수림왕 때에 비로소 주몽을 고구려의 시조로 인식하고, 그를 중심으로 하는 왕 계보가 새로 구성되었으며, 그것을 기초로 다시 쓰여진 고구려 역사가 『삼국사기』에 기록된 사실을 확인할 수 있었다. 태조왕이란 왕호에 숨겨진 암호, 그것을 해독함으로써 우리는 초기 고구려 역사의 진실에 한발 더 다가갈 수 있는 단서를 찾을 수 있었던 것이다.

참고문헌 •••

노태돈, 1993 「주몽의 출자전승과 계루부의 기원」 『한국고대사논총』5, 가락 국사적개발연구원
노태돈, 1999 『고구려사 연구』, 사계절
임기환, 2002 「고구려 왕호의 변천과 성격」 『한국고대사연구』28
김기흥, 2005 「고구려 국가형성기의 왕계」 『고구려의 국가형성』, 고구려연구 재단
여호규, 2010 「고구려 초기의 왕위계승원리와 고추가」 『동방학지』61
전덕재, 2015 「373년 고구려 율령의 반포 배경과 그 성격」 『한국고대사연구』 80

백제의 시조는 온조인가? 비류인가?

슈와 쟁점으로 읽는 한국고대사

    사람들에게 백제의 시조가 누구냐고 물어보면, 어떻게 대답할까? 100명 가운데 99명 이상이 온조溫祚라고 대답할 것이다. 그러면서 그것도 모르는 사람이 있느냐고 반문하는 사람이 절반을 훨씬 넘을 것이다. 왜냐하면 초 · 중 · 고등학교에서 백제의 시조는 온조라고 배웠기 때문이다.

    『삼국사기』에서 백제의 시조는 분명하게 온조라고 밝혔다. 백제의 시조에 관한 국사교과서의 내용은 『삼국사기』의 주장을 수용한 것이다. 그런데 정작 『삼국사기』를 읽다보면, 백제의 시조는 비류왕沸流王이라고 전하는 기록이 발견되어 우리들을 의아하게 만든다. 게다가 중국 사서 인 『주서周書』와 『수서隋書』, 『북사北史』에는 백제를 건국한 사람이 구태仇台라고 전하기까지 하여 더욱 혼란스럽게 한다.

    그러면 과연 백제의 시조는 누구였을까? 왜 백제의 시조에 대하여 다양한 기록이 전하는 것일까? 혹시 백제에서도 고구려와 마찬가지로 여러 번에 걸쳐 시조에 대한 인식이 바뀌지 않았을까? 꼬리에 꼬리를 무는 의문을 파헤치다 보면, 초기 백제 역사의 진실에 한발 더 가까이 다가갈 수 있으리라 기대된다.

백제 시조에 대한 다양한 전승

백제 역사에 관한 기록이 가장 풍부하게 남아 있는 역사서가 바로 『삼국사기』이다. 이 가운데 백제 역사는 백제본기百濟本紀에 집중적으로 전한다. 백제본기의 첫머리에 백제 건국신화를 소개하였다. 그 내용을 간략하게 정리하면 다음과 같다.

> 백제 시조 온조왕의 아버지는 추모 또는 주몽이다. 그는 부여에서 졸본 부여로 도망하여 그 왕의 둘째 딸과 결혼하여 비류沸流와 온조溫祚를 낳았다. 후에 주몽이 부여에 있을 때에 잉태한 유류儒留가 와서 태자가 되자, 비류와 온조는 태자에게 용납되지 못할까 두려워 무리를 이끌고 남쪽으로 이주하였다. 온조는 한강유역의 위례성에 정착하여 기원전 18년에 나라를 세워 십제十濟라고 불렀다. 비류는 미추홀인천에 정착하였다가 자살하고, 비류집단이 온조집단에 합류하였는데, 이에 나라 이름을 십제에서 백제百濟로 바꾸었다. 그 계통은 고구려와 더불어 부여에서 나왔으므로 부여扶餘를 성씨로 삼았다.

『삼국사기』 백제본기에서는 백제의 시조가 온조였고, 그 후손들이 왕위를 계승하였다는 전제 아래 백제 역사를 기술하였다. 『삼국사기』 편찬자는 시조에 대한 다양한 전승 가운데 온조가 백제의 시조라는 전승을 정통으로 수용한 것이다. 물론 이것은 『삼국사기』 편찬자의 인식이라기 보다는 백제인들의 인식을 그대로 받아들인 것으로 보인다. 그런데 백제본기에는 시조가 비류왕沸流王이라는 또 다른 건국신화가 전한다. 그 내용을 요약하면 다음과 같다.

> 백제 시조 비류왕의 아버지는 부여왕 해부루解夫婁의 후손 우태優台이다. 어머니는 졸본 사람 연타발延陀勃의 딸 소서노召西奴인데, 처음에 우태에게 시집가서 비류와 온조를 낳았다. 우태가 죽자 과부로 지내다가 부여에서 도망와서 고구려를 건국한 주몽에게 시집가서 왕비가 되었다. 후에 주몽이 부여에 있을 때 잉태한 아들 유류가 와서 태자가 되자, 비류가 동생과 함께 태자를 피하여 미추홀에 이르러 살았다.

이 건국신화는 여러 면에서 온조를 주인공으로 하는 것과 유사성을 띠고 있다. 비류와 온조가 형제라는 점, 유류가 부여에서 와서 태자가 되자, 형제가 고구려에서 남하하여 백제를 건국하였다는 점 등이 그렇다. 그러나 두 건국신화는 차이점도 있다. 백제의 시조가 온조와 비류라고 하는 점, 온조·비류 형제의 아버지가 주몽과 우태라고 하는 점 등이 바로 그것이다.

비류신화에는 비류집단과 온조집단과의 관계, 백제 건국 연대와 국호 등에 대한 언급이 전혀 없다. 역사학자들은 이러한 사실과 온조신화에 비류집단이 온조집단에 합류하였다는 사실이 전하는 것을 주목하여 온조신화는 비류신화를 기초로 하여 만들었다고 이해한다. 이에 따르면, 백제에서 비류를 시조라고 인식한 시기보다 온조를 시조라고 인식한 시기가 더 늦었다고 볼 수 있다.

그런데 일본의 여러 사서에서는 백제의 시조를 도모왕都慕王이라고 전한다. 예를 들어『속일본기續日本紀』에서 백제의 태조太祖 또는 원조遠祖를 도모왕이라고 하였고, 고대 일본의 성씨에 관하여 정리한『신찬성씨록新

〈그림 14〉 서울 석촌동 3호분
석촌동 3호분은 집안지역의 고구려 무덤과 양식이 비슷하여 백제의 지배세력이 고구려에서 이주하였음을 알려주는 유적으로서 널리 이해되고 있다.

〈그림 15〉 백제 초기 왕성인 풍납토성 전경

『撰姓氏錄』에는 무령왕은 백제 도모왕 18세손, 혜왕은 백제 도모왕 30세손 이라고 전하고 있다. 일본으로 망명한 백제유민들이 백제의 시조를 도모왕이라고 인식하였음을 반영한다. 여기서 도모왕은 주몽, 즉 추모왕을 가리킨다. 건국신화에서 온조가 주몽의 아들이라고 전하므로 도모왕을 시조로 하는 인식과 온조를 시조로 하는 인식은 같다고 볼 수 있다.

그런데 중국의 사서에서는 생뚱맞게도 구태仇台가 백제의 시조라고 하였다. 북주557~589의 역사를 기록한『주서』에서 백제는 부여 계통이며, 구태가 처음에 대방帶方에 나라를 세웠다고 하였고, 수나라581~618의 역사를 기록한『수서』에서는 부여를 건국한 동명東明의 후손 구태가 어질고 신의가 돈독하여 비로소 대방의 옛 땅에 백제를 건국하였다고 하였다. 구태는 고구려의 시조 주몽과 전혀 관계가 없고, 단지 부여 시조 동명의 후손이라고만 전할 뿐이다. 구태를 시조로 인식한 시기에 부여계승의식이 강조되었음을 짐작할 수 있다. 그러면 언제 백제에서 구태를 시조로 인식하였을까? 이 의문을 푸는 열쇠는 바로 과연 구태가 누구인가를 해명하는 것에 있음은 물론이다.

구태는 누구인가?

구태는『삼국사기』와『삼국유사』, 그리고 일본의 여러 사서에 나오지 않는다. 다만 구태와 비슷한 이름을『삼국지』위서 동이전에서 찾을 수 있을 뿐이다. 여기에 부여의 왕으로 위구태尉仇台가 있다고 전한다. 어떤 역사학자는 구태는 부여왕 위구태를 가리키며, 사비천도 후에 백제인들이 그를 백제 시조로 인식하였다고 주장하였다. 그러나 시조 구태가 대방의 옛 땅에서 백제를 건국하였다고 전하므로 부여왕 위구태를 구태라고 주장하는 것은 문제가 있다.

이에 어떤 역사학자는 구태는 온조 또는 비류의 다른 이름이라고 주장하기도 하고, 어떤 역사학자는 비류신화에 비류와 온조의 아버지로 나오는 우태를 가리킨다고 보기도 한다. 온조신화와 비류신화에서 온조 또는 비류가 각기 위례성 또는 미추홀에 정착하여 백제를 세웠다고 전할 뿐이고, 대방의 옛 땅에서 나라를 세웠다는 언급을 전혀 찾을 수 없다. 더구나 대방군은 3세기 초반에 요동태수 공손탁의 아들 공손강公孫康이 설치하였다. 대방군이 설치되기 이전에 그곳은 한사군의 하나인 진번군의 영역이었다가 그것의 폐지 이후에 낙랑군의 영역에 편입된 곳이었다. 그런데 우태는 주몽이 고구려를 건국하기 이전에 죽었고, 대방군이 설치되기 이전에 온조 또는 비류가 백제를 건국하였으므로 대방 땅에 백제를 건국한 구태를 온조 또는 비류, 우태로 보는 견해는 문제가 있다.

어떤 역사학자는 근초고왕의 이름인 구句와 구태仇台의 구仇를 연결할 수 있는 점, 대방군의 옛 땅에 백제를 건국하였다고 언급한 점을 주목하여 근초고왕을 구태라고 보기도 한다. 그러나 구句와 구태仇台를 같은 이름으로 보기에는 무엇인가 석연치 않은 점이 있다.

현재 구태를 고이왕으로 보는 견해가 많은 지지를 받고 있다. 구태仇台에서 '台'는 '태'로 읽을 수도 있고, '이'로 읽을 수도 있다. 따라서 '仇台'는 '구태'라고 읽을 수도 있지만, '구이'라고 읽는 것도 가능하다. 그런데 중세 국어에서 ㅗ〉ㅜ의 변화가 빈번하게 발생하였다. 개구리를 개고리로, 저고리를 저구리라고 표기한 것이 좋은 사례이다. '仇台'를 '구이'로 읽을 수 있다면, 이것은 '고이古尒'를 가리킨다고 보아도 좋을 것이다.

그런데 고이왕재위 234~286은 314년 대방군이 고구려에 병합되기 이전에 생존하였다. 따라서 구태가 대방의 옛 땅에 백제를 건국하였다는 사실과 배치된다고 볼 수도 있다. 그러나 고이왕 때에 백제가 낙랑의 변방 또는 대방군 기리영崎離營을 공격한 사실이 있으므로 구태가 대방의 옛 땅에 백제를 건국하였다는 언급과 완전히 배치된다고 볼 수도 없지 않을까 한다. 후대에 백제인들은 고이왕이 대방군의 영토를 상당히 잠식하였기 때문에 그가 대방 고지故地에 백제를 건국하였다고 충분히 인식할 수 있다고 생각되기 때문이다.

시조에 대한 다양한 전승이 전하는 이유는?

그러면 언제 구태, 즉 고이왕을 백제의 시조로 인식하였을까? 백제 시조가 구태라는 전승은 『주서』에 처음 전한다. 『주서』 백제전에 지방의 행정중심지에 쌓은 5방성方城에 관한 내용이 보이는데, 그 가운데 북방에 웅진성熊津城이 존재하였다고 하였다. 『주서』 백제전의 백제 관계 기록은 웅진에서 사비로 천도한 이후의 역사적 사실을 전하는 것임을 알려주는 증거이다.

구태가 부여 시조 동명의 후손이었다고 하였다. 고구려의 시조 주몽에 관한 언급이 전혀 없는 것으로 보아서 구태, 즉 고이왕을 백제의 시조라고 인식한 것은 바로 백제인이 부여계승의식을 강조한 사실을 반영한 것으로 이해할 수 있다. 백제에서 부여의 계승의식을 강조한 시기로서 성왕대를 주목할 필요가 있다.

성왕은 538년 웅진충남 공주에서 사비충남 부여로 천도하면서 국호를 남부여南扶餘라고 바꾸었다. 일반적으로 정치적인 쇄신刷新을 위하여 수도를 옮기는 것이 관례였다. 성왕 역시 사비로 천도하면서 무엇인가 정치적인 쇄신을 단행하였음이 틀림없다. 국호를 남부여라고 바꾸고, 부여계승의식을 전면에 내세워 강조한 것 역시 쇄신책의 일환이었을 것이다. 이때 부여 시조 동명의 후손인 구태, 즉 고이왕이 대방의 옛 땅에서 백제를 건국하였다는 건국신화를 새롭게 만들고, 백제의 역사를 다시 썼던 것으로 보인다. 아울러 성왕은 이를 통하여 현재 고구려가 차지한 대방의 옛 땅이 본래 백제와 연고가 깊은 곳으로서 반드시 수복해야할 고지임을 대내외에 부각시키려고 의도하였다고 보인다.

일본에 이주한 백제유민들은 도모왕을 백제의 시조로 인식하였다. 이것은 백제 말기에 추모의 아들 온조가 백제를 건국하였다고 인식하고, 그를 중심으로 하는 왕 계보를 새로 구성한 다음, 백제 역사를 다시 썼음을 반영한다. 그러나 온조를 시조로 하는 인식이 백제 말기에 비로소 처음으로 성립되었다고 보기 어렵다.

『일본서기』에 554년 관산성전투에서 신라군에게 성왕이 죽임을 당하자, 왜의 관리가 '나라를 세운 신', 즉 건방지신建邦之神에 대한 제사를 철폐하고 지내지 않았기 때문이라고 말하고, 다시 그에 대한 제사를 받들어 올리면 국가가 번창할 것이라고 언급한 내용이 보인다. 성왕 때에 구태, 즉 고이왕을 시조로 인식하면서 그 이전까지 인식하였던 시조에 대한 제사를 폐지하였음을 짐작할 수 있다. 아마도 이후에 백제에서 다시 '나라를 세운 신'에 대한 제사를 올렸을 것인데, 백제 말기에 도모왕의 아들 온조를 시조로 인식하였으므로 '나라를 세운 신'은 바로 온조를 가리킨다고 보아도 좋을 것이다.

이에서 사비천도 이전에 온조를 시조로 인식하다가 538년 천도 이후에 구태, 즉 고이왕을 시조로 인식하였으며, 백제 말기에 다시 온조를 시조로 인식하였음을 추론할 수 있다. 구태에서 온조로 시조에 대한 인식이 바뀐 시기는 백제가 관산성전투에서 패배한 이후였을 것이다. 성왕이 전사하면서 백제는 커다란 위기에 휩싸였고, 이러한 위기를 벗어나기 위해서 지배층의 결속력을 강화할 필요가 있었을 것이다. 이에 구태, 즉 고이왕을 시조로 하는 인식을 부정하고, 온조를 시조로 다시 내세우면서 백제 왕실을 중심으로 하여 범부여ㆍ고구려계 귀족들의 결

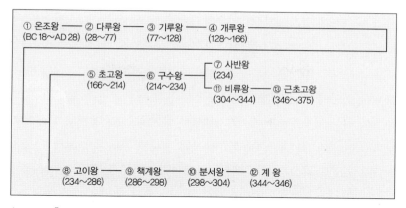

```
① 온조왕 ── ② 다루왕 ── ③ 기루왕 ── ④ 개루왕 ─────────────
(BC 18~AD 28) (28~77)    (77~128)    (128~166)

         ── ⑤ 초고왕 ── ⑥ 구수왕 ──┬ ⑦ 사반왕
            (166~214)   (214~234)  │ (234)
                                   └ ⑪ 비류왕 ── ⑬ 근초고왕
                                     (304~344)   (346~375)

         ── ⑧ 고이왕 ── ⑨ 책계왕 ── ⑩ 분서왕 ── ⑫ 계 왕
            (234~286)   (286~298)   (298~304)   (344~346)
```

〈도표 2〉『삼국사기』에 보이는 초기 백제왕 계보도

속력을 더 강화하려고 의도하였다고 보이기 때문이다.

온조신화와 비류신화에서 비류와 온조를 형제로 설정하였다. 두 사람이 실제로 주몽의 핏줄이거나 또는 정말로 형제 사이였다고 믿기 어렵다. 역사학자들은 부여와 고구려계 유이민인 비류집단과 온조집단이 연합하여 연맹체국가로서 백제를 건국하였는데, 초기에 미추홀^{인천}의 비류집단이 왕위를 계승하다가 후에 위례성의 온조집단이 비류집단에게서 왕위를 빼앗은 사실을 신화에서 마치 비류를 형으로, 온조를 아우로 표현하였다고 이해하였다.

비류집단이 백제의 왕위를 계승할 때에 비류를 시조로 하는 건국신화가 만들어졌을 것이다. 그러나 후에 온조집단이 왕위를 차지한 후에 온조를 시조로 하는 건국신화를 새로 만들고, 이때 비류집단이 온조집단에 합류한다는 내용을 거기에 추가로 포함시켰지 않았을까 한다. 그러면 언제 온조집단이 백제의 왕위를 차지하였을까?

어떤 역사학자는 초기 백제왕 계보에 비류계와 온조계가 섞여 있다고 주장한다. 이 학자에 따르면, 다루왕-기루왕-개루왕은 비류의 후손으로서 모두 해씨解氏였고, 초고왕 이후의 왕들은 온조계로서 모두 부여씨扶餘氏였다고 한다. 후에 온조를 시조로 하여 왕 계보를 다시 구성하면서, 비류계와 온조계의 계보를 혼합하였고, 아마도 초고왕 때에 백제의 왕위가 비류집단에서 온조집단으로 넘어갔을 것이라고 추측하였다.

또한 어떤 역사학자는 제7대 사반왕에서 제8대 고이왕으로의 왕위계승은 온조왕계에서 비류왕계로의 교체를 반영한 것이고, 고이왕 때부터 제12대 계왕 때까지 온조왕계와 비류왕계가 교대로 왕위를 계승하다가 제13대 근초고왕에 이르러 온조왕-초고왕계가 독점적으로 왕위를 계승하였다고 주장하기도 하였다. 이 밖에도 여러 학자가 백제 초기 왕실교대론에 대하여 다양한 견해를 제기하였다.

『삼국사기』 초기 기록은 믿을 수 없는 내용이 많다. 특히 기년, 즉 연대 문제와 관련하여 더욱 그러하다. 따라서 비류집단에서 온조집단으로 왕위가 바뀐 시기를 어느 때라고 딱 잘라 말하기 어렵다. 다만 분명하게 이야기할 수 있는 사실은 제5대 초고왕부터 제12대 계왕까지의 왕위 계승은 무엇인가 곡절이 있었다는 점일 것이다. 그것이 비류집단에서 온조집단으로의 왕위교체를 의미하는가에 대하여 역사학자들의 견해가 갈렸음은 앞에서 설명한 대로이다.

근초고왕 때에 박사 고흥高興이 『서기書記』를 편찬하였다. 아마도 이때 온조를 시조로 하여 새로 백제왕의 계보를 정립하고, 그것을 기초로 하여 백제 역사를 서술하였음이 분명하다. 『삼국사기』에 전하는 초기 백제왕 계보나 역사는 바로 『서기』의 내용을 그대로 수용한 것으로 볼 수 있다.

백제의 시조는 처음에 비류왕이라고 인식하다가 후에 온조왕으로 그 인식이 바뀌고 다시 사비천도 후에 구태, 즉 고이왕이라고 인식하다가 554년 관산성전투 패배 이후 또 다시 온조를 시조로 인식하였다. 비류왕을 시조로 하는 인식이 언제 성립되었는가는 백제 건국 시기와 관련이 깊다. 대체로 백제가 기원전 18년에 건국하였다고 전하므로 아마도 기원 전후 무렵이 아닌가 싶다. 그 후 언제 비류왕에서 온조왕으로 시조가 바뀌었는가에 대하여 정확하게 알기 어렵다. 그리고 비류왕에서 온조왕으로, 다시 온조왕에서 비류왕으로 시조에 대한 인식이 바뀌었을 가능성도 전혀 배제할 수 없지만, 구체적으로 그 시기를 가늠하기 어렵다. 여기서 분명하게 말할 수 있는 점은 제13대 근초고왕 때에 온조왕을 시조로 인식하고, 그에 기초하여 왕 계보를 새로 정립한 다음, 백제 역사를 새로 썼다는 사실 정도이다.

이처럼 백제에서도 고구려와 마찬가지로 여러 차례에 걸쳐 시조에 대한 인식이 바뀌었고, 이러한 이유 때문에 시조에 대한 다양한 전승이 남아 있었다고 보아야 하겠다. 역사는 항상 시대에 따라 여러 가지 이유 때문에 다시 쓰여지고, 재해석된다는 사실을 우리는 백제의 시조에 관한 문제를 탐구하면서 새삼스럽게 되새겨 볼 수 있다.

참고문헌 • • •

노중국, 1988 『백제정치사연구』, 일조각
천관우, 1989 『고조선사 · 삼한사연구』, 일조각
임기환, 1998 「백제 시조전승의 형성과 변천에 관한 고찰」 『백제연구』28
정재윤, 2008 「구태 시조설의 성립 배경과 의미」 『한국고대사연구』51
강종훈, 2009 「백제 왕실교체설의 재검토」 『한국고대사연구의 현단계』, 석문
　　　이기동교수 정년기념논총

중성리비와 냉수리비,
봉평리비에 숨겨진 수수께끼는?

동서고금을 막론하고 우연히 발견된 비석이 과거 역사의 수수께끼를 푸는 열쇠가 된 경우가 많았다. 대표적인 사례로 로제타석을 들 수 있다. 1799년 7월 15일 이집트원정을 갔던 나폴레옹의 프랑스군대가 로제타라는 마을에서 글자가 새겨진 비석을 하나 발견하였다. 비석은 마을의 이름을 따서 로제타석이라고 불렀다. 비석에는 이집트의 상형문자, 민중문자상형문자의 필기체, 그리스문자 등 세 가지 문자가 새겨져 있었다. 학자들이 그리스문자를 기초로 이집트의 상형문자를 해독하였고, 이것을 근거로 이집트문명의 비밀을 밝힐 수 있었다.

우리나라에서도 우연하게 발견된 비석이 고대사의 수수께끼를 풀어주던 경우가 적지 않았다. 대표적인 비석으로 중성리비와 냉수리비, 봉평비를 들 수 있다. 특히 봉평리비는 논둑에 박혀 있던 하찮은 바위덩어리에 불과하였지만, 거기에 신라 역사의 비밀을 풀 수 있는 글자가 새겨져 있어 국보로 지정되었다. 하루아침에 벼락출세를 한 것은 바로 봉평리비를 두고 한 말일 듯싶다. 그러면 중성리비와 냉수리비, 봉평리비에 어떤 비밀이 숨겨져 있을까?

중성리비와 냉수리비, 봉평리비의 내용

포항중성리신라비이하 중성리비로 표기함는 2009년 5월 11일 경북 포항시 흥해읍 중성리에서 발견되었다. 중성리비에는 12행에 걸쳐 200여 자가 새겨져 있었다. 내용은 501년지증왕 2 모량부모단벌훼가 두지사간지궁豆智沙干支宮과 일부지궁日夫智宮을 빼앗아 분쟁이 발생하자, 6부의 귀족들이 모여 두지사간지궁과 일부지궁을 두지사간지와 일부지에서 돌려주라고 합의하고, 최종적으로 지절로갈문왕지증왕과 습지아간지, 사덕지아간지가 교시를 내려 합의 내용을 추인하는 것으로 정리할 수 있다. 현재 두지사간지궁과 일부지궁을 두 사람의 식읍食邑으로 이해하는 견해, 전장田莊, 즉 토지로 이해하는 견해 등 다양한 견해가 제기되었다. 물론 분쟁의 당사자를 둘러싸고도 논란이 많다.

포항냉수리신라비이하 냉수리비로 표기함는 1989년 3월에 경북 포항시 북구 신광면(옛 영일군 신광면) 냉수 2리에서 발견되었다. 앞면과 뒷면, 그리고 윗면에 글씨를 새긴 3면비로서 글자는 앞면에 12행 152자, 뒷면에 7행 59자, 윗면에 5행 20자를 새겼다. 비문의 내용은 503년지증왕 4에 진이마촌에 사는 절거리와 말추, 사신지 등이 어떤 재물을 둘러싸고 서로 다투자, 지도로갈문왕지증왕을 비롯한 7명의 왕들이 전세前世 2왕의 교시敎示를 증거로 하여 진이마촌의 어떤 재물을 절거리의 소유라고 결정한다는 내용으로 요약할 수 있다. 냉수리비는 오늘날로 치면 어떤 재물에 대한

〈그림 16〉 포항중성리신라비

〈그림 17〉 포항냉수리신라비

소유권을 명시한 등기문서라고 볼 수 있다. 여기에 분쟁의 대상으로 등장하는 '재물'은 철광산이나 거기에서 생산된 철일 가능성이 가장 높다고 이해하고 있다.

울진봉평리신라비^{이하 봉평리비로 표기함}는 1988년 1월 경북 울진군 죽변면 봉평 2리에서 발견되었다. 앞면에만 글자를 새겼고, 10행 397자 또는 398자로 이루어져 있으며, 행마다 글자 수는 들쑥날쑥하다. 비문의 내용은 갑진년⁵²⁴ 정월 15일에 모즉지매금왕^{법흥왕}과 13명의 6부 귀족들이 회의를 열어서 어떤 죄를 지은 거벌모라 남미지촌의 주민들을 노인법^{奴人法}에 따라 처벌하고, 아울러 아대혜촌과 갈시조촌의 지배자 등에게 곤장 60대, 100대를 때리라고 판결한 다음, 일을 맡은 대인^{大人}들에게 그것을 집행하도록 지시한 것으로 정리할 수 있다.

간지를 칭한 존재들은 부의 지배자다.

중성리비와 냉수리비, 봉평리비에는 신라의 비밀을 밝힐 수 있는 새로운 내용이 많이 담겨 있다. 중성리비에 6부인이 일벌^{壹伐}이란 관등을 수여받은 사실이 전한다. 중성리비를 통해 마립간시기에 일벌 관등을 6부인에게 수여하였다가 520년^{법흥왕 7}에 17관등과 외위 관등을 정비하면서 지방의 지배층에게만 수여하였음을 밝힐 수 있었다. 중성리비는 신라의 관등체계가 어떻게 정비되었는가를 알려주는 귀중한 정보를 제공해준다. 그리고 중성리비에 모량부를 모단벌훼^{牟旦伐喙}, 본피부를 본파훼^{本波喙}라고 기재하여 6부명의 표기가 어떻게 달라졌는가를 알려준다.

중성리비와 냉수리비는 지절로 또는 지도로^{지증왕}가 500년에 왕에 올랐으면서도 여전히 갈문왕^{葛文王}이라고 불렸음을 알려준다. 지도로^{지절로}는 전왕인 소지마립간을 애도하기 위하여 3년 동안 마립(간)왕, 즉 매금왕^{寐錦}

〈그림 18〉 울진봉평리신라비

錦王에 취임하지 않고 그냥 갈문왕에 머물렀던 것으로 보인다. 503년 10
월에 지도로는 '신라'라는 국호를 공식적으로 정하고, 신라 국왕, 즉 매금
왕에 취임한다. 한편 봉평리비에 보이는 노인奴人은 신라가 새로 영토로
편입한 변방의 주민들을 가리키고, 노인법奴人法은 그들과 관계된 법령을
말한다. 노인과 노인법은 6세기 초반 지방통치의 실상을 연구할 때 귀중
한 정보를 제공한다.

　중성리비와 냉수리비, 봉평리비에서 고대사체계를 정립하는 데 큰
도움을 준 내용이 바로 단지 간지干支라고만 일컫는 본피부, 사피부習比部,
잠훼부牟梁部 소속 인물들의 존재다. 예를 들면 중성리비에 나오는 본파훼
본피부 시간지柴干支와 금평 □ 간지金評□干支, 냉수리비에 나오는 본피 두복지

간지頭腹智干支와 사피斯彼 모사지간지暮斯智干支, 봉평리비에 보이는 본피부ㅁ부지간지ㅁ夫智干支와 잠훼부岑喙部 미흔지간지美昕智干支 등이 바로 그들이다. 그렇다면 이들의 정체는 무엇이었을까?

이들의 정체를 밝히고자 할 때에 우선 520년 무렵에 17관등이 모두 정비되었음을 주목할 필요가 있다. 만약에 본피부와 잠훼부무량부인이 524년 봉평리비의 건립 시에 17관등을 수여받았다면, 그들은 마땅히 관등을 보유하고 있어야 한다. 그러나 봉평리비에서 그들은 단지 '간지'만을 칭하였다고 전할 뿐이다. 그런데 17관등에 간지란 관등은 없다. 중성리비와 냉수리비에 나오는 본피부인, 사피부習比부인의 경우도 단지 '간지'만을 칭하고 있기 때문에 봉평리비에 등장하는 본피부, 잠훼부인과 동일 실체였을 것이다. 이들의 정체를 추적할 때, 핵심 키포인트는 바로 '간지'란 용어의 뜻을 밝히는 데에 있다.

일반적으로 유목 민족의 지배자를 카간可汗, 즉 칸Khan이라고 불렀다. 몽골의 칭기스칸成吉思汗, 돌궐의 무한카간木汗可汗, 위구르제국의 카를륵카간葛勒可汗 등이 대표적인 사례다. 신라에 복속된 소국이나 가야 소국의 왕도 간干支이나 또는 한旱岐이라고 불렀다. 예를 들어 경북 경주시 안강읍 근처에 위치한 음즙벌국音汁伐國 왕의 이름이 타추간陁鄒干이고, 가야 소국의 하나인 탁순국왕卓淳國王의 이름이 말금한기末錦旱岐, 가라국왕의 이름이 기본한기己本旱岐였다. 간지干支 또는 한기旱岐에서 지支나 기岐는 존칭 어미이며, 오늘날로 치면 '님' 정도에 해당한다.

그런데 신라에서는 촌주村主도 간지를 칭하였다. 예를 들어서 냉수리비에 나오는 촌주의 이름이 유지간지臾支干支였다. 이처럼 소국을 다스리던 왕이나 촌의 지배자인 촌주를 간지한기라고 불렀으므로 중성리비와 냉수리비, 봉평리비에서 '~간지'라고 인명을 표기한 본피부, 사피부, 잠훼부 소속 인물들은 그 부의 지배자였다고 보아야 마땅하다. 그런데

2009년에 발견된 중성리비에 본피부에 간지를 칭하는 존재가 2명 발견되었다. 간지를 칭하는 존재가 각 부마다 복수로 존재하였음을 알려준다. 아무튼 그들은 각 부의 대표, 즉 부장部長이나 또는 그에 버금가는 지배자로서 그 지위를 대대로 세습하면서 소속 부를 자치적으로 다스리던 존재였음이 분명하다.

훼부와 사훼부만이 국왕이 직접 다스려

중성리비와 냉수리비, 봉평리비에 등장하는 본피부 · 사피부 · 잠훼부에 속한 이들이 각 부를 자치적으로 다스린 지배자였으니, 자연히 당시 국왕은 6부 가운데 훼부와 사훼부, 한기부를 다스렸거나 또는 그 일부만을 다스린 셈이 된다. 그러면 6세기 전반에 국왕이 직접 다스린 부는 무엇이었을까? 세 비에 등장하는 6부인들은 대부분 훼부와 사훼부 소속이며, 한기부 소속은 한 명도 보이지 않는다. 이때 이들 부를 대표하는 사람이 매금왕과 갈문왕이었다. 그리고 냉수리비에 나오는 전세前世의 두 왕사부지왕〈실성왕〉과 내지왕〈눌지왕〉과 모즉지매금왕은 훼부 소속, 지도로갈문왕과 사부지갈문왕은 사훼부 소속이었다. 이들 사례를 가지고 대대로 매금왕은 훼부, 갈문왕은 사훼부 소속이었다고 추측할 수 있다.

그런데 여기서 매우 의아한 현상 한 가지를 발견할 수 있다. 지도로갈문왕지증왕과 모즉지매금왕법흥왕이 부자 사이였고, 모즉지와 사부지입종가 친형제인 동시에 장인과 사위였지만, 각각 소속 부가 다르다는 점이 그것이다. 의문은 여기서 끝나지 않는다. 특이하게도 국왕이 소속된 훼부뿐만 아니라 사훼부 소속 귀족들도 한결같이 관등을 보유하고 있다는 사실이다. 도대체 훼부와 사훼부가 어떤 관계이기에 이런 현상이 나타난 것일까?

이 궁금증은 의외로 간단하게 풀 수 있다. 훼부와 사훼부의 대표격인 모즉지매금왕과 사부지갈문왕이 모두 지도로갈문왕의 아들이었기 때문이다. 그들은 모두 김씨 왕가의 일원이었다. 따라서 6세기 전반 훼부와 사훼부는 김씨 왕가가 직접 다스린 부인 셈이다. 그런데 법흥왕대에 김씨 왕가의 핵심은 왕 자신이었고, 또 그가 동생인 사부지갈문왕을 사훼부의 대표로 임명하였다고 보이기 때문에 당시에는 국왕이 훼부와 사훼부를 직접 통괄하였다고 봐야 합당하다. 그러한 전통은 김씨가 왕위 세습을 독점한 마립간시기356~514까지 거슬러 올라갈 수 있을 것이다.

이사금시기356년 이전 시기에는 어떠하였을까? 이사금시기에 왕모王母나 왕비의 아버지 및 죽은 왕의 아버지를 갈문왕으로 책봉冊封하였다. 이것은 친동생이나 가까운 인척을 갈문왕으로 책봉하던 마립간시기와 다른 관행이다. 이런 까닭에 김씨 왕가가 훼부와 사훼부를 동시에 통괄하기 시작한 시점을 마립간시기 이전으로 소급하는 것은 곤란하다. 이사금시기에 왕모나 왕비의 아버지는 왕의 성과 다른 경우가 일반적이었기 때문이다. 이사금시기에는 사훼부 역시 본피부 등과 마찬가지로 그 부의 지배자가 자치적으로 다스렸고, 김씨가 왕위세습을 독점한 마립간시기부터 그들이 사훼부의 통치권을 장악하였을 것이라는 얘기다. 통치권을 빼앗긴 사훼부의 대표는 국왕의 신료로 편입되었거나 도태되었을 것이다.

김씨 왕가가 훼부와 사훼부를 모두 통괄하였으므로 그 부에 속한 귀족들 역시 모두 국왕의 신료라고 보아야 한다. 훼부와 사훼부 소속 귀족들은 모두 관등을 갖고 있는데, 관등은 본래 국왕이 신료들에게 내리는 것이 원칙이었다. 군주君主가 그에게 충성을 다하여 섬긴 사람이나 또는 여러 가지 공적을 쌓은 사람에게 관등을 준 것이다. 군주와 신료는 관등을 매개로 일종의 주종관계를 맺은 셈이다. 6세기 전반 국왕이 훼부와 사훼부를 통괄했다고 한다면, 한기부는 어떠했을까? 냉수리비와 봉평리비에 관등을 가진 한기부 소속의 인물이 보이지 않기 때문에 그 부의 사정 역시 본피부 등과 비슷하지 않았을까 생각한다.

국가의 운영은 6부의 합의를 기초로

중성리비와 냉수리비, 봉평리비에 국왕과 6부 귀족, 부의 대표들이 회의를 열어 무엇인가를 결정하고, 그것을 교시로 공포하는 내용이 나온다. 중성비리에 등장하는 회의 구성원은 훼부와 사훼부 소속이 5명, 모단벌훼 소속이 2명, 본파훼 소속이 4명이며, 냉수리비에 등장하는 회의 구성원은 훼부와 사훼부 소속이 5명, 본피부와 사피부 소속이 한 명씩 모두 7명이다. 한편 봉평리비에는 훼부와 사훼부 소속이 12명, 본피부와 잠훼부 소속이 각각 1명씩 나온다.

6세기 전반에 국정을 논의하는 회의는 국왕이 주재하는 것이 원칙이었다. 국왕의 입장에서 그가 의도하는 방향으로 어떠한 합의를 이끌어내려고 한다면, 그와 주종관계인 훼부와 사훼부 소속의 귀족들만을 회의의 구성원으로 편성하는 것이 유리했을 것이다. 하지만 국왕은 그렇게 하지 못하고 부의 대표들을 회의구성원에 끼워 놓은 것이다. 아마도 무엇인가 그렇게 하지 않으면 안 되는 불가피한 사유가 있었을 것이다. 그러면 그 이유는 무엇이었을까?

6세기 전반에 국왕은 훼부와 사훼부만 직접 다스렸고, 나머지 4부는 그 대표들이 자치적으로 통치하였다. 이러한 상황에서 전쟁이 일어나거나 또는 여러 가지 대외적인 사안이 발생하였을 경우, 국왕은 본피부나 사피부, 잠훼부, 한기부의 대표와 협의하여 일을 처리하지 않을 수 없었다.

신라는 초기에 6부군部軍을 동원하여 주변의 소국을 정복하거나 외적의 침략을 방어하였다. 이것은 6부에서 군사를 징발하여 편성한 군대라는 의미다. 전쟁에 필요한 군사를 징발할 때에 국왕은 각 부를 자치적으로 다스리던 지배자들 도움을 받을 수밖에 없었다.

여기다가 각 부 간의 이해관계가 얽혀서 갈등이 빚어질 경우, 마립간 시기조차 겨우 훼부와 사훼부만을 통치할 수 있었던 국왕이 그 문제를 해결하기가 그리 쉽지 않았을 것이다. 이 때문에 6세기 전반까지 대내적, 또는 대외적 사안에 대하여 각 부의 대표가 모여서 서로 간의 의견을 조정하는 회의가 관례적으로 열렸는데, 중성리비와 냉수리비, 봉평리비는 이러한 사실을 증명해주는 귀중한 증거다. 각 부 대표들이 모여서 국가의 현안을 논의한 관행은 6세기 전반까지 그들의 합의를 바탕으로 국정을 운영하였음을 말해준다.

다만 여기서 간과해서는 안 될 사실은 중성리비와 냉수리비, 봉평리비에서 보듯이 국정현안을 논의하는 회의에 훼부와 사훼부를 다스리던 국왕만이 아니라 그와 주종관계를 맺은 신료들이 그 구성원으로서 대거 참여하였다는 점에 관해서다. 아울러 일부 부의 대표들이 회의에서 배제된 사실도 묵과할 수 없다. 중성리비에는 한기부와 습비부의 대표가, 냉수리비에는 한기부와 잠훼부의 대표가, 봉평리비에서는 한기부, 사피부의 대표가 회의구성원에서 빠져 있다.

냉수리비와 봉평리비의 경우, 회의구성원 가운데 훼부와 사훼부 소속의 인사들이 압도적으로 많았고, 나머지 부의 대표들은 겨우 2명에 불과하였기 때문에 상대적으로 훼부와 사훼부의 발언권이 그만큼 강하였다고 보아야 한다. 이는 회의에서 어떠한 사항에 대하여 합의를 이끌어내고자 할 때에 훼부와 사훼부의 입장이 강하게 반영될 공산이 크다는 의미와도 통한다. 그러면 언제부터 훼부와 사훼부의 발언권이 강화되기 시작하였을까?

　이사금시기에 사훼부는 그 대표가 자치적으로 다스렸다. 훼부 소속 국왕이 사훼부의 통치권을 장악한 시기는 마립간시기였다. 이사금시기에 훼부와 사훼부 두 부가 다른 부들을 압도하고 국정운영에서 발언권을 강하게 행사했다고 보기 어렵다. 이를 바탕으로 당시 6부 사이에 역학관계가 비교적 균형을 이루며 국정을 운영하는 정황도 충분히 예상해볼 수 있다. 그러다가 마립간시기부터 훼부의 김씨 왕가가 사훼부까지 직접 통치하게 되면서 이들 두 부의 영향력이 확대되고, 이는 국정운영에서 훼부와 사훼부의 발언권 강화로 이어졌을 것이다.

　국가 현안을 논의하는 회의에 2부 소속의 인물이 다수 참여하고, 세력이 약한 부의 대표는 아예 거기에 참석하지 못하는 형태가 이런 현상을 반영한다. 그런데도 각 부 대표들의 합의에 기초하여 국정을 운영하는 기본원칙만은 여전히 고수되었다. 이는 회의에서 합의한 사항을 국왕 단독 명의가 아니라 구성원 공동 명의로 교시를 내렸다는 사실에서 확인할 수 있다.

고대사연구의 새장을 연 중성리비와 냉수리비, 봉평리비

　중성리비와 냉수리비, 봉평리비에 숨겨진 수수께끼, 그것은 한두 가지가 아니다. 그러나 세 비에 담겨 있는 여러 가지 내용 가운데 고대사의 비밀을 풀어줄 수 있는 핵심 열쇠는 본피부, 사피부, 잠훼부 소속 인물들의 정체를 밝히는 것이라고 단언하고 싶다. 그들의 정체를 추적한 결과, 그들이 6세기 초반에 각각의 부를 자치적으로 다스리던 부의 지배자, 즉 대표나 그에 버금가는 지배자였음을 밝힐 수 있었다. 이를 통하여 역설적으로 국왕은 6부 가운데 훼부와 사훼부만을 직접 다스리는 존재에 불과하였음을 알 수 있었다.

아울러 6세기 초반에 훼부와 사훼부, 본피부, 사피부, 잠훼부, 한기부가 서로 연합하여 신라국가를 구성한, 즉 연맹체국가였음을 인지할 수 있었다. 이러하였기 때문에 6부 대표들의 합의에 기초하여 국가를 운영할 수밖에 없었고, 부의 대표들이 합의한 사항을 공동명의의 교시를 통하여 발표하는 것이 관례로 정착되었던 것이다. 여기다가 중성리비와 냉수리비, 봉평리비의 내용은 부간 역학관계의 불균형이 심화된 시점의 모습을 반영하고 있기 때문에 그 이전 6부 대표들의 합의에 기초하여 국가를 운영하던 전형적인 모습과 아울러 그 이후 정치체제의 변천과정을 짐작해볼 수 있는 안목도 가질 수 있었다.

이렇듯 간지를 칭한 본피부, 사피부, 잠훼부 소속 인물들의 정체를 추적하는 과정에서 얽힌 실타래를 하나하나 풀듯이 신라사의 비밀을 한 꺼풀 한 꺼풀 벗기는 희열을 맛볼 수 있었다. 고대사 관련 사료가 매우 적은 현실에서 6세기 초반 신라의 정치체제나 국가의 운영 모습, 부의 성격에 관한 이해는 고구려나 백제 초기의 모습을 탐색할 때에도 상당히 유익한 참고자료가 될 것이다. 바로 이 점이 중성리비와 냉수리비, 봉평리비의 가치를 더욱 빛나게 만드는 것이 아닐까?

참고문헌 •••

전덕재, 2002 『한국고대사회의 왕경인과 지방민』, 태학사
전덕재, 2003 「신라사의 새로운 열쇠, 냉수리비와 봉평비」『고대로부터의 통신』, 푸른역사
전덕재, 2009 「포항중성리신라비의 내용과 신라 6부에 대한 새로운 이해」『한국고대사연구』59

사국시대론에 담긴 함의는?

이슈와 쟁점으로 읽는 한국고대사

　신라 못지않게 문화가 발달하였다고 알려진 가야 역사의 많은 부분이 신비한 베일에 싸여 있기 때문에 가야를 흔히 '신비의 고대 왕국'이라고 부른다. 또는 가야의 역사에 대하여 아는 것이 거의 없다시피 하여서 '잊혀진 나라'라고 부르기도 한다.

　그러나 1980년대 이래 가야지역의 활발한 고고학 발굴과 『일본서기』 가야 사료의 비판적 검토를 통한 가야사 연구가 활성화되면서 가야사의 비밀이 한 꺼풀 씩 벗겨지기 시작하였다. 2000년대에 가야사에 대한 이해가 크게 진전되었고, 나아가 한국고대사 체계에서 차지하는 가야사의 위상을 한 단계 더 높이려는 노력의 일환으로 이른바 사국시대론四國時代論이 제기되었다. 이것은 우리가 흔히 사용하는 '삼국시대'라는 용어 대신 삼국과 가야를 망라하여 '사국시대'라고 부르자는 내용이다.

　그런데 현재 많은 역사학자들이 사국시대라는 용어를 사용하는 것에 대하여 선뜻 동의하지 않는다. 한국고대사 체계에서 삼국의 역사에 견줄 만큼 가야사의 비중이 그리 높지 않다고 이해하기 때문이다. 그렇다면 과연 삼국시대론과 사국시대론 가운데 어느 학설이 더 타당한 것일까? 이 의문을 해결하는 열쇠, 그것은 바로 가야사가 한국고대사 체계에서 차지하는 위상을 객관적으로 해명하는 것에 달려 있다고 하여도 과언이 아니다.

'삼국시대'의 정의

사실 가야의 비극은 『삼국사기』에서 가야사를 배제하고 고구려와 백제, 신라의 역사만을 기술한 데서 비롯되었다. 『삼국유사』의 왕력王曆에서 삼국과 더불어 가야의 연표를 제시하고, '가락국기駕洛國記'에서 가야가락의 건국신화를 소개한 다음, 가야의 역사를 간략하게 제시하였지만, '삼국의 남겨진 사적事績', 즉 『삼국유사三國遺事』란 책명의 뜻에서 알 수 있듯이 일연도 가야사를 삼국의 역사만큼 비중 있게 다룬 것은 아니었다.

『삼국사기』와 『삼국유사』에서 고구려와 백제 멸망 이후의 신라 역사를 그 이전과 뚜렷하게 차별하여 서술하지 않았다. 고려시대에 통일 이전의 삼국 역사와 그 이후 시기 신라의 역사를 뚜렷하게 구분하지 않고, 신라가 건국된 기원전 57년부터 935년 멸망하기까지를 모두 망라하여 삼국시대라고 이해하였음을 알려준다.

조선 성종 15년1484에 서거정徐居正 등이 편찬한 『동국통감東國通鑑』에서 고려시대까지의 역사를 크게 네 시기로 구분하였다. 단군조선에서 삼한까지의 역사를 외기外紀로 처리하고, 그 이후 시기의 역사를 크게 삼국기三國紀, 신라기新羅紀, 고려기高麗紀로 나누어 서술하였다. 신라기에서는 문무왕 9년669년부터 경순왕이 고려 태조 왕건에게 항복한 935년까지의 역사를 서술하였는데, 『동국통감』 편찬자들이 비로소 신라가 건국된 기원전 57년부터 나당연합군이 고구려를 멸망시킨 668년까지를 삼국시대로, 그 이후부터 신라가 멸망한 935년까지를 (통일)신라의 역사로 구분하여 인식하였음을 반영한다.

조선 중기와 후기에 편찬된 역사서에서는 대체로 『동국통감』처럼 고구려가 멸망한 668년과 그 이후 시기 신라의 역사를 구분하여 서술하였다. 예를 들어 안정복은 『동사강목東史綱目』에서 고구려가 멸망한 문무왕 8년668까지의 삼국시대의 역사와 그 이후 신라의 역사를 구분하여 서술한 다음, 진한과 변한, 예맥, 옥저, 가락가야駕洛加耶, 부여, 발해의 역사를 삼국과 정통국가단군과 기자, 마한, 통일 이후의 신라 뒤에 덧붙여 서술하는 형식을 취하였다.

조선 후기까지 삼국시대는 고구려가 멸망한 문무왕 8년668까지로 이해하였다. 근대에 이르러 일본인 하야시 다이스케林泰輔가 『조선사朝鮮史』에서 처음으로 나당전쟁에서 신라가 승리함으로써 삼국통일의 위업을 이루었다고 평가한 이래, 676년 나당전쟁의 승리를 기점으로 통일신라로 이해하기 시작하였고, 해방 후 손진태가 676년 이후 통일신라를 민족 결정기로 규정하면서 그러한 인식이 널리 수용되었다.

현재 중·고등학교에서 사용하는 국사교과서에서는 신라가 건국된 기원전 57년부터 나당전쟁에서 승리하고 당군을 한반도에서 축출한 676년까지를 삼국시대라고 규정하였고, 그 이후부터 경순왕이 고려에 항복한 935년까지를 통일신라시대 또는 남북국시대라고 정의하였다. 이와 같은 시대구분법은 『삼국사기』 초기 기록을 그대로 신뢰한다는 점을 전제로 하는 것이었다.

그런데 현재 대부분의 역사학자들은 기원 1~3세기에 해당하는 『삼국사기』 초기 기록을 그대로 신뢰하지 않는다. 일부 역사학자들은 『삼국지』

위서 동이전의 기록을 근거로 3세기 후반 또는 4세기 무렵까지 백제와 신라가 마한 및 진한의 소국들을 정복하여 강력한 왕국을 형성하지 못하였다고 이해하고, 기원 1~3세기를 삼국시대가 아니라 삼한시대 또는 원삼국시대로 부르자고 제안하였다. 이에 따른다면, 삼국시대는 4세기부터 676년까지로 한정시켜 보지 않을 수 없다.

그러나 삼한시대론과 원삼국시대론은 여러 가지 문제가 있고, 기원 1~3세기는 '삼국시대 전기'로 보아야 한다는 것이 필자의 생각이다. 그러면 '삼국시대론'과 한국고대사 체계에서 가야사의 비중을 제고시키기 위하여 제기된 '사국시대론'은 어떻게 다를까?

사국시대론의 제기

최치원은 마한이 고구려가 되고, 변한이 백제, 진한이 신라가 되었다고 이해하였다. 조선 초기에 권근은 최치원의 삼한설을 비판하며 마한은 백제가 되고, 변한은 고구려, 진한은 신라가 되었다고 주장하였다. 조선 성종 때에 편찬된 『동국여지승람』에서도 권근의 삼한설을 따랐다. 이처럼 삼한을 고구려와 백제, 신라와 연결시켜 이해하게 되면, 우리의 고대사 체계에서 가야사가 차지하는 비중은 극히 미미하다고 볼 수밖에 없다.

조선 중기에 한백겸이 『동국지리지』에서 마한은 백제가 되고, 진한은 신라, 변한은 가야가 되었음을 밝혔다. 그러면서 한백겸은 우리나라는 옛날부터 남북으로 갈라져 있어서, 북쪽에서는 단군조선-기자조선-위만조선-사군四郡-이부二府-고구려로 이어졌고, 남쪽에서는 마한, 진한, 변한이 각각 백제, 신라, 가야로 계승되었다고 주장하였다. 삼한의 실체를 정확하게 밝힘으로써 삼국과 더불어 가야가 병존하였음을 처음으로 고증한 점이 돋보인다. 조선 후기에 실학자들은 한백겸의 역사인식을 계승하여 삼국과 더불어 가야의 역사를 나름대로 비중 있게 다루었다. 사국시대론은 실학자들의 가야사 인식을 계승, 발전시킨 것으로 볼 수 있다.

2001년에 가야사를 연구하는 역사학자가 처음으로 사국시대론을 제창한 이래, 그 역사학자는 이후에 자신의 논리를 더욱 보강하는 여러 편의 논고를 발표하였다. 그는 기원전 2세기 또는 기원전 1세기 초반 무렵에 서북지역으로부터 유이민들이 영남지역으로 이주하면서 가야가 성립되기 시작하여 562년에 멸망하였기 때문에 가야의 역사는 결국 700여 년 동안 지속되었다고 보아야 한다고 주장한다. 그러면서 신라와 백제가 건국된 기원전 1세기 중·후반부터 562년까지 약 600여 년 이상 고구려와 백제, 신라, 가야가 병존하였고, 가야를 제외한 삼국이 정립된 시기는 562년부터 660년까지 겨우 98년에 불과하므로 668년 이전 시기를 삼국시대라고 부르는 것은 문제가 있으며, 그 대신 사국시대라고 부르는 것이 보다 더 타당하다는 견해를 제기하였다.

사국시대론을 제창한 역사학자는 가야의 최대 영역은 낙동강 서쪽의 영남지역과 섬진강 상류의 호남지역을 모두 포함하며, 낙동강 동쪽의 창녕, 밀양, 부산 등도 그 영역 안에 포함되었다고 본다. 그리고 이에 근거하여 현재 5,000만의 남한 인구 중에 3분의 1 정도가 가야인의 후예라고 볼 수 있으며, 한국고대사 체계에서 그들을 이방인으로 소외시키는 것은 불합리하다는 논리를 편다.

더구나 그는 2000년대에 가야사에 대한 이해가 크게 진전되면서 현재 한국고대사 체계에서 가야사가 차지하는 비중이 고구려와 백제, 신라의 그것에 비하여 결코 뒤지지 않으며, 3세기 후반부터 6세기까지 가야를 제외하고 우리의 고대사를 서술하는 것은 상상하기 어렵다고 주장한다. 또한 6세기 중반 이전 시기에 고구려와 백제의 2강, 신라와 가야의 2약이 복잡한 외교관계를 맺으며 역사가 변화무쌍하게 전개되었고, 특히 가야와 왜의 관계가 중요한 역할을 수행하였으며, 가야를 포함하여 사국시대를 설정하지 않는다면, 한국고대사는 체계적으로 설명하기 곤란할 뿐만 아니라 가야사 재정립의 필요성은 가야사 자체에만 국한되는 것이 아니라, 한반도 및 동아시아 고대사 전체의 맥락에서 보아도 절대적인 의미를 지닌다고 평가하였다.

가야사의 위상

그러면 사국사대론의 문제점은 무엇일까? 우선 쉽게 지적할 수 있는 문제는 562년 대가야가 멸망한 이후 시기를 과연 사국시대라고 부를 수 있는가 하는 점이다. 562년부터 660년까지 고구려와 백제, 신라가 정립되어 서로 치열하게 항쟁을 전개한 시기에 해당한다. 이 98년 동안 분명히 가야는 존재하지 않았다. 따라서 562년부터 660년까지도 사국시대의 범주 속에 포함시키는 것은 결코 쉽게 동의하기 어렵다.

그러면 한발 더 양보하여 삼국 및 가야의 건국 시점부터 562년까지 사국시대로, 562년부터 660년 또는 668년까지 삼국시대로 시대구분하는 것은 어떨까? 이와 같은 시대구분법이 널리 지지를 받으려면, 562년 대가야의 멸망이 우리 고대사의 흐름에서 커다란 획기였다고 보아야만 한다. 과연 그러하였을까?

400년에 광개토왕이 파견한 고구려군이 김해지역까지 진출하면서 가야연맹체를 이끌던 금관국이 커다란 타격을 받았고, 그것을 계기로 전기 가야연맹이 해체되었다. 5세기에 고구려군 남정南征의 피해를 입지 않은 고령의 대가야가 크게 성장하여 가야연맹체를 이끌었는데, 이를 흔히 후기 가야연맹이라고 부른다. 특히 대가야는 5세기 후반부터 6세기 전반까지 백제와 신라가 국력을 기울여 고구려의 남진에 대응하는 틈을

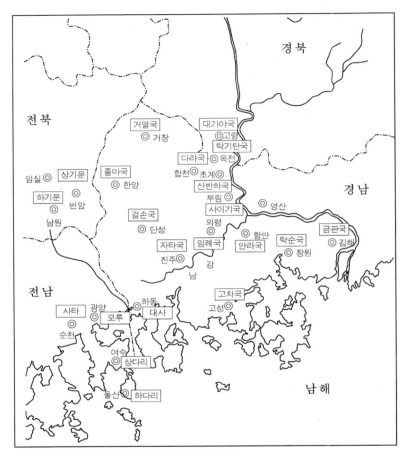

〈지도 3〉 후기 가야연맹의 최대 판도

타서 크게 팽창하였다고 알려졌다.

　그러나 520년대에 고구려의 남진이 둔화되자, 백제와 신라가 가야지역으로 활발하게 진출하면서 대가야가 쇠락하기 시작하였다. 530년대에 신라가 금관국을 비롯한 남부지역의 가야 소국을 정복하였고, 540년대에 신라와 백제의 강력한 압박을 받아 가야연맹체가 대가야와 안라^{경남}

^{함안}의 남북 이원체제로 분열되었으며, 550년대에 대가야는 겨우 독립성을 유지하면서 백제의 지배를 받았다.

551년에 신라와 백제가 연합하여 고구려를 공격하고 각기 한강 상류와 하류지역을 차지하였지만, 553년에 신라가 고구려의 도움을 받아 백제가 점유한 한강 하류지역을 급습하여 빼앗았다. 백제 성왕이 554년에 대가야와 왜를 끌어들여 신라의 관산성^{충북 옥천}을 공격하였다가 그마저 목숨을 잃고 백제-왜-대가야연합군은 크게 패하였다. 관산성전투 이후 신라는 한강유역을 확고하게 차지하게 되면서 삼국통일의 기틀을 다졌다고 이해되고 있다. 관산성전투의 패배 이후 대가야는 백제의 도움을 더 이상 받기 어려워졌고, 결국 562년에 신라군의 침략을 받고 멸망하고 말았다.

대가야도 왜와 함께 관산성전투에 참전하였지만, 당시에 대가야는 한반도 정세를 좌지우지하는 주요 변수는 아니었다. 대가야는 이미 신라의 서진^{西進}으로 세력이 크게 약화되고, 백제에 종속되어 겨우 명맥만 유지하는 존재에 불과하였기 때문이다. 신라는 562년 대가야를 정복함으로써 모든 가야지역을 영역으로 편입하였지만, 그러나 대가야 정복이 한강유역의 확보에 견줄 만큼 신라사에서 주요한 획기였다고 평가하기 어렵다. 나아가 그것을 관산성전투만큼 이후 시기 한반도 정세 변동을 추동^{推動}하는 대사건으로 보기도 쉽지 않다. 이처럼 554년의 관산성전투만큼 562년 신라의 대가야 정복이 우리 고대사에서 획기적인 전환점으로 설정하기 어렵다면, 그것을 기점으로 삼국시대와 사국시대로 시대구분하는 것은 명분이 약하다고 볼 수밖에 없다.

그러면 대가야가 한반도 정세에 주도적으로 참여한 시기는 전혀 없었을까? 그렇지 않았다. 대가야는 479년에 남조^{南朝}의 제나라에 사신을 파견하여 왕 하지^{荷知}가 '보국장군^{輔國將軍} 본국왕^{本國王}'이란 작호를 수여받았다. 이 무렵에 대가야는 섬진강 하구에 위치한 관문항인 대사진帶沙津: 경남 하동을 통하여 왜국과 활발하게 교통하였다. 또한 481년에 고구려가 신라를 침략하자, 대가야가 백제와 함께 군대를 파견하여 신라를 도와주기까지 하였다.

그런데 510년대에 대가야는 섬진강 상류의 호남지역과 함께 대사진을 백제에게 뺏기면서 중국 남조나 왜와 독자적으로 통교할 수 있는 길이 막혀 버렸다. 이후 대가야는 신라와 백제의 강력한 압박을 받았고, 562년까지 생존을 위하여 두 나라와 잇따라 동맹을 맺었다. 대가야가 독자적으로 대외교섭을 하고, 한반도 정세에 주도적으로 참여한 시기는 대략 5세기 후반에서 510년대까지였던 것이다.

그러면 금관국은 과연 5세기 후반의 대가야처럼 한반도 정세에 주도적으로 참여한 적이 있을까?『삼국유사』에 탈해脫解가 금관국에서 수로왕首露王과 다툼을 벌였다가 패하여 신라로 도망갔다는 설화가 전한다. 『삼국사기』에 신라의 지배를 받던 음즙벌국경주시 안강읍 근처과 실직곡국삼척 사이에 영토분쟁이 발생하자, 신라 파사왕이 금관국왕 수로를 초청하여 분쟁을 해결하였다는 일화가 전한다. 가야가 초기에 신라보다 국력이 강하였음을 알려주는 증거들이다.

『삼국지』위서 동이전에 3세기 중반에 마한의 목지국을 다스린 진왕辰王이 중국과 교섭할 때에 마한의 큰 나라인 신운신국臣雲新國과 신분활국臣濆活國 및 변한의 큰 나라인 김해의 구야국狗邪國과 함안의 안야국安邪國 지배자를 아울러 겸하고 있다고 말하였다는 내용이 전한다. 그런데 여기에 신라의 전신인 진한의 사로국이 구야국금관국에 견줄 만큼 큰 나라였다는 언급이 보이지 않는다. 3세기 중반에 사로국이 구야국이나 안야국보다 국력이 약하였기 때문으로 보인다.

280년대에 사로국의 왕이 진한을 대표하여 중국의 서진西晉에 사신을

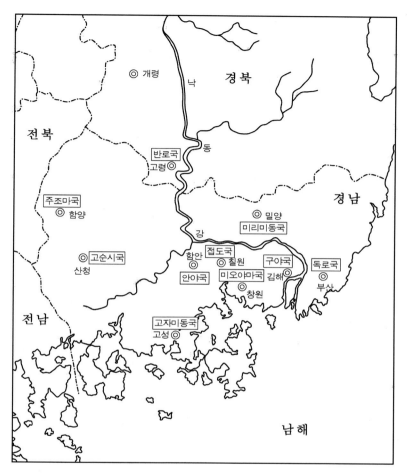

〈지도 4〉 변한 소국 분포도

파견하여 교통하였다. 이것은 이때에 사로국이 진한의 맹주국으로 부상
하였음을 알려주는 증거이다. 이 무렵에 경남 해안에 위치한 가야의
여덟 나라가 금관국을 공격하였다. 금관국이 사로국에 도움을 요청하자,
왕자인 석우로昔于老가 신라군을 이끌고 가서 여덟 나라의 군대를 물리쳤
다. 이것이 이른바 사서에 전하는 포상팔국浦上八國의 난이다. 이 난 이후

에 금관국은 한동안 사로국에 종속되어 정치적 간섭을 받았으며, 이를 계기로 함안의 안라국을 중심으로 하는 경남 서부지역의 가야세력들이 새로운 가야연맹체를 결성하여 금관국 중심의 가야연맹체와 병존하는 형세, 즉 가야세력이 동서로 분열되었다고 이해되고 있다. 포상팔국의 난 이후 금관국이 한반도 정세에 주도적으로 참여하였다는 증거는 발견되지 않고, 4세기에 이르러 백제와 연결하여 신라의 서진을 견제하다가 결국 400년 고구려 남정으로 쇠락하기에 이르렀다. 금관국이 가야연맹체를 결성하여 한반도 정세에 주도적으로 참여한 시기는 대략 3세기 전반 또는 중반에서 3세기 후반까지였다.

2% 부족한 사국시대론

금관국은 3세기 전반 또는 중반에서 3세기 후반까지, 대가야는 5세기 후반에서 6세기 전반까지 독자적으로 대외교섭을 하고, 한반도 정세에 능동적으로 참여하였다. 가야세력이 한반도 정세에 능동적으로 참여한 시기가 겨우 100여 년에 불과하였기 때문에 신라와 백제, 가야의 건국 시점부터 대가야가 멸망한 562년까지를 사국시대라고 부르기에는 무엇인가 2% 정도 부족하다는 느낌을 못내 지울 수 없다.

더구나 가야는 멸망할 때까지 삼국과 같은 중앙집권적인 국가체제를 정비하는 데에 실패하였다. 비록 5세기 후반에 대가야가 영역을 팽창하여 흔히 고대국가의 초기 지배체제라고 일컫는 부체제를 정비하였음에도 불구하고 끝내 가야연맹체에 속해 있던 소국들의 정치적인 독자성을 완전히 부정하지 못하였을 뿐만 아니라 문화적으로 완전한 통합을 이루지도 못하였던 것이다. 아마도 이러한 이유 때문에 가야가 부여와 마찬가지로 『삼국사기』의 서술 대상에서 배제된 것으로 보인다. 물론 고구려의 『유기留記』와 『신집新集』, 백제의 『서기書記』, 신라의 『국사國史』와 같은 가야인이 직접 편찬한 역사서가 없다는 점도 『삼국사기』에서 가야사가 배제된 주요한 이유 가운데 하나였을 것이다.

『삼국사기』에서 가야사를 배제시킨 결과, 우리는 가야사의 주체적인 발전과정을 상세하게 알 수 없게 되었다. 이로 말미암아 가야가 삼국과 견줄 수 있는 국가로 대우받지 못하였다는 점에서 가야인이나 가야를 사랑하는 사람들의 입장에서 억울한 측면이 전혀 없지 않을 듯싶다. 그러나 한편으로 가야가 연맹체를 극복하고 중앙집권적인 국가체제를 정비하는 데에 실패하였고, 독자적인 역사서를 편찬하지 않은 것도 분명하므로 가야를 삼국과 동등하게 대우하지 않은 이유도 근거가 없다고 말하기도 어렵다. 사국시대론은 삼국시대론의 문제점을 분명하게 부각시켰다는 점에서 나름대로 의미를 지니긴 하지만, 그것이 널리 지지를 받기 위해서는 앞으로 논리적으로 더 보완할 필요가 있고, 아울러 가야사에 대한 연구의 진전을 더 기다릴 필요가 있을 듯싶다.

참고문헌 •••

한국역사연구회 고대사분과, 1994 「가야는 왜 삼국에 들지 못했나」 『문답으로 엮은 한국고대사산책』, 역사비평사
김태식, 2002 『미완의 문명 7백년 가야사』(1권; 수로왕에서 월광태자까지), 푸른역사
김태식, 2006 「삼국시대, 사국시대」 『역사비평』74, 역사비평사
김태식, 2007 「사국시대론─한국고대사 삼국시대론의 대안─」 『한국고대사연구』46
윤선태, 2007 「'통일신라'의 발명과 근대역사학의 성립」 『신라문화』29

발해를 해동성국이라고 부른 까닭은?

이슈와 쟁점으로 읽는 한국고대사

우리 민족 모두 마음의 고향이자, 아련한 추억이 서린 만주 벌판과 연해주, 발해는 바로 그곳을 당당하게 호령하며 융성한 문화를 꽃피운 나라이다. 당나라에 맞서 자주국가의 위세를 한껏 내세우고, 여러 말갈족을 통합하여 우리나라 역사상 가장 넓은 영토를 차지한 나라이기도 하다.

발해는 698년 건국된 이래, 9세기에 이르러 전성기를 맞이하였다. 그리고 전성기가 끝나자, 곧바로 발해의 지배층이 분열되어 나라가 멸망하기에 이르렀다. 9세기 발해의 전성기를 상징적으로 표현하는 단어, 그것이 바로 해동성국이다. 『신당서』에서 제10대 선왕宣王 때부터 제13대 대현석 때까지 '자주 학생들을 보내 수도의 태학太學에서 수학하게 하여 고금古今의 제도를 배우고 익혀 가더니, 마침내 이때에 이르러 해동의 융성한 나라[海東盛國]가 되었다.'고 서술하였다.

그러면 어떠한 이유로 당나라는 발해를 해동성국이라고 불렀을까? 9세기에 이르러 발해는 그 이전과 어떻게 달라졌을까? 왜 발해는 전성기가 끝나자, 곧바로 무너졌을까? 자못 궁금하다. 9세기에 이르러 발해가 융성하였음을 알려주는 여러 징표를 하나하나 짚어보면서 이러한 궁금증을 차근차근 풀어보도록 하자.

무왕과 문왕, 나라의 기틀을 다지다

대조영은 천문령에서 당군을 크게 무찌르고 698년에 중국 길림성 돈화시 동모산 근처에 도읍을 정하고 나라를 건국하여 국호를 진국震國 또는 振國이라고 하였다. 713년에 당나라는 대조영에게 발해군왕 홀한주도독이라는 직함을 내려주었는데, 이때에 대조영은 국호를 진국에서 발해渤海로 바꾸었다.

719년에 대조영의 뒤를 이어서 맏아들 대무예武王가 왕위에 올라 연호를 인안仁安이라고 정하고, 영토를 확장하여 고구려의 옛 땅을 회복하였으며, 남쪽의 동해안지역으로 진출하여 신라의 국경에 다다랐다. 732년 9월에 장문휴에게 당나라의 등주登州: 중국 산동성 봉래를 공격하도록 명령하자, 그는 군사를 거느리고 등주를 습격하여 자사刺史 위준韋俊을 죽이고 물러났다. 이에 대한 보복으로 당나라가 신라와 연합하여 발해를 공격하였으나 커다란 성과를 거두지 못하였다.

발해와 당과의 관계는 737년 무왕이 죽고, 그의 아들인 대흠무文王가 왕에 오르면서 가까워졌다. 문왕文王은 그가 다스린 기간 동안에 49차례나 당나라에 사신을 파견하였고, 당의 제도와 문물을 적극 수용하여 국가체제를 정비하였다. 정당성과 선조성, 중대성의 3성과 유교적 명칭인 충·인·의·지·예·신 6부를 중심으로 하는 중앙행정기구, 경京과 부府

〈그림 19〉 발해 상경성 궁성 남문

및 주^州와 현^縣을 주축으로 한 지방제도는 당나라의 제도를 발해의 현실에 맞게 고쳐서 수용한 것이었다. 더욱이 발해는 이때부터 당나라에 많은 유학생과 유학승을 파견하였고, 이들이 고국에 귀국하여 발해의 학문과 문화발전에 크게 기여하였다.

문왕 때에 왕을 황상^{皇上}이라고 불렀는데, 이것은 신하가 황제를 부를 때 썼던 명칭이므로 발해에서 왕을 황제라고 불렀음을 알려준다. 문왕은 일본에 보낸 외교문서에서 발해를 고려^{고구려}라고 부르고, 스스로 천손^{天孫}, 즉 하늘의 자손이라고 일컬었으며, 발해와 일본을 장인과 사위의 관계라고 주장하였다. 무왕과 문왕 때에 국력이 크게 신장되자, 대외적으로 발해의 위상을 높이려는 자신감의 표현이었다.

문왕은 재위 기간 중에 여러 번 수도를 옮겼다. 처음 740년대에 수도를 동모산에서 중경 현덕부^{중국 길림성 화룡현 서고성}로 이전하였다. 그리고 756년 전반기에 중국에서 안녹산의 난이 일어나자, 그의 침략에 대비하여 수도를 다시 상경 용천부^{중국 흑룡강성 영안현 동경성}로 옮겼다. 문왕은 당나라의 수도 장안성을 본 따 상경성을 계획도시로서 건설하였으며, 그 규모로 볼 때, 당시 동아시아에서 두 번째로 컸다.

문왕은 785년 이후 어느 시기에 다시 동경 용원부^{중국 훈춘 팔련성}로 천도하였다. 문왕은 793년에 여기에서 죽었다. 문왕이 죽은 지 약 1년 뒤에 성왕이 수도를 다시 상경으로 이전하였다. 이때부터 멸망할 때까지 상경이 발해의 수도였다.

선왕, 영토를 크게 개척하다

문왕이 사망한 뒤, 25년간 왕위를 둘러싼 다툼이 치열하게 벌어졌다. 818년에 제10대 선왕^{宣王} 대인수^{大仁秀}가 왕위에 올랐다. 그는 제9대 간왕^{簡王}의 종부^{從父}이면서 대조영의 동생 대야발^{大野勃}의 4세손이었다. 역사학자들은 왕계가 대조영 직계에서 방계로 바뀐 것을 근거로 대인수가 오래 지속된 왕위계승분쟁을 수습하고 왕위에 올랐다고 이해한다.

선왕은 연호를 건흥^{建興}이라고 정하였다. 연호에 발해의 중흥을 이루고자 하는 뜻을 담은 것으로 보인다. 대인수의 시호는 '성스럽고 착한 것이 두루 알려졌다^{聖善周聞}'란 의미를 지닌 선왕^{宣王}이다. 대인수가 생전에 선정^{善政}을 베풀고 발해를 중흥시켰기 때문에 발해 사람들이 이렇게 부른 듯하다.

선왕은 국내의 정치안정을 굳게 다진 다음, 정복활동을 활발하게 전개하였다. 『신당서』에 선왕이 바다 북쪽의 여러 말갈부족을 정벌하였다고 전한다. 여기서 바다는 흥개호^{興凱湖: 중국 흑룡강성 동부와 러시아 연해주와의 국경에 있는} 호수를 가리키며, 그 북쪽에 월희말갈^{越喜靺鞨}과 흑수말갈^{黑水靺鞨}이 자리 잡고 있었다. 선왕은 월희말갈을 정복하여 거기에 회원부^{懷遠府}와 안원부^{安遠府}를 설치하고, 흑수말갈을 강력하게 통제하였다.

『요사遼史』에서 발해 대인수가 남쪽으로 신라를 평정하였다고 서술하였다. 선왕은 먼저 서남쪽의 요동방면으로 진출하여 요녕성의 요양遼陽市 일대를 차지한 다음, 이어 남쪽의 신라 방면으로 진출한 것으로 보인다. 제2대 무왕 때에 발해는 동해안 방면으로 진출하여 신라와 국경을 맞닿았으므로 선왕 때에 평정한 지역은 주로 대동강 이북이었을 가능성이 높다.

신라는 826년현덕왕 18 7월에 한산주의 백성 1만 명을 징발하여 패강浿工: 대동강에 300리에 이르는 장성長城을 쌓았다. 발해가 대동강 이북으로 진출하자, 신라가 이에 대비하여 장성을 쌓은 것으로 보인다. 어떤 역사학자는 이때 발해가 평양지역에 진출하여 낙유현樂游縣을 설치하였다고 주장한다. 일반적으로 낙유현은 낙랑현樂浪縣을 잘못 표기한 것으로 본다. 이러면서 발해와 신라는 대동강과 니하泥河: 옛 영흥을 가로 질러 흐르는 용흥강(현재 북한의 금야강)를 경계로 하여 국경선을 맞대게 되었다.

선왕은 광대한 영토를 효율적으로 다스리기 위하여 지방통치조직을 재정비하였다. 대체로 역사학자들은 영토를 크게 넓힌 선왕 때에 발해의 5경·15부·62주의 지방통치조직을 완비하였다고 이해한다. 5경은 상경 용천부, 중경 현덕부, 동경 용원부, 남경 남해부, 서경 압록부인데, 15부 가운데 지방통치상 매우 중요한 곳에 설치하였으며, 신라의 5소경과 비슷한 성격을 지녔다. 15부 밑에는 몇 개의 주州를, 주 밑에는 현을 두었고, 지방행정의 말단에 해당하는 촌락은 말갈 추장인 수령首領으로 하여금 다스리게 하였다.

융성을 이룬 발해

선왕의 중흥에 힘입어 발해는 제11대 대이진大彝震: 831~857부터 제13대대현석大玄錫: 871~894?에 이르기까지 융성기를 맞이하였다. 『신당서』에서는 발해가 9세기에 학생들을 중국에 보내 중국의 문물제도를 배우고 익혀 해동의 융성한 나라란 칭호를 얻게 된 것처럼 서술하였다.

발해에서 714년부터 당나라에 학생들을 파견하기 시작하여 9세기 전반에 그 숫자가 증가하였다. 학생들은 당나라의 국자감에서 수학하고, 빈공과에 응시하여 합격하기도 하였다. 대체로 신라인이 빈공과에 많이 합격하였지만, 빈공과에 합격한 발해인으로 오소도烏昭度, 고원고高元固, 오광찬烏光贊 등이 확인된다.

오소도는 872년 무렵에 빈공과에 합격하였다. 이때 신라인 이동李同보다 오소도의 합격 서열이 더 높았다. 이전까지 빈공과의 수석을 배출한 신라인들이 이에 대하여 큰 수모를 당했다고 생각하였고, 후에 최치원은 이를 두고 '이미 사방 여러 나라의 조롱거리가 되었으니, 실로 나라의 수치였다.'라고 평하였다. 오소도는 발해에 귀국하여 재상을 역임하였다.

고원고는 892년에 빈공과에 합격하였고, 오소도의 아들인 오광찬은 906년에 합격하였다. 이때 신라인 최언위가 오광찬보다 합격 서열이 더 높았다. 이에 오소도가 당나라에 사신으로 와서, '신이 지난날에 빈공과에 급제하였을 적에는 이름이 이동李同의 위에 있었다. 지금 신의 아들 오광찬도 최언위의 위에 있어야 마땅합니다. 부디 순서를 바꾸어 주십시오.'라고 청하였으나 당나라에서 최언위의 재주와 학식이 더 뛰어나다는 이유로 그의 청탁을 들어주지 않았다.

국자감 등에서 유학을 체계적으로 수학한 학생들이 발해에 귀국하여 당나라의 선진문물을 널리 보급한 결과, 9세기에 당나라 사람 온정균溫庭筠이 발해가 비록 중국에서 멀리 떨어져 있으나 '수레를 만드는 법도나 책의 내용은 본래 중국과 한 집안이나 다름없다.'고 평가할 정도로 문물과 학문이 발달하였다. 당나라 사람들은 이에 근거하여 발해를 해동의 융성한 나라라고 부른 것으로 보인다.

9세기에 발해가 융성하였음을 알려주는 상징적인 일화가 바로 897년 7월에 신라와 발해 사이에 발생한 이른바 쟁장사건爭長事件이다. 당나라에서는 정월 초하루의 신년하례를 받는 자리나 축하잔치, 환영잔치를 벌일 경우에 각 나라 사신의 서열을 매겨서 자리를 잡게 하였다. 동쪽에는 신라를 첫째 자리, 대식국아라비아을 둘째 자리에 앉게 하였다. 서쪽에는 티베트를 첫째 자리에, 일본을 둘째 자리에 앉게 하고 그 나머지도 각각 서열대로 앉게 하였다. 752년 신라와 일본 사신이 자리 문제로 서로 다툰 적이 있었다. 일본사신이 신라보다 뒷자리에 앉는 것이 부당하다고 항의한 것이다. 이때 당나라는 신라와 일본의 자리를 서로 맞바꾸었다고 한다.

당나라는 항상 발해 사신보다 신라 사신의 자리를 앞에 배치하였다. 그런데 9세기 말에 발해가 스스로 나라가 크고 군사력이 강하다고 생각하였으나 당나라가 발해 사신을 신라 사신보다 뒷자리에 앉게 하자, 이에 불만을 품게 되었다. 897년 7월에 당나라에 사신으로 파견된 왕자 대봉예大封裔는 글을 올려, 발해 사신을 신라 사신보다 앞자리에 앉게 해달라고 부탁하였다. 이에 대하여 당나라에서는 '국명國名의 선후는 지난날에도 강약을 따지지 않았다. 사신의 좌석 서열을 어찌 나라의 성쇠만을 가지고 고칠 수 있겠는가? 마땅히 전례前例에 따라 그대로 시행한다.'라고 대답하였다.

당나라는 사신의 좌석을 바꾸어 달라는 대봉예의 부탁을 들어주지 않았지만, 이때 발해의 국력이 신라보다 훨씬 강하였다는 사실은 인정하고 있다. 9세기에 발해가 융성하였음을 알려주는 또 다른 자료가 바로 『구당서』에 전하는 다음의 기록이다.

태화 6년832 12월 무진일에 내양內養 왕종우王宗禹가 발해에 사신으로 갔다가 돌아왔다. 그는 발해가 좌우신책군左右神策軍과 좌우삼군左右三軍, 120사司를 설치했다고 말하고, 그 모습을 그려서 바쳤다.

좌우신책군은 왕궁을 지키고 왕을 호위하며 경비하던 금군禁軍을 가리킨다. 이때 당나라의 제도를 수용하여 금군을 포함한 군사제도를 새롭게 정비한 것으로 보인다. 여기서 120사는 중앙의 행정업무를 분담하여 처리하는 기구를 가리킨다. 9세기에 발해가 융성하면서 군제軍制와 관제官制를 확충하였음을 반영한다.

발해가 9세기에 광대한 영토를 차지하면서 물산이 풍부하고 경제도 크게 번성하였음은 물론이다. 발해의 경제적 번성을 알려주는 흥미로운 전설이 하나 전한다.

중국인 장사꾼 장만재는 발해에 상품이 풍부하고 경제가 발달하였다는 소식을 듣고 한몫 챙기려고 모든 재산을 털어 옷감, 쇠그릇, 약품과 같은 물건을 샀다. 이것들을 가지고 온갖 고생을 다하며 발해의 상경성에 도착하였다. 그는 그 다음날 시장에 나가보고 깜짝 놀랐다. 사람들로 가득 찬 시장에 물건들이 가득 쌓여 있는데, 그것들은 자신이 당나라에서 가져온 것보다 훨씬 품질이 좋았기 때문이다.

장만재가 시장에서 목소리를 높여서 소리쳐 물건을 팔아도 아무도 사는 사람이 없었다. 그는 장사가 되지 않자, 점을 치는 노인에게 왜 사람들이 자기의 물건을 사지 않느냐고 물어보았다. 그러자 점쟁이가 '자네는 발해에 옥주의 목면솜, 위성의 철이 유명하다는 소문을 듣지 못하였는가? 이런 물건들은 중국에서 나는 물건들과 품질에서 차이가 없다네. 더구나 자네가 가져온 물건들은 너무 조잡하여서 중국에서도 이미 사라져버린 것이고, 약품도 가짜라네. 발해 사람들이 눈이

밝아서 이를 모를 리가 없지.'라고 말하였다. 결국 장만재는 패가망신
하여 남의 집에서 동냥을 하다가 겨우 목숨을 부지하여 중국으로 되돌
아갔다.

전설에 나오는 옥주沃州의 목면솜, 위성位城의 철은 『신당서』에서 솔빈率賓
의 말, 막힐鄚頡의 돼지, 책성柵城의 된장, 노성盧城의 벼 등과 더불어 발해의
대표적인 특산물이라고 언급하였다. 장만재의 이야기는 전설에 불과하
여 사실 그대로 믿을 수 없지만, 이를 통하여 나름대로 발해의 경제가
크게 번성하였음을 추측해볼 수 있지 않을까?

발해, 역사의 뒤안길로

발해인은 소수의 고구려계 유민과 다수의 말갈인으로 구성되었다.
말갈인의 대다수는 부락단위로 자치적인 생활을 유지하였다. 발해는
15부에 도독都督, 62주에 자사刺史, 100여 개의 현에 현승縣丞을 파견하였다.
그러나 주요 성과 역, 큰 포구 등 교통의 중심지와 농경이 발달한 지역의
주민들만 자사나 현승이 직접 다스렸고, 대부분의 말갈 부락은 추장인
수령首領을 통하여 간접적으로 지배하였다.

이처럼 발해의 통치조직이 이중성을 지녔기 때문에 발해의 지배력이
약화되면 말갈족이 통치체제에서 자주 이탈하였다. 그러한 움직임은
발해 말기에 특히 두드려졌다. 게다가 말기에 이르러 발해 지배층 사이
에 대립과 분열이 격화되었다.

920년 사신으로 파견된 4명이 일본에 망명한 사건이 발생하였다. 그
들은 권력다툼이 격화된 발해에 염증을 느껴서 귀국하기를 꺼려하였을
것이다. 925년에 고려로 상당히 많은 발해인이 망명하였다. 그 해 9월

6일에 발해의 장군 신덕申德이 500여 명을 데리고 고려에 왔다. 이어서 9월 10일에 예부경禮部卿 대화균大和均·균로均老, 사정司政 대원균, 공부경工部卿 대복모大福謨, 좌우위장군 대심리大審理 등이 100호를 이끌고 고려에 망명하였다. 여기서 예부경, 공부경, 사정은 중앙행정기구의 차관급에 해당할 정도의 높은 직책이다. 더구나 대화균·균로, 대복모, 대원균은 모두 발해의 왕족이다. 아울러 좌우위장군은 발해에서 매우 높은 지위의 장군에 해당한다. 이처럼 높은 지위에 있던 왕족들이 고려에 망명한 이유는 그들이 발해의 권력다툼에서 패배하였기 때문이었을 것이다.

나아가 발해의 고위층 가운데 일부는 거란과 내통하기도 하였다. 거란은 926년에 발해를 멸망시키고 동단국東丹國을 세웠다. 그런데 929년 12월에 동단국이 일본에 사신을 파견하였는데, 이때 사신의 대표가 바로 배구裵璆였다. 그는 907년과 919년 두 차례에 걸쳐 이미 발해의 사신으로 파견된 적이 있었다. 일본 천황은 배구가 예전에는 발해를 섬기다가 지금은 거란을 섬긴다고 질책하였다. 배구는 본래 발해의 관리였지만, 거란에 붙어서 발해를 어려움에 빠뜨렸던 대표적인 인물이었다. 이처럼 발해 귀족들이 권력다툼으로 사분오열되자, 거란 사람들은 '발해는 민심이 크게 이반하여 국력이 매우 쇠약해졌다.'라고 말하였다.

906년에 야율아보기가 거란의 왕에 즉위하였고, 916년에 거란부족을 통일하고, 주변 세력을 정복하였다. 마침내 야율아보기는 발해가 지배층의 분열로 국력이 약화된 틈을 타서 925년 12월에 발해를 공격하여, 926년 1월에 발해의 수도 상경성을 함락하고 발해를 멸하였다. 거란은 옛 발해지역에 동단국을 세워 발해유민을 통치하였다.

발해의 멸망과 관련하여 상경성 부근에 사는 조선족 동포 사이에 흥미로운 전설이 하나 전하고 있다.

옛날 이곳에 한 나라가 있었으니, 발해왕국이라고 불렀다. 그 마지막 임금이 애왕이었다. 그는 임금이 된 후에 정사는 돌보지 않고 주색잡기에만 몰두하였다. 신하들이 정치를 올바로 하라고 간언하였으나 거들떠보지도 않았다. 이 때문에 발해의 국력은 점점 더 쇠약해졌다. 거란이 이틈을 타서 발해의 수도를 공격해왔다. 이때 애왕은 어화원에서 잔치판을 벌이고 있었다. 대신이 급히 수도가 함락당하였다는 소식을 전하자, 그제서야 임금은 황급하게 도망갈 준비를 하였다.

그런데 발해 왕궁에 옛날부터 전해 내려온 금거울이 있었다. 신하들과 왕족들을 이끌고 보물과 금거울을 챙겨서 서경으로 도망가려다가 이 호숫가에서 거란군을 만났다. 더 이상 도망갈 곳이 없음을 깨달은 임금은 하늘을 우러러보며 탄식하고, 거울을 껴안고 풍덩 호수로 뛰어들었다. 임금과 같이 왔던 사람들도 하나 둘씩 뛰어들어 나중에 머리 셋 달리고 눈이 여섯 달린 고기가 되었다.

이 전설은 『조선족민간고사선朝鮮族民間故事選』이란 책에 실려 있다. 발해가 전설대로 애왕의 사치한 생활 때문에 멸망하였는지 정확하게 알 수 없다. 다만 사서에 거란이 '발해의 민심이 이반한 틈을 타 싸우지 않고 이겼다.'고 기록되어 있을 뿐이다. 상경성 부근 경박호 근처에 살던 사람들에게 발해국에 대한 인상이 매우 강하게 남아서 이와 같은 전설이 만들어졌을 것이다.

668년 만주 벌판과 한반도 북녘을 호령하던 고구려가 멸망하고 30여 년이 지난 뒤에 그 유민들이 중심이 되어 고구려고지에서 발해를 건국하였다. 발해는 말갈부족을 통합하여 영토를 넓히고 동방의 강국으로 번성하다가 거란에게 멸망당하였다. 발해가 쓰러진 뒤에 만주 벌판은 우리 역사의 무대에서 벗어났지만, 발해유민이 대거 고려로 들어옴으로써 발해의 역사적 전통은 우리 역사 속에 용해되어 오늘날까지 면면히 이어지고 있다.

참고문헌 • • ◦

송기호, 1993 『발해를 찾아서』, 솔
송기호, 1995 『발해정치사연구』, 일조각
국사편찬위원회, 1996 『한국사』10(발해)
김종복, 2009 『발해정치외교사연구』, 일지사

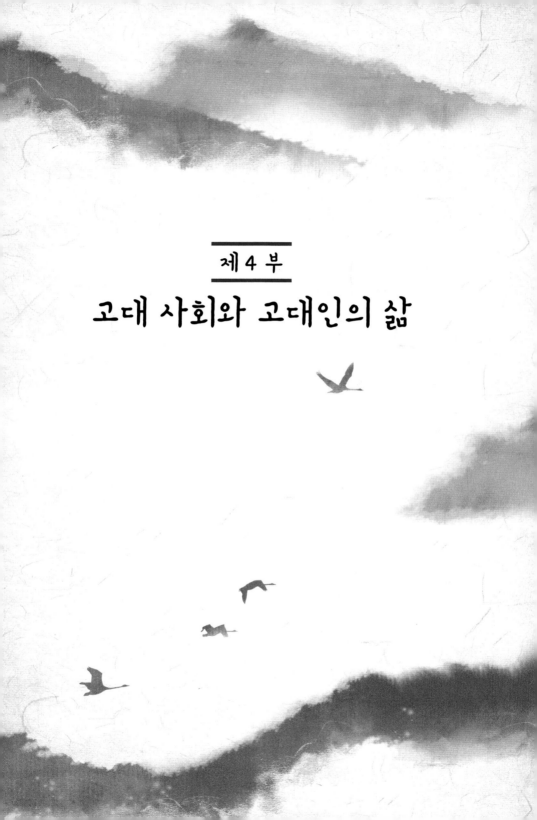

제 4 부
고대 사회와 고대인의 삶

선사시대 사람들은 어떻게 살았을까?

슈와 쟁점으로 읽는 한국고대사

문자로 역사를 기록하기 이전의 시기를 선사시대先史時代라고 부른다. 선사시대는 기록이 남아 있지 않기 때문에 고고학 발굴에서 나온 유적과 유물을 가지고 연구한다. 일찍이 덴마크의 고고학자 톰센Christian Jürgensen Thomsen; 1788~1865이 1836년경에 물질자료에 근거하여 석기시대, 청동기시대, 철기시대로 구분하였는데, 이를 삼시기구분법三時期區分法이라고 명명한다. 이 가운데 석기시대와 청동기시대 일부가 선사시대에 해당한다.

인간이 최초로 도구를 사용하기 시작한 이래 신석기시대에 이르러 한 곳에 정착하며 농경을 시작하면서 인류 역사의 전개과정에서 커다란 이정표를 남겼다. 청동기시대에 도시의 발달과 국가의 등장으로 역사시대로의 대전환이 이루어졌다. 오스트레일리아 출신의 고고학자 고든 차일드Vere Gordon Child; 1892~1957는 전자를 신석기혁명, 후자를 도시혁명이라고 불렀고, 두 혁명은 인류의 생활양식에 질적인 변화를 가져다 준

근대의 산업혁명에 비교될 정도로 '인간 생활의 모든 측면에 영향을 끼친 진정한 혁명들이었다.'고 평가하였다. 그러면 우리나라에서도 역시 그와 같은 변화가 나타났을까?

구석기시대 인류의 생활 모습

19세기 중엽에 영국의 고고학자 존 러복John Lubbock이 뗀석기를 사용하던 시대를 구석기시대, 간석기를 사용하던 시기를 신석기시대로 구분하였다. 구석기시대는 지구상에 인류가 등장하면서부터 1만 2천여 년 전까지를 말하며, 인류 역사의 99% 이상을 차지한다. 신석기시대는 1만여 년 전부터 청동기시대가 시작되는 기원전 1,500~1,300년까지의 시기를 가리킨다. 19세기 말에 구석기와 신석기시대 사이의 중간 단계로서 잔석기를 사용하는 중석기시대를 새로이 설정하였으나 세계의 모든 지역에서 발견되지 않는다.

한반도와 그 주변 지역에 구석기시대 사람들이 살기 시작한 것은 약 60~50만 년 전부터이다. 유럽과 아프리카 일부 지역에서 구석기시대는 25~20만 년 전과 4만 년 전을 경계로 전기와 중기, 후기로 구분하고, 우리나라에서도 대체로 이를 수용하여 3시기로 구분한다.

구석기시대 사람들은 동물의 뼈나 뿔로 만든 도구와 뗀석기를 가지고 열매를 채집하거나 짐승을 사냥하였다. 이들은 끊임없이 무리지어 먹잇감을 찾아 이동하며 주로 동굴이나 바위 그늘에서 생활하였고, 따뜻한 계절에는 잠시 강가에 막집을 짓고 거주하기도 하였다. 이로 말미암아 우리나라 구석기시대의 유적은 주로 석회암 동굴과 바위 그늘, 강가에서 발견되었는데, 대표적인 유적으로 평남 상원 검은모루 동굴, 경기도 연천 전곡리, 충남 공주 석장리 등이 있다.

호모 에렉투스곧선 사람인 베이징 원인이 지구상에서 가장 먼저 불을 사용한 것으로 알려졌고, 한반도에서는 구석기시대 중기에 마찰열로 불을 피우는 방법을 알게 되었다. 인류는 음식을 불에 익혀 먹음으로써 소화가 더 잘 되고, 단백질을 보충할 수 있게 되었다. 이 결과 먹거리가 다양해지고 질병이 줄어들어 수명이 거의 두 배 가까이 늘어났다. 사람들이 불을 마음대로 이용하게 되면서 추위와 어둠을 이겨냈고, 맹수의 위협에서 벗어날 수 있었다. 불의 사용 이후 인류의 지적인 능력이 크게 발달하여 소리를 질러 의사소통을 하거나 상징적인 언어를 사용하기 시작하였다. 또한 삶의 여유가 생기면서 머릿속에 담긴 생각이나 느낌, 꿈 따위를 그림으로 그리거나 조각으로 새기기 시작하였다.

프랑스의 라스코 동굴과 스페인의 알타미라 동굴에서 들소, 사슴 등을 그린 벽화가 발견되었으나 우리나라에서는 구석기시대의 동굴벽화가 발견되지 않았다. 평남 상원군 용곡동동굴에서 하트 모양으로 점을 찍거나 구멍을 뚫은 사람 얼굴을 표현한 작품이, 공주 석장리와 단양 수양개에서 고래와 물고기 등을 새긴 조각이 발견되었다. 이와 같은 예술품에는 구석기시대 사람들이 사냥감의 번성을 비는 주술적인 의미가 깃들어 있다고 이해한다.

토기의 사용, 그리고 농경의 시작과 정착생활

중동지역에서 기원전 9,000여 년 전쯤에 정주성定住性 취락과 더불어 염소와 양을 사육하고, 밀과 콩, 기타 여러 곡물을 재배하기 시작하였다. 중국 남부의 양자강揚子江 중류와 하류유역에서 기원전 9,200년에서 기원전 7,550년 사이에 벼를 재배하기 시작하였고, 기원전 6,500년 무렵에는 벼농사가 굳건하게 확립되었다. 중국 북부의 황하유역에서는 기원전

6,500년 무렵에 최초의 정주 농경취락이 등장하였고, 기원전 4,800년에서 기원전 3,200년까지 앙소문화仰韶文化가 번성하였다. 중동과 중국에서는 간석기의 사용, 정주성 취락의 형성, 농경의 개시와 함께 신석기시대가 전개되었지만, 동북아시아지역에서는 그렇지 않았다.

중국 요동지방에서는 신석기시대 중기에 해당하는 기원전 5,000년경, 한반도에서는 기원전 4,000년기에 농경이 시작되고, 정주성 취락이 형성되었다. 기원전 5,000년경의 중국 요녕성 심양시 신락新樂 하층유적에서 탄화된 기장과 돌칼, 갈돌, 돼지와 양의 뼈가 발견되었다. 기원전 4,000년경의 요동반도 남쪽의 소주산유적小朱山遺蹟에서는 수확용 돌칼과 돼지 뼈가 발견되었다. 기원전 4,000년기가 되면 중서부지역을 시작으로 조를 경작한 초기 농경이 시작되었으며, 기원전 3,500년 무렵 남부지역까지 확산되었다고 본다. 기원전 3,500년 무렵의 부산 동삼동유적에서 기장과 조가, 기원전 3,000년 무렵의 황해북도 봉산 지탑리 · 마산리유적에서 조가 출토되었다. 농경의 시작과 더불어 신석기시대 사람들은 한곳에 오래 머물며 생활하였다. 한반도에서 취락은 농경의 시작보다 이른 시기에 발생하였지만, 당시의 취락은 반정착적인 성격을 지녔다고 추정되고 있다.

중동지역에서는 기원전 6,000년 이전까지 토기를 사용하지 않은 신석기문화가 전개되었다. 이를 흔히 선토기신석기문화라고 부른다. 반면에 동북아시아에서는 후빙기 이전에 토기를 사용하기 시작하였다. 러시아 연해주의 아무르강역에서는 12,000년 이전으로 올라가는 유적에서 덧무늬토기가, 일본 열도에서는 죠몽 초창기13,000년~10,000년 전의 유적에서 석기와 더불어 토기가 발견되었다. 우리나라에서는 10,000년 전으로 올라가는 제주도 고산리 유적에서 토기가 발견되었다.

구석기시대에 채집한 식물을 운반할 때 짐승 가죽 또는 나뭇잎으로 싸거나 풀 또는 나뭇가지로 엮은 바구니를 이용하였다. 후빙기가 시작될 무렵에 기온이 상승하면서 식물 채집이 증가하고, 사냥과 어로 활동이 활발해졌다. 사람들은 늘어난 식량을 효과적으로 운반하고 저장하기 위하여, 음식을 끓여 먹기 위하여 토기를 발명하였다. 토기를 사용함으로써 인간의 생활이 한층 더 윤택해졌다. 한반도에서는 신석기시대 초기에 이른 민무늬와 덧무늬, 눌러찍기무늬 토기를 만들고, 중기와 후기에 밑이 뾰족하거나 납작한 모양으로 크기가 다양한 빗살무늬토기를 널리 만들어 사용하였다.

신석기시대 중기에 이르러 농경과 가축의 사육이 시작되고, 후기에 이르러 생산경제의 비중이 점차 높아지긴 하였지만, 그러나 당시까지 여전히 채집과 사냥, 고기잡이가 경제생활의 중심을 이루었다. 특히 기후가 따뜻해지면서 바닷가나 강가에 살며 물고기를 잡아먹거나 조개류를 채취하여 먹는 사람들이 크게 늘어났다. 해안가에 위치한 조개더미貝塚에서 다양한 생선과 조개류가 확인되고, 사슴, 멧돼지, 고래 등의 뼈도 발견되었다. 신석기시대 여러 유적에서 도토리가 흔히 발견되며, 이로 미루어 도토리뿐만 아니라 봄에서 가을까지 산과 들에서 나는 여러 식물들을 채집하였다고 짐작할 수 있다.

신석기시대 후기에 정착생활로 인구가 늘어나자, 혈연을 바탕으로 한 씨족이나 이들이 모인 부족을 중심으로 취락이 형성되는 것이 관례로 굳어졌고, 같은 씨족끼리 혼인하지 않았다. 수십 명씩 무리를 지어 식물을 채집하거나 물고기를 잡고, 짐승을 사냥하였으며, 농경이 시작되긴 하였지만, 농업 기술의 수준이 낮아서 공동으로 작업하였다. 이 때문에 신석기시대 사람들은 씨족이나 부족 단위로 공동으로 생산하고 분배하는 공동체생활을 하였고, 연장자나 경험이 풍부한 사람이 그들을 이끌었다. 씨족공동체에서 토기를 만들거나 농사를 짓거나 옷을 만드는 일에서 여성이 중요한 역할을 수행하였기 때문에 신석기시대를 '모계씨족사회'라고 부르기도 한다.

청동기의 전래와 벼농사의 보급

인류가 처음으로 금속기의 재료로 사용한 것은 구리였다. 그런데 구리는 너무 물러서 점차 주석과 아연을 섞어 단단한 청동도구를 만들어 썼다. 5,500년 전에 메소포타미아 지방과 이집트 나일강유역에서 청동기를 사용하면서 도시가 등장하고, 정치조직을 갖춘 도시국가들이 나타났다. 중국과 인도에서는 4,500년 전에 청동기를 사용하면서 황하유역과 인더스강유역에서 정치조직을 갖춘 도시국가가 등장하였다.

청동기시대 후반부에 비로소 만주와 한반도에 청동기가 전래되었다. 만주에서는 3,200~3,000년 전에 청동기를 사용하였고, 한반도에 청동기가 전래된 것은 이보다 늦은 3,000년 전이었다. 일찍이 문명이 발달한 지역에서는 무기와 의기儀器, 농기구, 그리고 다양한 생활도구를 청동기로 만들었으나 만주와 한반도에서는 만들 재료가 충분하지 않고 만들기도 어려워 주로 지배층의 무기나 장식품을 청동기로 제작하였다. 대표적인 청동기가 칼날 모양이 악기 비파 모양을 닮은 비파형동검이다.

비파형동검은 기원전 4세기 무렵부터 칼날 모양이 더욱 세련되고 날이 좁은 세형동검으로 발전하였다. 비파형동검은 위세품威勢品의 성격이 강하였으나 세형동검은 무기로 널리 사용되었다. 비파형동검과 함께 청동기시대에 청동 도끼와 끌, 창, 화살촉이 도구와 무기로 사용되었고, 청동 단추와 방울, 거친 무늬 거울 등을 장식품이나 의기로 만들었다. 또한 간석기로 만든 검과 화살촉이 무기로서 널리 쓰였다. 농기구를 비롯한 생활도구는 여전히 돌이나 나무로 만든 것이 대부분이었다.

청동기시대에도 신석기시대와 마찬가지로 여전히 수렵과 어로, 채집으로 식량을 획득하였으나 경제생활의 중심은 농업이었다. 청동기시대의 특징으로 신석기시대에 비하여 다양한 잡곡을 재배하고, 벼농사가 본격화되었음을 들 수 있다.

대전 괴전동에서 발견된 농경문청동기에 한 사람이 목제 따비로 가지런한 고랑과 이랑이 있는 직사각형의 밭을 갈고, 다른 사람이 목제 괭이로 땅을 파는 모습이 묘사되어 있다. 실제로 진주 대평리에서 고랑과 이랑이 남아 있는 청동기시대의 밭이 발견되었다. 농경문청동기를 통하여 청동기시대에 갈이 작업에 주로 나무로 만든 따비와 괭이를 사용하였음을 짐작할 수 있고, 곡물을 수확할 때에는 주로 반달돌칼을 사용하였다고 알려졌다. 그리고 청동기시대의 유적과 밭에서 보리, 밀, 콩, 팥, 기장, 조, 수수 등의 다양한 잡곡이 확인된다.

한강 하류인 김포와 일산의 토탄층土炭層: 부패와 분해가 완전히 되지 않은 식물의 잔해가 진흙과 함께 늪이나 연못의 물밑에 쌓인 지층에서 볍씨가, 옥천 대천리에서 쌀, 보리, 밀, 조가 출토된 사실을 주목하여 신석기시대에 벼농사가 시작되었다고 이해하기도 한다. 반면에 신석기시대에 벼농사가 시작되었음을 입증하기 위해서는 더 많은 자료의 발굴이 필요하다고 주장하는 학자들도 있다.

여주 흔암리, 평양 남경, 부여 송국리 청동기시대의 유적에서 탄화미가 발견되었고, 진주 대평리와 부안 소산리, 산청 강루리에서 볍씨자국 토기가 발견되었다. 논산 마전리, 밀양 금천리, 울산 무거동에서 청동기시대의 수전이 확인되었다. 수전은 작은 하천이나 계곡의 물을 막는 보洑와 같은 간단한 관개시설을 설치하여 물을 공급할 수 있는 골짜기에다 사각형 또는 불규칙한 모양으로 만들었다. 한반도에서는 고대 문명이 발달한 이집트와 메소포타미아, 중국, 인도 등과는 달리 청동기시대에

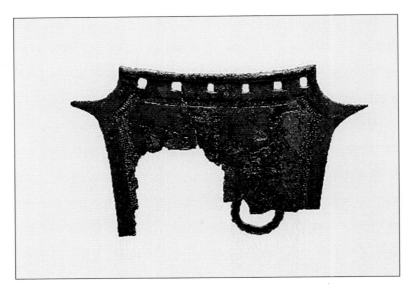

〈그림 20〉 농경문청동기

〈그림 21〉 울산 무거동 옥현유적의 청동기시대 논

대규모 관개시설을 기반으로 농사를 지었다는 증거는 발견되지 않고 있다.

청동기시대에 본격적으로 벼농사를 지었다고 하지만, 생산경제에서 벼농사가 차지하는 비중은 그리 높은 편은 아니었다. 청동기시대에 주식主食은 밭에서 재배한 조와 기장, 보리, 밀, 콩 등 잡곡이었고, 쌀은 이것을 보완하는 역할을 수행하였다. 이 밖에 도토리와 같은 견과류堅果類 등을 채집하여 먹었다.

환호취락(環濠聚落)의 등장과 군장, 국가의 출현

농업이 경제생활의 중심을 이루면서 곡물의 파종과 재배, 수확을 위해서 오랫동안 안정적으로 한 곳에 정착하며 노동력을 집약화할 필요가 있었다. 이러한 이유 때문에 청동기시대에 대규모 취락이 등장하고, 정주 기간이 이전보다 훨씬 길어졌다. 신석기시대 사람들은 주로 해안가나 하천가의 저지대에 취락을 조성하였음에 반하여 청동기시대 사람들은 저지대를 밭이나 논으로 일구고 강을 끼고 있는 야산이나 구릉지대에 취락을 조성하였다.

청동기시대 사람들은 청동기를 사용하여 목제와 석제농기구를 더욱 날카롭고 정교하게 만들어 농사에 활용하였다. 이와 더불어 벼농사의 보급으로 농업생산이 증대되면서 인구가 증가하자, 경작지나 거주지를 확대하려는 움직임이 보편화되었는데, 이 과정에서 씨족 또는 부족, 그리고 취락과 취락 사이에 경쟁과 갈등, 전쟁이 일상화되었다.

울주 검단리, 부여 송국리, 진주 대평리, 천안 백석동을 비롯한 여러 지역에서 환호물 웅덩이와 목책나무 울타리 같은 방어시설을 갖춘 대규모의 취락지가 발견되었다. 환호취락의 등장은 청동기시대에 여러 집단 간의 갈등과 경쟁, 통합을 위한 전쟁이 일상화된 사실과 관계가 깊다. 한편 청동기의 보급과 농업생산의 증대로 부족 내부의 가족 사이에 빈부의 격차가 벌어졌을 뿐만 아니라 청동기를 만드는 장인, 전사戰士, 상인 등이 등장하여 사회분화가 촉진되었다.

부족과 부족, 그리고 여러 집단 사이에 전쟁이 일상화되는 과정에서 우수한 청동기를 소유한 부족이 주변의 여러 부족이나 집단을 통합하여 복합적인 사회구조를 갖춘 정치체가 등장하였는데, 이러한 정치체를 다스리는 지배자를 군장Chiefdom이라고 부른다. 만주와 한반도에서는 군 장이 죽으면 그의 권위를 상징하는 거대한 고인돌이나 돌널무덤을 만들 어 비파형동검 등을 비롯한 다양한 껴묻거리를 함께 묻었다. 그리고 마침내 기원전 10~6세기 사이에 중국 요녕성 일대를 중심으로 하여 비파 형동검과 고인돌, 농경문화에 기초하여 여러 군장사회를 통합한 최초의 국가로서 조선朝鮮이 등장하였다. 이것을 후대의 조선과 구별하여 흔히 고조선古朝鮮이라고 부른다.

고든 차일드는 청동기시대에 도시혁명이 일어나 인류의 역사에서 커 다란 진보를 이루었다고 평가하였다. 그는 청동기시대에 야금술의 발달 과 더불어 이전보다 훨씬 큰 취락인 도시에 사는 전업 장인이라는 새로 운 계급이 등장하고, 그들이 제작한 생산품 분배와 원거리 교역을 통한 청동 재료의 구입 등으로 말미암아 농경공동체의 자족성自足性이 크게 감소되었다고 보았다. 그리고 관개농경이 일반화되면서 농업생산력이 증대하고, 국가가 관개시설 및 식량의 공급과 생산, 분배를 조직적으로 통제하는 과정에서 중앙집권화가 진전되었으며, 조세의 수납과 공납의 징수를 기반으로 전통 친족이 아닌 경제 계급에 바탕을 둔 계층화된 사회가 탄생하였다고 주장하였다.

고든 차일드가 주장한 도시혁명에서 식량의 잉여, 다양화된 농업경제,

관개농경 등을 강조하였는데, 현대의 고고학자들은 이 세 가지 요소가 세계의 모든 초기 문명이 발생하는 데서 매우 중요한 역할을 수행하였다고 이해하고 있다. 동북아시아지역에서는 비교적 늦은 시기에 청동기를 사용하고, 대규모 관개시설을 조성하지 않았으며, 청동기시대에 집권화된 국가도 출현하지 않았다.

그러나 동북아시아에서도 청동기의 보급 이후 농업생산력이 증대되고, 우수한 청동기를 소유한 군장이 주변의 여러 부족과 군장을 통합한 초기 국가가 등장하였다. 고든 차일드가 제시한 전형적인 도시혁명이 일어났다고 말할 수 없지만, 그러나 청동기시대에 사람들의 생활상에서 커다란 변화가 나타났고, 선사시대에서 역사시대로 전환되었다는 점에서 동북아시아에서도 도시혁명에 버금가는 역사적 진보가 이루어졌다고 분명하게 말할 수 있다.

참고문헌 •••

안승모, 1998 『동아시아 선사시대의 농경과 생업』, 학연문화사
한국고고학회, 2002 『한국 농경문화의 형성』, 학연문화사
김정배 편저, 2006 『한국고대사입문』1, 신서원
한국고고학회, 2007 『한국고고학강의』, 사회평론
차일드 저 · 김권구 역, 2009 『고든 차일드의 사회고고학』, 사회평론
한국고고환경연구소, 2010 『한국 고대의 수전농업과 수리시설』, 서경문화사
브라이언 페이건 지음 · 이희준 옮김, 2011 『세계 선사문화의 이해-인류 탄생에서 문명 발생까지-』, 사회평론
고일홍, 2011 「인류사 전개 과정에 대한 고고학자 차일드의 역사관 재조명」 『인문논총』65, 서울대 인문학연구원

고조선은 과연 노예제사회였을까?

이슈와 쟁점으로 읽는 한국고대사

　고조선은 청동기시대에 건국된 우리나라 최초의 고대국가였다. 그런데 마르크스와 엥겔스가 주창한 사적史的 유물론唯物論에 따르면, 역사는 고대 노예제에서 중세 봉건제로, 다시 근대 자본주의사회로 발전한다고 한다. 사적 유물론이 우리나라에 소개된 일제식민지시기부터 현재까지 최초의 고대국가인 고조선을 과연 노예제사회로 볼 수 있을까를 둘러싸고 논란이 되고 있다. 특히 남한과 북한에서 극명한 입장 차이를 보인다. 북한에서는 1960년대 초반부터 고조선을 노예제사회라고 규정하고 연구를 진행하였고, 반면에 남한에서는 고조선을 노예제사회로 보기 어렵다는 관점에 기초하여 연구를 진행하였다.

　그러면 과연 고조선을 그리스 · 로마와 같이 노동노예를 기초로 하는 노예제사회로 볼 수 있을까? 만약에 그렇다고 한다면, 그것을 증명할 수 있는 근거는 무엇일까? 반대로 고조선을 노예제사회로 보기 어렵다면, 그것을 증명할 수 있는 근거는 무엇일까? 역사학자들은 종종 동일한 자료를 가지고 해석을 달리하는 경우가 있다. 고조선의 사회성격에 관한 논쟁에서도 역시 마찬가지이다.

고조선의 사회성격과 관련하여 학자들 사이에 해석을 둘러싸고 첨예하게 견해 차이를 보인 자료가 바로 범금팔조犯禁八條와 강상묘崗上墓·누상묘樓上墓였다. 북한에서는 두 자료를 근거로 고조선을 노예제사회라고 주장한다. 남한에서는 두 자료를 고조선의 읍락 내부에서 여전히 공동체적인 생산관계가 중시되었음을 반영하는 증거로 제시하였다. 북한과 남한의 견해 가운데 어느 것이 더 합리적일까? 북한의 주장을 소개하는 것으로부터 이러한 궁금증을 해소하여 나가도록 하겠다.

고조선은 노예소유자사회이다.

북한에서는 1950년대 후반에서 1960년대 초반까지 삼국시대를 고대 노예제사회로 볼 것인가, 중세 봉건제사회로 볼 것인가를 둘러싸고 치열한 논쟁이 전개되었다. 이를 흔히 고·중세사 시기구분 논쟁이라고 부른다. 전자의 견해를 주장한 학자들을 노예론자, 후자의 견해를 제기한

> **노예제사회와 노예소유자사회**
> 북한에서는 고대사회를 '노예제사회' 대신에 '노예소유자사회'라고 부른다. 중세사회는 봉건영주가, 근대사회는 자본가가 지배계급의 중심을 이루어 각기 봉건제, 자본주의사회라고 부르듯이 고대사회는 노예소유자가 지배계급의 중심이므로 당연히 '노예소유자사회'라고 불러야 한다고 본 것이다.

학자들을 봉건론자라고 불렀다. 여기서 논쟁의 경과를 자세하게 소개할 수 없지만, 결론을 말하자면, 삼국시대를 중세 봉건제사회라고 주장하는 봉건론자들이 승리하였다. 그러나 이렇다고 하더라도 노예론자들의 견해가 완전히 무시된 것은 아니었다. 논쟁의 진행과정에서 삼국 이전의 고조선과 부여의 사회성격에 관한 문제가 관심을 끌었고, 점차 고조선과

부여를 노예소유자사회로 볼 수 있다는 인식이 널리 공유되었기 때문이다. 결국 북한에서 고·중세사 시기구분 논쟁은 사적 유물론의 역사발전 5단계설을 존중하면서 노예론자와 봉건론자의 견해를 적절하게 절충한 형태로 마무리되었다고 정리하는 편이 옳을 것이다.

북한에서 고조선을 고대 노예소유자사회로 주장하면서 제시한 결정적인 자료가 바로 『한서』 지리지에 전하는 범금팔조이다. 이것을 소개하면 다음과 같다.

> 낙랑조선의 백성들이 8조의 금령禁令: 법률을 범하여 사람을 죽이면, 즉시 죽여서 (그 죄를) 갚고, 사람에게 상처를 입히면, 곡식으로 배상하게 하며, (남의 물건을) 도둑질한 자는 남자면 (평민의 신분을) 몰수하여 그 집의 노奴로 삼고, 여자면 비婢로 삼는데, 스스로 재물을 바치고 죄를 면제받고자 하는 자는 사람마다 50만 전을 내야 한다. 비록 면제를 받아 평민이 되었다고 하더라도 사람들이 이를 부끄럽게 여겨 혼인하기를 꺼려하였다. 이 때문에 그 백성들은 끝내 도둑질을 하지 않아 대문을 닫아두는 경우가 없었다. 부인들은 단정하여 음란한 일이 없었다. ……… (한이 군현을 설치한 초기에 중국의) 관리들이 (고조선유민들이) 대문을 닫지 않는 것을 보고, 또 상인들이 왕래함에 미쳐 밤에는 (그들이) 도둑으로 변하여 (물건을) 훔치매, 풍속이 점점 각박해져 지금은 금령을 범하는 것이 점점 늘어나 (금령이) 60여 조가 되기에 이르렀다.

『한서』 지리지에 범금팔조 가운데 3조만이 전할 뿐이고, 나머지는 언급이 없어 알 수 없다. 여기서 낙랑조선은 한 무제가 낙랑군을 설치하기 이전의 고조선을 가리키는 것으로 이해된다.

3조항 가운데 북한 학자들이 가장 주목한 것은 세 번째 조항이다.

여기에 나오는 노비奴婢를 노예로 해석하고, 남의 물건을 훔친 자를 그 집 노예로 만드는 것은 노예를 마치 물건과 같이 취급하였음을 반영하며, 훔친 자에 대하여 형사상의 처벌을 가하지 않고 직접 노예로 삼은 것을 통하여 당시 고조선이 노예를 많이 필요로 하는 노예소유자사회임을 입증할 수 있다고 주장한다. 아울러 노예소유자가 노예를 50만 전의 돈을 받고 일반 민民으로 속량贖良해주는 것은 당시 노예 한 사람의 값이 50만 전이었고, 이를 통하여 당시에 노예 매매가 성행하였음을 엿볼 수 있다고 본다.

또한 속량된 사람과 결혼하기를 꺼려한 전통은 바로 고조선사회에서 평민과 노예를 계급·신분적으로 엄격하게 차별하는 인식이 확립되었음을 반영해주는 증표로 파악한다. 그리고 첫 번째와 두 번째 조항은 노예 또는 노예로 전락하지 않을 수 없었던 빈민들이 지배계급에 항거하여 투쟁함에 따라 만든 법률이라고 이해한다. 북한 학자들은 이와 같이 범금팔조를 해석하여 고조선을 고대 노예소유자사회라고 주장한다. 그러면서 범금팔조는 노예를 비롯한 근로인민들의 계급투쟁을 방지하고, 노예소유자계급의 이익을 옹호하기 위하여 제정한 법이라고 규정하였다.

강상묘는 노예의 순장 무덤

북한 학자들은 고조선이 노예소유자사회임을 순장殉葬 무덤의 존재를 통해서 보완한다. 순장은 왕이나 귀족이 죽었을 때, 주인공과 함께 산 사람을 강제로 무덤에 묻는 제도이다. 1960년대 전반에 북한과 중국이 공동으로 중국 요동반도 끝의 요녕성遼寧省 대련시大連市 감정자구甘井子區 영성자향營城子鄕 후목성역後牧城驛 근처에 위치한 강상묘와 누상묘를 발굴

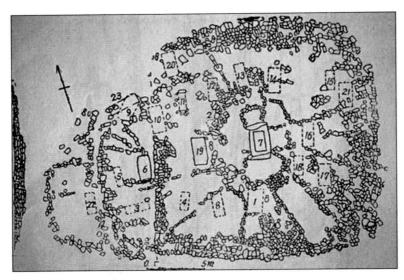

〈그림 22〉 강상묘

하였다. 강상묘는 하나의 분구 아래에서 23개의 무덤구덩이가 발견된 돌무지무덤[積石墓]이었다. 23개 가운데 19개가 같은 시기에 만든 것인데, 특별히 정성을 들여 만든 무덤구덩이를 중심으로 방사선 모양으로 돌아가며 무덤구덩이가 배치되어 있는 모습이다. 19개의 무덤구덩이에서 불로 태워버린 백 수십 명분의 사람 뼈, 비파형청동검을 비롯한 수많은 껴묻거리가 발견되었다. 일반적으로 강상묘를 만든 시기는 기원전 8~7세기로 추정한다.

사적 유물론자들은 생산계층의 중심이 노예냐, 농노냐에 따라 노예제사회와 봉건제사회로 구분한다. 여기서 노예는 그 주인이 마음대로 매매할 수 있거나 목숨을 빼앗을 수 있는 존재이고, 농노는 그 주인이 마음대로 매매할 수는 있어도 마음대로 죽일 수 없는 존재로 규정한다. 이에 따르면, 순장 무덤의 존재는 당시 사회에서 노예가 주요 생산계층이었음을 알려주는 중요한 고고학 자료라고 이해될 수 있다. 북한 학자들은 중심 무덤구덩이에 묻힌 사람이 강상묘의 주인공이고, 나머지 백수십 명분의 사람 뼈는 순장당한 노예로 해석하였다. 그리고 이것을 근거로 기원전 8~7세기에 고조선에서 순장 무덤이 광범위하게 행해졌을 뿐만 아니라 당시 고조선은 노예소유자사회임을 입증할 수 있다고 주장하였다.

누상묘는 기원전 7~5세기에 만든 돌무지무덤인데, 여기서도 수십여 명분의 사람 뼈가 발견되었다. 북한에서는 여기서 발견된 사람 뼈 역시 순장당한 사람의 것으로 이해한다. 북한 학자들은 노예들이 순장된 강상묘의 무덤구덩

부여와 진국의 사회성격

진수(陳壽)가 지은 『삼국지』 위서 동이전 부여조에 '사람을 죽여서 순장을 하는데, 많을 때는 백여 명 가량 되었다.'고 전한다. 북한 학자들은 이 자료를 근거로 고조선과 마찬가지로 부여 역시 노예소유자사회였다고 주장한다. 한편 북한에서는 한반도 중부 이남지역에 존재한 진국(辰國) 역시 고대 노예소유자국가라고 주장하였다. 2010년 이래 고조선과 부여, 진국, 구려를 노예소유자국가, 부여와 가야, 삼국을 중세 봉건제국가로 이해하고 있다.

이에서 청동도구를 주조할 수 있는 거푸집틀과 실을 잣는데 사용하는 가락바퀴가 발견된 것을 주목하여 여기에 묻힌 노예들의 상당수는 노동 노예라고 주장한다. 그러면서 고조선에서 그리스·로마와 유사한 노동 노예제가 발달하였을 것이라고 추정하였다. 1990년대 전반 단군릉 발굴 이전까지 북한에서는 강상묘의 발굴 결과를 중시하여 고조선이 기원전 1,000년 무렵에 요동지역에서 건국되었다고 주장하기도 하였다.

강상묘와 누상묘는 순장 무덤이 아니다

남한에서는 1980년대부터 고조선의 중심지와 사회성격 등에 대하여 관심을 기울였다. 특히 북한의 연구성과가 남한에 소개되면서 더욱 그러하였다. 그러면서 고조선을 고대 노예소유자사회로 이해한 북한의

주장에 대한 비판이 제기되었는데, 특히 강상묘와 누상묘를 순장 무덤으로 볼 수 있느냐, 순장 무덤으로 보더라도 거기에서 발견된 사람 뼈를 노예의 것으로 볼 수 있느냐에 관해서 비판이 집중되었다.

순장은 세계의 모든 지역에서 널리 성행한 장례 풍습이다. 그런데 고대 노예제사회에서 순장제가 성행한 것은 사실이지만, 그렇다고 순장제가 성행하였다고 하여서 반드시 그 사회가 노예제사회라고 말할 수 없다. 신라에서는 소지왕이 죽자, 남녀 각 5인을 순장하였고, 지증왕 3년502에 순장을 금지하는 법령을 제정하였다. 경주의 황남대총을 비롯한 여러 고분에서 순장된 유골이 발견되었다. 가야의 고분에서도 순장 유골이 여럿 발견되었다. 특히 대가야의 고령 지산동 44호분에서는 30여 명분의 순장 유골이 발견되어 학계를 깜짝 놀라게 하였다. 신라와 가야에서 순장의 풍습이 성행하였지만, 현재 신라와 가야를 노예제사회라고 주장하는 학자는 하나도 없다. 따라서 강상묘와 누상묘를 고조선의 순장 무덤으로 보더라도 당시 고조선사회가 노예제사회임을 입증해 주는 결정적인 증거로 보기 어렵다.

사실 이것보다 더 심각한 문제는 강상묘와 누상묘를 순장 무덤으로 보기 어렵다는 점에 있다. 이 무덤들을 순장 무덤으로 간주하기 위해서는 동시성과 강제성, 종속성 등 세 가지 필요충분조건을 만족시켜야 한다. 북한에서 강상묘의 23개 무덤구덩이 가운데 19개를 동시에 만들었다고 주장하였다. 그러나 남한에서 강상묘 발굴보고서를 세밀하게 검토한 결과, 19개의 무덤구덩이는 시간을 두고 여러 차례에 걸쳐 만든 것으로 확인되었다. 또한 그들을 강제로 죽여서 매장하였다는 구체적인 증거도 발견되지 않았을 뿐만 아니라 중심 무덤구덩이에 묻힌 사람과 그 주변의 무덤구덩이에 묻힌 사람이 노예소유자와 노예의 관계임을 증명할 수 있는 증거도 발견되지 않았다. 이처럼 강상묘에서 동시성과 강제성, 종속성을 확인하기 어렵기 때문에 그것을 순장 무덤으로 보기 어렵다는 것이 남한에서의 지배적인 견해이다.

고조선은 노예제사회가 아니다

남한에서는 강상묘와 누상묘를 씨족공동체의 공동묘지로 이해한다. 구체적인 증거로서 무덤구덩이에서 가족으로 추정되는 어른과 어린아이의 뼈가 함께 발견된 사례를 들고 있다. 일부 학자는 강상묘의 주인공은 씨족 가운데 경제적, 사회적으로 우월한 자이며, 그 주변에 묻힌 사람들은 씨족공동체 성원으로 이해하고, 누상묘는 씨족 성원 가운데 경제적, 사회적으로 우월한 자와 그 가족만이 일반 씨족 성원과 분리되어 묻힌 무덤으로 보고 있다. 현재 남한에서 일반적으로 강상묘와 누상묘를 순장 무덤으로 보지 않지만, 그러나 그것을 씨족 성원의 공동묘지로 볼 것인지, 씨족 가운데 우월한 자와 그 가족들이 묻힌 공동묘지로 볼 것인지에 관해서는 논란이 되고 있다.

강상묘와 누상묘가 고조선이 노예소유자사회임을 증명해주는 자료로서 문제가 있다면, 범금팔조는 과연 고조선을 노예제사회임을 증명해주는 결정적인 증거 자료로 볼 수 있을까? 결론부터 말하자면, 그렇게 볼 수 없다는 것이 남한에서의 지배적인 견해이다. 북한에서는 범금팔조의 세 번째 조항을 주요 근거로 제시하며 고조선이 노예소유자사회라고 주장한다. 그러면 과연 세 번째 조항을 근거로 그렇게 주장할 수 있을까? 삼국과 통일신라, 고려와 조선시대에 남의 물건을 훔친 자를 그 집의 노비로 삼는 법률은 존재하지 않았다. 고조선사회가 삼국과 그 이후 시대의 사회가 분명하게 차별되었던 것만은 분명하다.

그러나 세 번째 조항을 근거로 노예제사회라고 주장하는 것은 분명히 문제가 있다. 북한에서는 남의 물건을 훔친 자가 50만 전을 내고 민^民이 되었다고 하더라도 이를 부끄럽게 여겨 서로 결혼하기를 꺼려하여 고조선의 백성들이 끝내 도둑질을 하지 않아 대문을 닫아두는 경우가 없었다는 서술과 그 뒤에 한이 군현을 설치한 이후에 중국인들이 고조선 유민들이 대문을 닫지 않는 것을 보고, 또 상인들이 왕래함에 미쳐 밤에는 그들이 도둑으로 변하여 물건을 훔치매, 풍속이 점점 각박해져 지금^{낙랑군} ^{설치 이후}은 범금이 점차 늘어나 60여 조가 되었다는 서술에 대하여 크게 관심을 기울이지 않았다.

이러한 서술들을 세밀하게 분석하면, 고조선의 읍락사회에서 여전히 공동체적인 관계가 중시되었음을 살필 수 있다. 한사군 설치 이후 범금 조항이 60여 조로 늘어난 것은 고조선 멸망 이후 사회분화가 진전되었음을 반영한 것이다. 역설적으로 이를 근거로 범금팔조로서 사회질서가 유지되던 단계의 고조선은 사회분화가 덜 진전된 매우 단순한 사회였다고 추정해볼 수 있다. 사회분화가 덜 진전된 사회란 바로 읍락사회에서 여전히 공동체적인 관계가 중시되었음을 전제한다.

고조선에서 남의 물건을 훔친 자가 50만 전의 돈을 내고 민이 되었다고 하더라도 사람들이 서로 결혼하기를 꺼려하였다. 그런데 이러한 풍속은 흔히 씨족 또는 부족공동체사회에서 공동체의 규율을 어겨 그 성원에서 배제된 사람을 다시 같은 성원으로 인정하기를 꺼려한 고조선 사람들의 인식을 반영한 것으로 이해된다. 이것 역시 고조선의 읍락사회에서 공동체적인 관계가 여전히 중시되었음을 증명해주는 또 다른 증거로 들 수 있다.

고조선에서 남의 물건을 훔친 자를 노비로 삼았던 것은 범법자를 노비로 삼았음을 말하는 것이다. 그런데 고조선에서 도둑질하는 자가 거의 없어서 대문을 활짝 열어놓고 살았다고 하므로 범법자로서 노비가 된 숫자가 매우 적었을 것이다. 따라서 세 번째 조항을 근거로 고조선사회가 노예를 많이 필요로 하는 사회라고 보는 것은 지나친 확대 해석이라고 볼 수 있다. 또한 훔친 자에 대하여 형사상의 처벌을 가하지 않고 직접 노예를 삼은 것을 근거로 고조선이 노예소유자사회라고 규정하는 것도 합리적인 추론이라고 보기 어렵다.

북한에서는 노비가 된 자가 50만 전의 돈을 내고 민이 되었다는 내용을 근거로 고조선에서 노예 한 사람의 값이 50만 전이고, 노예매매가 성행하였다고 추정하였다. 그런데 현재까지 고조선에서 독자적인 화폐를 제작하여 널리 유통시켰다는 증거는 발견되지 않는다. 한편 한나라에서 사형죄를 선고받은 사람이 50만 전의 돈을 내면, 그것에서 한 등급 감해주었다. 종래에 노비가 된 자가 50만 전의 돈을 내고 민이 되었다는 서술은 고조선에서 일정한 대가를 치르고 노비에서 벗어난 사실을 『한서』를 지은 반고班固가 마치 50만 전을 내면 노비에서 평민이 될 수 있는 것처럼 표기하였다고 이해하였다. 그러므로 속량의 대가로 지급한 50만 전을 근거로 노예 한 사람의 값이 50만 전이고, 노예매매가 성행하였다고 추정한 것도 지나친 확대 해석의 사례로 들 수 있다.

결과적으로 북한에서 범금팔조의 세 번째 조항을 근거로 고조선이 노예소유자사회라고 주장한 것은 문제가 있다고 정리할 수 있다. 그러면 범금팔조로 사회질서를 유지하던 고조선은 어떠한 사회성격을 지녔다고 설명할 수 있을까? 남의 물건을 훔친 자가 존재한 것은 사유재산제도가 발달하였음을 반영한다. 그리고 노비가 된 자가 50만 전의 돈을 내고 평민이 되었다고 하더라도 사람들이 결혼하기를 꺼려한 전통에서 가부장적 가족제도가 발달하였음을 살필 수 있다. 남의 물건을 훔친 자를 노비로 삼았다는 관행을 통하여 고조선에서 평민과 노비를 엄격하게 구분하는 신분제도가 존재하였음을 알 수 있다.

사유재산제도, 가족제도, 신분제도가 발달한 고조선을 씨족 또는 부족공동체에 기초한 사회로 볼 수 없을 것이다. 그러나 앞에서 자세하게 살폈듯이 여전히 읍락사회에서 공동체적인 관계가 중시되었음이 확인된다. 따라서 범금팔조로 유지되던 고조선은 원시공동체가 해체되고 고대사회로 진입한 초기 단계로 규정하는 것이 옳다고 본다. 삼국시대에 이르러 채무노비가 크게 늘어나면서 읍락사회에서 공동체적인 관계가 약화되고, 계층 분화가 활발하게 진행되었다. 삼국은 읍락공동체의 해체를 계기로 중앙집권적인 국가체제를 정비하였는데, 이때 국왕 중심의 일원적인 관등제도와 신분제도를 제정하였다.

삼국시대에 이르러 비로소 보다 성숙된 고대사회로 진입하게 되었던 것이다. 이렇다고 하더라도 삼국시대를 노예제사회라고 주장하는 학자는 없다. 현재 남한에서는 그리스·로마와 같은 노동노예제는 고조선뿐만 아니라 삼국사회에서도 널리 성행하지 않았다고 이해하는 것이 지배적이다. 우리나라 고대사회에서 노예제가 널리 성행하지 않은 이유를 밝히는 것이 현재 주요한 숙제의 하나이다.

참고문헌 •••

사회과학원 력사연구소, 1962 『조선통사』상
리지린, 1963 『고조선연구』(열사람출판사, 1989년 재발행)
사회과학원 력사연구소, 1979 『조선전사』2, 사회과학원 출판사
전덕재, 1991 「봉건사회의 기점을 언제로 볼 것인가」『역사비평』12
하일식, 1991 「노예제사회는 존재하였나」『역사비평』12
권오영, 1992 「고대 영남지방의 순장」『한국고대사논총』4, 가락국사적개발연구원
권오영, 1993 「강상묘와 고조선사회」『고고역사학지』9, 동아대 박물관
송호정, 2003 『한국 고대사 속의 고조선사』, 푸른역사

손영종, 2006 『조선단대사』(고구려사 1), 과학백과사전출판사
전덕재, 2006 『한국고대사회경제사』, 태학사
전대준 · 최인철, 2010 『조선단대사』(고조선사), 과학백과사전출판사
권승안, 2011 『조선단대사』(부여사), 과학백과사전출판사
문 혁, 2011 『조선단대사』(진국사), 과학백과사전출판사

삼한시대론과 원삼국시대론,
어느 것이 옳을까?

중국 군현이 한반도 서북지역을 무대로 활동하였을 때, 과연 중·남부지역의 상황은 어떠하였을까? 『삼국사기』에서는 사로국신라이 서기 1~3세기에 주변의 소국들을 정복하여 영역으로 편제하고, 백제국백제이 서기 1세기 무렵에 마한, 즉 목지국目支國을 병합하면서 마한지역의 대표 세력으로 부상한 것처럼 서술하였다. 반면에 『삼국지』 위서 동이전에는 3세기 중반 한반도 중·남부지역에는 마한과 진한, 변한 70여 국國이 존재하고, 당시까지 여전히 목지국의 진왕辰王이 마한을 영도하였다고 전한다. 또한 여기에 사로국이 진한 12국을 대표하는 세력이라고 전하지 않는다. 두 사서의 내용이 서로 어긋나기 때문에 종래에 『삼국사기』 초기 기록을 그대로 믿기 어렵다는 견해가 제기되어 널리 지지를 받았다.

『삼국사기』 초기 기록을 그대로 믿기 어렵다는 인식이 널리 퍼지면서 신라와 백제가 뚜렷하게 두각을 나타낸 4세기 이전 시기를 과연 '삼국시대'라고 부르는 것이 합당한 것인가에 대한 의문이 제기되었다. 그러면서 고고학자들을 중심으로 서기 1~3세기를 원삼국시대原三國時代 또는 삼한시대三韓時代라고 부를 것을 제안하였다. 반면에 문헌을 중시하는 고대 사학자들은 여전히 그 시기를 '전기前期 삼국시대' 또는 '삼국시대 전기前期'로 부르고 있다.

학자마다 시대구분 용어를 다르게 사용하는 것은 연구자나 독자들에게 여간 혼란스러운 일이 아니다. 그렇다면 세 가지 견해 가운데 가장 타당한 것은 무엇일까? 이 의문을 해결하는 열쇠, 그것은 바로 서기 1~3세기 백제와 신라, 금관국 등 3국과 마한, 진한, 변한 등 3한의 관계를 어떻게 이해하느냐에 달려있다고 해도 과언이 아니다.

진국(辰國)이냐, 중국(衆國)이냐

기원전 1세기에 사마천司馬遷이 지은 『사기史記』 조선전에 '(위만의 손자 우거왕이) 진번眞番 곁에 있는 중국衆國이 글을 올려 천자를 알현하려고 하자, 중간에서 가로막고 통하지 못하게 하였다.'고 전한다. 한나라는 임둔臨屯과 함께 위만에게 스스로 항복한 진번국眞番國에 한사군의 하나인 진번군眞番郡을 설치하였다. 진번군의 위치에 대하여 논란이 많았으나 현재 황해도 일대에 위치하였다고 보는 학설이 널리 지지를 받고 있다.

그런데 『사기』의 판본에 따라 '중국衆國'을 '진국辰國'이라고 표기한 사례가 발견된다. 남송南宋 경원慶元 2년1196 황선부가 제작한 이른바 남송 황선부본黃善夫本에서 '진번방중국眞番旁衆國'이라고 표기한 이래, 현재 통행되고 있는 『사기』에서는 이를 따르고 있다. 반면에 일본 교토대학에서 소장하고 있는 백납본百納本 등에는 '중국' 대신 '진국辰國'이라고 표기되어 있다.

중국衆國은 '여러 국國' 또는 '여러 나라'란 뜻으로 풀이된다. 따라서 '중국'이란 표현에 따르면, 위만조선이 멸망하기 이전에 황해도 일대 근처, 즉 한반도 중·남부지역에 여러 국國이 존재하였다고 이해할 수 있다. 만약에 진국이 올바른 표기라고 한다면, 기원전 108년 이전에 한반도 중·남부지역에 여러 국이 아니라 '진국'이라는 하나의 나라가 존재한 셈이 된다. 중국과 진국 가운데 어느 것이 옳은 것일까? 이 문제는 삼한의 성립 시기와 긴밀하게 연관되기 때문에 삼한에 접근하기 위해서는 반드시 해결하고 넘어가지 않으면 안 된다.

지금까지 중국이냐, 진국이냐를 둘러싸고 논란이 끊이지 않고 있다. 진국에 관한 기록은 다른 사서에도 전한다. 서기 1세기 후반경에 반고班固가 지은 『한서漢書』 조선전에는 '진번眞番과 진국辰國'이 글을 올려 천자를 알현하려고 하였다고 기록되어 있다. 한편 『삼국지』 위서 동이전에서 인용한 『위략魏略』에는 '(우거왕 때에) 조선상朝鮮相 역계경歷谿卿이 우거에게 간언하였으나 받아들여지지 않자, 동쪽의 진국辰國으로 갔다.'고 전한다.

후한시대의 반고와 삼국시대 위나라 사람인 『위략』의 저자 어환魚豢이 고조선 멸망 이전에 진번 또는 고조선 곁에 진국이 존재하였다고 이해한 것으로 미루어 보아, 사마천은 『사기』 조선전에 '진번방진국眞番旁辰國'이라고 서술하였음이 분명하다. 다만 후대에 『사기』를 다시 간행하고 교감校勘하는 과정에서 '진국'을 '중국衆國'으로 잘못 표기하면서 혼란이 발생하였을 것이다.

진국의 중심지에 대하여 현재 진번의 고지인 황해도 근처의 한강 하류지역으로 이해하는 견해와 금강유역으로 이해하는 견해가 양립兩立하고 있다. 한강 하류지역에서는 청동기와 초기 철기시대의 유적이 거의 발견되지 않는다. 반면에 충청권에 해당하는 아산 남성리, 대전 괴정동,

예산 동서리, 부여 합송리, 공주 봉안리, 당진 소소리에서 청동기와 초기 철기시대의 유물이 대거 출토되었다. 한반도 중·남부지역 가운데 청동기와 초기 철기시대의 선진지역은 금강유역임을 알려주는 증거들이다. 이에 근거하여 현재 고조선과 진번 곁에 위치한 진국의 중심지를 금강유역이라고 주장하는 견해가 널리 지지를 받고 있다.

진국의 규모, 그 정치적 성격 등은 가늠하기 어렵다. 그러나 진국이 한반도 중·남부지역에 위치한 정치세력을 대표한다는 점은 누구나가 동의한다. 이렇다고 하여 진국이 위만조선에 버금갈 정도로 강력한 국가였다고 주장하는 것은 매우 위험하다. 여러 소국이 본격적으로 등장하여 경쟁하기 이전에 금강유역에 위치한 어떤 정치체를 중심으로 하여 중·남부지역에 분포한 여러 정치체가 매우 느슨하게 연합하여 진국이라고 불렀고, 그것이 한나라 및 고조선과 교섭하였다고 보는 것이 가장 합리적이라고 생각되기 때문이다.

삼한(三韓)의 성립

기원전 194년에 위만이 준왕準王을 몰아내고 고조선의 왕위를 차지하였다. 이때 준왕은 좌우의 궁인宮人들을 데리고 바다로 달아나서 한韓의 땅에 거처하며 스스로 한왕韓王이라고 불렀다고 한다. 그리고 그 후손이 끊어지자, 한인 가운데 아직도 그 제사를 받들고 있는 자가 있다고 하였다. 그런데 남조 송나라의 범엽范曄: 398~445이 지은 『후한서』 동이열전에는 '조선왕 준이 위만에게 격파당하자, 이에 그 나머지 무리 수천 인을 데리고 바다로 달아나서 마한을 공격하여 깨뜨리고, 스스로 한왕이 되었다. 준의 후손이 끊어지자, 마한 사람들이 스스로 왕위에 올라 진왕辰王이 되었다.'고 전한다.

준왕이 바다로 달아나서 거처한 후보지로 전주와 익산 일대가 주목되고 있다. 전주시 덕진구 원장동과 완주군 갈동, 신풍유적에 분포한 초기 철기시대의 널무덤에서 세형동검, 청동거울, 청동 간두령, 철기 등이 대량 발견되었다. 현재 고고학계에서는 준왕이 정착한 곳과 이러한 유적들이 관계가 있다고 본다. 그러면 준왕이 이주한 전주와 익산 일대를 기원전 194년 무렵에 '한의 땅'이라고 불렀을까? 아니면 '마한 땅'이라고 불렀을까? 언제 마한이 성립하였는가를 밝히는 것이 이 문제를 해결하는 지름길이다.

고조선이 멸망하기 이전에 금강유역을 중심지로 둔 진국辰國이 존재하였다. 『삼국지』위서 동이전에서 진왕辰王은 목지국을 다스린다고 하였다. 목지국의 지배자, 즉 신지臣智를 진왕이라고 부른 것이다. 진왕은 진국의 왕이라고 풀이할 수 있다. 이에 주목하여 진국의 중심지에 위치한 어떤 정치체가 삼한 전체를 대표하는 소국이 되고, 그 지배자를 진왕辰王이라고 불렀다고 추정해볼 수 있다.

일반적으로 목지국의 진왕을 마한 전체를 대표하는 존재로 이해한다. 『삼국지』위서 동이전에 변진弁辰 12국이 대대로 마한인이 왕위를 계승한 진왕의 통제를 받았다고 전하고, 『후한서』에는 진왕이 삼한 전체의 왕 노릇을 하였다고 전한다. 그리고 『삼국사기』에 사로국이 마한진왕의 통제를 받았다는 기록도 보인다. 현재 이와 같은 자료들을 근거로 진왕이 마한뿐만 아니라 삼한 전체를 대표하는 존재였다고 보는 것이 지배적이다.

목지국의 위치에 대하여 논란이 많았으나 근래에 천안 일대와 예산 일대의 아산만 방면으로 보는 견해가 널리 지지를 받고 있다. 진국의 중심지와 목지국의 위치가 동일하였음을 증명해주는 증거는 찾을 수 없지만, 진국의 지배자와 목지국 진왕이 상호 연결되었기 때문에 진왕이

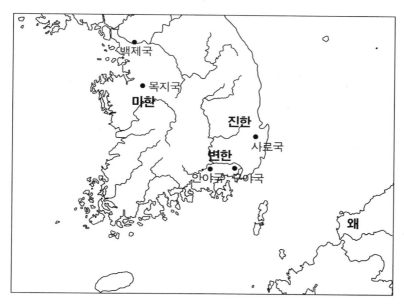

〈지도 5〉 삼한과 주요 소국

삼한 전체를 대표하는 존재로 군림할 수 있었을 것이다.

　준의 자손이 끊어지고, 마한 사람들이 스스로 왕위에 올라 진왕을 칭하였다고 『후한서』에 전하므로 준의 자손과 진왕은 전혀 관계가 없었음이 분명하다. 결국 준왕의 후손이 끊어진 이후, 금강유역을 중심지로 하여 진국이 등장하였다고 추론할 수 있다. 삼한 성립 이전 시기에 한반도 중·남부지역에 진국이 존재하였다고 이해되므로 기원전 194년에 준왕이 마한의 땅에 거처하였다고 전하는 『후한서』 기록에 무엇인가 착오가 있었음이 분명하다.

　『삼국지』 위서 동이전에 진한의 노인들이 대대로 전하여 스스로 말하기를, '옛 유망민流亡民들이 진秦의 부역을 피하여 한국韓國으로 오자, 마한이 동쪽 경계의 땅을 갈라 주었다.'라고 전한다. 진의 부역을 피하여 이주한 유이민들이 마한의 동쪽, 즉 오늘날 영남지역에 정착함으로써 진한이 성립되었음을 알려준다. 유이민 가운데 한인漢人이 포함된 고조선유민이 절대 다수를 차지하였다고 이해한다. 그런데 여기서 유이민들이 '한국韓國'으로 왔다는 표현을 주목할 필요가 있다.

『삼국사기』에서 고조선 유이민들이 경주에 정착하여 6촌을 이루어 살다가 기원전 57년에 혁거세를 왕으로 추대하고, 사로국을 건국하였다고 하였다. 기원전 57년이라는 건국 시점을 그대로 믿기 어렵지만, 기원 전후 무렵에 경주에 사로국이 등장한 것만은 분명하다. 한편 지황地皇 연간서기 20~23년에 염사치廉斯鑡가 진한 우거수右渠帥였고, 노비로 삼은 한인漢人으로서 사망한 500인에 대한 대가로 진한인 1만 5,000인과 변한포弁韓布 1만 5,000필을 낙랑군에 배상하였다는 일화가 『삼국지』 위서 동이전에 전한다. 사로국의 건국 시기와 염사치 관련 일화를 근거로 진한과 변한의 성립은 기원 전후 무렵이었다고 추론할 수 있다.

고조선유민들이 영남지역으로 대거 이주한 것은 기원 이전이었을 것이다. 그들이 이주한 한국韓國은 국명이라기 보다는 '한의 나라'라는 의미로 해석하는 것이 합리적이다. 마찬가지로 기원전 194년 준왕이 이주한 곳도 역시 '마한의 땅'이 아니라 '한의 땅'이라고 불렸을 것이다. 진국은 바로 '한의 땅'에서 등장한 국가체였다고 볼 수 있다.

『삼국지』에서는 진한과 변한 성립 이전 시기에 충청과 호남지역을 망라하여 마한이 이미 존재한 것처럼 서술하였다. 그러면 언제 마한이 성립되었을까? 위만의 손자 우거왕 때에 조선상 역계경이 진국으로 이주하였다. 이에서 기원전 100년에서 기원 전후 사이에 진국이 해체되고, 한강 이남 서부지역의 한의 땅에서 50여 소국小國이 등장하였으며, 그들을 아울러서 마한이라고 불렀다고 추론할 수 있다.

진국에서 삼한으로의 전환과정, 그것은 바로 진국의 중심을 이룬 어떤 정치체가 마한의 목지국으로 전환되는 과정을 의미할 뿐만 아니라 한韓의 땅에서 소국을 단위로 정치적 통합운동이 활발하게 전개되었음을 전제하는 것이다. 그런데 유감스럽게도 이러한 움직임을 사서에서 전혀 찾을 수 없다. 현재 삼한 70여 국의 성립과정을 해명할 수 있는 유일한 방법은 중·남부지역의 고고학적인 발굴 성과를 활용하는 것뿐이다. 지금까지 이러한 방법론에 의거하여 삼한 소국 문제에 접근하였으나 만족할만한 성과를 거두었다고 보기 어렵다.

삼한(三韓)의 실체는?

그러면 마한과 진한, 변한은 어떻게 구분되었을까? 『삼국지』에서는 삼한을 세 종족種族이라고 표현하였다. 그러면 삼한은 분명하게 종족적으로 구별되었을까? 변진弁辰, 즉 변한은 의복과 거처, 언어, 법과 풍속이 진한과 서로 비슷하였으며, 다만 귀신을 제사함에 있어서 차이가 있었다고 한다. 언어와 법, 풍속, 의복과 거처가 서로 비슷한 진한과 변한이 서로 종족적으로 구별되었다고 보기 어렵다. 따라서 마한과 진한, 변한의 차이를 종족의 차이라고 주장한 『삼국지』 찬자의 견해에 동의하기 곤란하다.

마한은 대체로 한강 이남 서부지역에 위치하였다. 반면에 진한은 대체로 낙동강 동쪽의 영남지역, 변한은 낙동강 서쪽의 영남지역에 위치한 소국으로 이루어졌다. 삼한이 지역적으로 분명하게 구분된 것이다. 삼한의 실체를 둘러싸고 다양한 견해가 제기되었지만, 이 가운데 '한'을 3지역으로 구분한 명칭이 바로 마한, 진한, 변한이라고 이해하는 견해가 가장 합리적인 것으로 보인다.

『삼국지』에서는 3세기 중반에 진한과 변한의 대표적인 소국에 대해서 전혀 언급하지 않았다. 다만 진한과 변한이 목지국 진왕의 통제를 받았다는 사실만이 확인될 뿐이다. 3세기 후반에 사로국이 진한 12국을 대표하여 서진西晉에 조공朝貢하였다. 이때에 진한 12국은 사로국을 중심으로 하여 연맹체를 이루고 있었음이 분명하다. 한강유역에 위치한 백제국은 한동안 마한 목지국 진왕의 통제를 받다가 3세기 중·후반 고이왕 때에 비로소 목지국을 누르고 마한의 대표적인 세력으로 부상하였다. 처음에 목지국이 마한연맹체를 이끌다가 3세기 중·후반에 백제가 목지국을 대체하였던 것이다.

3세기 중반에 목지국의 진왕을 더 우대하여 '신운견지보臣雲遣支報 안야축지安邪踧支 분신리아불례濆臣離兒不例 구야진지렴狗邪秦支廉'이라고 불렀다. 이것은 진왕이 중국과 교섭할 때, 실질적으로 각 소국들을 대표하기 위해서는 마한과 변한 제국 가운데 이들 대국 신지들의 칭호를 연명해야 했던 사실을 반영한 것으로 이해되고 있다. 여기에 나오는 안야는 함안에 위치한 안라국安羅國, 구야는 김해에 위치한 구야국狗邪國을 가리킨다. 이를 통하여 3세기 중반에 변한 12국 가운데 구야국과 안라국이 대국이었음을 짐작할 수 있다. 종래에 이에 근거하여 3세기 중반 무렵에 구야국이 변한연맹체의 맹주국으로 부상하였다고 보았다.

결과적으로 삼한의 성립 이후 마한과 진한, 변한의 소국들이 각기 자체의 통치기반을 유지하며 목지국의 진왕을 중심으로 하여 완만한 정치적 연맹체를 이루고 있다가 3세기 무렵이나 그 이후부터 그들 사이에 치열한 경쟁이 전개되어 힘의 균형이 깨지고, 궁극적으로 백제와 신라, 금관국이 마한, 진한, 변한을 대표하는 세력으로 부상하여 삼한은 3국을 중심으로 하여 형성된 연맹체의 성격도 아울러 지니게 되었던 것이다.

삼한시대론과 원삼국시대론의 문제점

『삼국사기』에서는 삼국이 건국된 기원전 1세기 중·후반부터 백제와 고구려가 멸망한 7세기 후반까지 삼국을 중심으로 역사를 서술하였다. 이에 따르면, 기원전 1세기에서 3세기까지는 의심의 여지없이 삼국시대 전기 또는 전기 삼국시대라고 불러야 한다. 만약에 『삼국사기』 이외에 다른 역사서가 존재하지 않았다면, 애초부터 기원전 1~3세기를 어떠한 시대로 불러야 하는가를 둘러싸고 논란이 일어나지 않았을 것이다. 그러나 문제는 그렇지 않다는 사실에 있다.

서진시대에 진수陳壽: 233~297가 지은 『삼국지三國志』 위서 동이전에 3세기 중반까지의 고구려, 부여, 옥저, 동예, 삼한, 그리고 왜 등의 동이 여러 나라에 대한 다양한 정보가 담겨 있다. 이러한 이유로 『삼국지』 위서 동이전은 『삼국사기』에 버금갈 정도로 한국고대사 연구의 핵심 자료로서 활용되고 있다.

『삼국사기』와 『삼국지』 위서 동이전에 전하는 삼국의 역사를 상호 비교할 때, 고구려에 관한 내용은 두 사서 사이에 크게 차이가 나지 않는 반면, 신라와 백제의 역사에 관해서는 커다란 괴리乖離를 보이고 있다. 이 때문에 일찍부터 『삼국사기』 기록을 믿어야 하는가, 『삼국지』의 기록을 믿어야 하는가를 둘러싸고 논쟁이 되었다.

현재 한국고대사학계에서는 기원 1~3세기에 해당하는 『삼국사기』 초기 기록보다는 『삼국지』의 기록을 더 신뢰하는 경향이 지배적이다. 종래에 『삼국지』의 기록을 근거로 3세기 후반 또는 4세기 무렵까지 백제와 신라가 마한 및 진한의 소국들을 정복하여 강력한 왕국을 형성하지 못하였다고 이해하고, 기원 1~3세기를 삼국시대라고 부르는 것에 의문을 제기하였다. 그러면서 삼한 소국의 분립상태를 주목하여 기원전 1~3

세기를 '삼한시대'라고 부르자고 대안을 제시하였다.

그러나 '삼한시대'란 용어는 북쪽의 고구려를 포괄할 수 없기 때문에 문제가 있다. 그리고 삼한의 성립과 해체 시기를 명확하게 규명하기 어려우므로 삼한시대의 상한과 하한을 설정할 수 없다는 점에서 시대구분용어로서 결정적인 결격 사유를 지닌다. 더구나 백제국과 사로국, 그리고 구야국이 마한과 진한, 변한의 대국大國으로서 나름대로 삼국 정립鼎立의 단초를 연 시기가 기원 1~3세기였다는 점, 정확하게 실체를 규명하기 곤란한 삼한을 부각시켜 시대구분 용어로 사용했다는 점에서도 삼한시대란 용어는 적절치 못하다.

삼한시대란 용어를 사용하는 것에 대한 비판이 제기되자, 이를 극복할 수 있는 대안으로 제시된 시대구분 용어가 바로 '원삼국시대'이다. 인류의 역사는 크게 선사시대와 역사시대로 구분한다. 선사시대와 역사시대에 해당하는 과도기를 원사시대原史時代: protohistory라고 부른다. 원삼국시대는 바로 원사 단계의 삼국시대를 뜻한다. 즉 불완전한 『삼국사기』 초기 기록의 역사성을 부분적으로 인정하면서 고대 왕국으로서의 삼국의 원형이 성립된 시대를 이르러서 원삼국시대라고 정의한 것이다. 그러나 선사시대와 역사시대의 과도기에 해당하는 '원사'라는 표현과 분명히 역사시대를 가리키는 '삼국시대'란 용어를 혼합하여 사용하는 것은 문제가 있다.

삼국시대 전기로 부르자!

기원 1~3세기를 삼한시대로 부르는 것도, 원삼국시대라고 부르는 것도 문제가 있다고 한다면, 당시를 어떠한 시대구분 용어로 표현하는 것이 가장 적절할까? 고구려는 적어도 기원전 75년경에 건국되었고, 기원

1세기 무렵에 중앙집권적인 고대국가로 성장할 수 있는 기틀을 다졌다. 고구려는 중국 군현과 항쟁하고, 동예와 동옥저 등을 정복하여 영토를 확장하면서 성장하였다. 따라서 기원전 1~3세기 한반도 서북부와 만주 지역의 역사를 고구려를 주체로 하여 서술한다고 하여도 하등 문제가 되지 않을 것이다.

『삼국사기』나 『삼국유사』, 또는 『일본서기』와 중국 정사 동이전 등을 통하여 사로국과 백제국이 기원 전후에 건국되어 주변의 여러 소국들을 정복하여 진한과 마한의 대표 세력으로 부각되는 과정과 더불어 그 후 중앙집권적인 고대국가로 성장하는 과정을 체계적으로 살펴볼 수 있다. 다시 말하면 현재 이들 자료를 기초로 신라와 백제를 주체로 하여 기원전 1~3세기의 역사를 서술한다면, 나름대로 당시의 역사상을 부분적으로 복원할 수 있다는 의미이다.

이처럼 『삼국사기』 등에 근거하여 기원전 1세기부터 7세기 후반까지의 역사를 삼국을 주체로 하여 서술하는 것이 가능하다면, 굳이 기원 1~3세기의 역사를 삼국시대와 따로 분리하여 시대를 구분하는 것은 그리 바람직하지 않다고 생각한다. 기원전 1세기~기원후 3세기의 역사가 그 이후 삼국 역사의 전사前史로서 기능하였다면, 그 시기를 삼국시대 전기 또는 전기 삼국시대라고 부르는 것이 가장 합리적일 것으로 판단된다.

참고문헌 •••

이현혜, 1984 『삼한사회형성과정연구』, 일조각

이현혜, 1993 「원삼국시대론 검토」 『한국고대사논총』5, 가락국사적개발연구원

주보돈, 2002 「진·변한의 성립과 전개」 『진·변한사연구』, 경상북도·계명
　　대 한국학연구원

박대재, 2006 「삼한의 기원과 국가형성」 『한국고대사입문』1, 신서원

이청규, 2007 「선사에서 역사로의 전환—원삼국시대 개념의 문제—」 『한국고
　　대사연구』46

고구려인이 바라 본 세계는?

수와 쟁점으로 읽는 한국고대사

    광개토왕은 재위 기간 동안 정복활동을 활발하게 전개하여 영토를 크게 넓혔다. 그래서 아들 장수왕은 영토를 널리 개척하였다고 하여 아버지의 왕호王號를 광개토왕廣開土王이라고 지었다. 광개토왕은 영락永樂이라는 연호를 사용하여 고구려가 자주 국가임을 대내외에 과시하였다. 414년장수왕 2에 세운 광개토왕릉비에서 광개토왕의 업적에 대하여 다음과 같이 기록하였다.

> (왕의) 은혜로움은 하늘에 미쳤고, 용맹한 위엄이 사해四海에 떨쳤도다. (나쁜 무리들을) 쓸어 없애시니, 백성들이 생업에 힘쓰고 편안하게 되었도다. 나라는 부강해지고 백성은 풍족해졌으며, 오곡五穀이 풍성하게 익었도다.

광개토왕의 아들 장수왕은 중국의 남조南朝와 북조北朝: 북위에 모두 사신을 파견하여 강성한 제국帝國의 위세를 한껏 떨쳤다. 대내적으로 태평성대를 이루고, 대외적으로 한껏 국제적 위상이 높아진 광개토왕과 장수왕 때에 고구려인들은 독자적인 천하관을 내세워 고구려가 동북아시아의 중심 국가라고 자부하였다. 고구려의 번성을 뒷받침해주는 이념으로 기능한 독자적인 천하관, 그러면 그것은 언제 형성되었고, 어떠한 내용이었을까?

천손국(天孫國) 의식

772년 2월에 발해 문왕이 일본에 사신을 파견하여 스스로 천손天孫이라고 칭하자, 일본 조정에서 이에 대하여 강력하게 항의하였다. 발해는 고구려를 계승한 나라로 자처하였다. 발해 문왕의 천손인식은 바로 고구려 이래의 관념을 그대로 수용한 것이었다.

실제로 고구려왕을 천손이라고 부른 증거가 발견된다. 1988년 6월 함경남도 신포시 오매리 절골터에서 발굴된 고구려 후기의 금동명문판에 '원하옵건대 왕의 신령神靈이 도솔천으로 올라가 미륵을 뵙고, 천손이 함께 만나서 모든 생명이 경사스러움을 입게 하소서.'라고 쓰여 있다. 여기서 천손은 바로 이전에 돌아가신 역대 고구려왕을 가리킨다.

『일본서기』에 고구려왕을 고려신자高麗神子로 불렀다고 전하는데, 이것은 '고려고구려 신의 아들또는 자손'이라는 뜻이다. 일본 사람도 고구려왕을 천손, 즉 천신天神의 자손이라고 인식하였음을 알려준다. 물론 일본인은 고구려인의 관념을 그대로 수용하여 그렇게 인식하였을 것이다.

고구려왕을 천손이라고 인식한 것은 바로 고구려 왕실의 계보가 천신天神과 연결된다는 사실을 전제한다. 광개토왕릉비에서 고구려의 시조

추모왕鄒牟王, 즉 주몽이 천제天帝의 아들이요, 어머니는 하백河伯: 물의 신의
딸이라고 밝혔다. 5세기 장수왕 때에 죽은 모두루牟頭婁의 묘지墓誌에 '하백
의 손자이며, 일월日月의 아들인 추모성왕鄒牟聖王이 북부여에서 태어나셨
다.'고 쓰여 있다. 여기서 일월, 즉 해와 달은 하늘을 가리키며, 천신天神
또는 천제天帝와 같은 뜻이다.

5세기 고구려인이 시조 추모왕주몽이 천제천신의 아들이라고 인식하였
으므로 자연히 주몽의 자손은 천제의 자손, 즉 천손天孫이 된다. 천제는
고구려 왕실과 핏줄로 연결된 조상신祖上神이었던 것이다. 고구려는 바로
천손이 다스리는 나라이기 때문에 천손국天孫國이라고 부를 수 있고, 나아
가 신성한 천손이 다스리므로 신성국神聖國으로도 부를 수 있다. 이러한
고구려인의 천손국인식은 자기 나라가 천하의 중심이라고 여기는 천하
관 형성의 중요한 밑거름이 되었다.

천하관의 내용

충주고구려비에 '신라매금新羅寐錦'과 함께 '동이매금東夷寐錦'이라는 표현
이 보인다. 충주고구려비는 글자가 많이 훼손되어 전체적인 내용을 알
기 어렵다. 특히 건립 연대를 둘러싸고 논란이 많다. 아직도 학자들
사이에 논쟁이 진행중이지만, 449년장수왕 37에 충주고구려비를 건립하였
다는 견해가 널리 지지를 받고 있다. 이에 따른다면, 충주고구려비는
5세기 중반 장수왕 때에 고구려가 신라를 동이東夷라고 인식하였음을
알려주는 증거가 된다. 여기서 매금은 신라 왕호 가운데 하나인 마립간麻
立干을 가리킨다. 449년 무렵 신라는 눌지마립간이 재위하고 있었다.

중국인은 예로부터 중국이 세계의 중심이라고 생각하고, 자기들이
세계에서 가장 문명이 발달한 나라라고 인식하였다. 이러한 관념을 집약

〈그림 23〉 충주고구려비

하여 중화사상中華思想이라고 부른다. 중국인은 중화사상에 기초하여 주변에 위치한 제민족을 방위별로 나누어 동이東夷, 서융西戎, 남만南蠻, 북적北狄이라고 불렀다. 만주와 한반도에 위치한 여러 나라는 중국의 동쪽에 위치하였기 때문에 전통적으로 동이東夷라고 불렀다.

　중화사상의 기저에는 주변의 제민족을 문화적으로 낙후된 오랑캐라고 멸시하는 인식이 깔려 있는데, 이렇게 중화와 오랑캐를 구별하여 인식하는 관념을 일컬어 화이사상華夷思想이라고 부른다. 중국은 중화사상에 따라 주변 제민족 국가를 제후국諸侯國으로 간주하고 그 군주로 하여금 복속의 표시로서 중국 황제에게 정례적으로 조빙사대朝聘事大: 제후국의 군주가 중국의 황제에게 사신을 보내 예의를 차려 알현하는 것하도록 요구하였다. 이때 주변의 제후국은 중국에 조공朝貢을 바치고, 중국은 이에 대한 답례로 하사품을 내려줌과 동시에 그들의 정치적 지위를 인정해주는 책봉冊封을 매개로 상호간의 정치적 관계를 유지시켜 나갔다. 이러한 정치적 관계를 흔히 조공-책봉관계라고 부른다.

고구려가 신라를 동이라고 부른 것은 이와 같은 중국의 중화사상을 차용하여 자신을 중화국가, 신라는 동쪽에 위치한 오랑캐, 즉 동이라고 인식하였음을 반영한 것이다. 충주고구려비에 신라매금, 즉 동이매금 이 스스로 노객奴客이라고 부르고 고구려를 찾아와서 조빙朝聘하였음을 암시하는 내용이 보이며, 이에 대하여 고구려에서 신라매금과 신하들 에게 의복을 사여하였다고 전한다. 여기서 의복은 고구려의 관복官服을 가리킨다.

『삼국지』 위서 동이전에 한족韓族이 중국의 의책衣幘: 관리들이 입는 관복과 의례용 모자을 좋아 하여서 하호下戶들이 (낙랑)군에 이르러 조공을 바치고 알현하면 모두 의책을 주었다고 전한다. 삼한 소국의 지배자들이 중국 군현에 나아가 조공을 바치면, 군현에서는 그에 대한 답례로 의책을 사여하였음을 알려준다. 이처럼 의복의 사여를 통하여 상하관계를 확인 하는 의식은 중국 황제와 주변 제후국 군주와의 관계에서도 널리 행해졌 던 정형화된 관례였다. 마찬가지로 5세기 중반에 신라가 고구려에 조공 을 바치자, 고구려는 이에 대한 답례로 신라매금에게 의복을 사여하였음 이 분명하다. 신라는 동이로서 중화국가인 고구려에 정기적으로 사대조 빙하는 조공국이었던 것이다.

고구려인이 정기적으로 고구려에 조공을 바쳤다고 주장한 나라가 더 있다. 광개토왕릉비에 '백잔百殘: 백제과 신라가 예로부터 (고구려의) 복속민 服屬民으로서 조공을 바쳤다.'고 기술되어 있다. 그리고 동부여東夫餘는 옛 날에 추모왕의 복속민이었는데, 중간에 배반背叛하고 조공을 바치지 않아서 왕이 직접 군사를 거느리고 가서 응징하였다는 내용도 보인다. 광개토왕릉비에서 백제와 신라, 동부여가 본래 고구려의 복속국으로서 조공을 바친 존재로 기술한 것이다.

광개토왕릉비에 의하면, 백잔과 신라가 예로부터 복속민으로서 조공을 바쳤는데, 왜가 신묘년391에 바다를 건너와서 백잔과 ○○, 신라를 격파하고 신민臣民: 복속민으로 삼았다고 한다. 그러나 이 구절은 분명히 과장된 표현이기 때문에 사실 그대로 믿을 수 없다. 신라가 실성을 볼모로 보내서 고구려의 복속국이기를 자처한 것은 392년이다. 그 이전에 신라가 고구려에 정기적으로 조공을 바쳤다는 증거는 찾을 수 없다.

더구나 백제는 4세기 중반 이래 고구려와 치열하게 전쟁을 벌였다. 특히 371년 평양성전투에서 고구려의 고국원왕이 전사한 이래, 백제가 전쟁의 주도권을 장악하고, 고구려는 수세에 몰렸다. 광개토왕릉비에 영락永樂 6년396에 고구려군이 백제의 수도 한성漢城을 공격하여 포위하자, 아신왕이 남녀 생구生口: 노비 1천 명과 세포細布 1천 필을 바치면서 왕에게 항복하고, 이제부터 영원히 고구려왕의 노객奴客이 되겠다고 맹세한 내용이 전한다. 이전까지 백제가 고구려에 복속되어 조공을 정기적으로 바쳤다는 자료는 어디에서도 찾을 수 없다.

그러면 왜 고구려는 역사적 사실이 아님에도 불구하고 백제와 신라가 예로부터 복속민으로서 정기적으로 조공을 바쳤다고 주장하였을까? 이에 대한 의문을 해결하는 열쇠, 그것은 다름 아닌 고구려의 독자적인 천하관에서 찾을 수 있다.

고구려인은 중국의 중화사상을 차용하여 천손국인 자기 나라를 천하의 중심 국가로 생각하고, 주변의 백제와 신라, 동부여를 그들에게 복속되어 정기적으로 조공을 바치는 나라로 인식한 것이다. 그래서 신라를 동이라고 불렀던 것이며, 구체적인 자료는 찾을 수 없지만, 백제는 남이

〈그림 24〉 광개토왕릉비

南夷라고 불렸을 가능성이 높다. 이러한 이유 때문에 고구려인은 광개토
왕릉비에서 백제와 신라, 동부여는 예로부터 그들에게 조공을 바친 존재
로 기술하였던 것이다.

　제후국의 군주가 중국을 배반하고 사대조빙하지 않으면, 중국 황제는
군대를 보내 제후국 군주를 응징하거나 또는 외교적으로 강력한 압력을
가하는 것이 관례였다. 광개토왕릉비 신묘년조 기사 다음에 영락 6년(396)
에 고구려가 백제를 공략하여 아신왕의 항복을 받았다는 내용이 보인다.
여기에는 백제가 본래 고구려의 복속민으로서 정례적으로 조공을 바쳤
는데, 신묘년 이래로 백제가 왜와 연합하여 고구려를 배반하고 저항하
자, 이에 광개토왕이 친히 군대를 이끌고 가서 백제를 응징하고, 다시

고구려의 복속국으로 삼았다는 의미가 내포되어 있다고 보아야 한다. 신묘년에 왜가 백잔, 신라 등을 쳐서 신민으로 삼았다는 구절은 바로 고구려가 왜와 연합한 백제를 공격하기 위한 명분에 불과한 과장된 표현으로 이해할 수 있다. 동부여의 경우도 복속민으로서 중간에 고구려를 배반하고 조공을 바치지 않자, 군사적으로 응징한 사례에 해당한다.

399년에 왜가 신라를 침략하자, 신라 나물왕이 사신을 파견하여 구원을 요청하였다. 이에 대해서 400년에 광개토왕은 5만의 군대를 파견하여 신라를 침략한 왜군을 물리치도록 하였다. 왜가 본래 고구려의 복속국인 신라를 침략하여 노객奴客, 즉 복속국으로 삼으려 하자, 이에 광개토왕이 군대를 파견하여 왜를 응징하였던 것이다. 고구려는 천하의 중심 국가로서 주변의 조공국이 위험에 처하면, 군사적으로 지원하여 그들의 안전을 지켜주는 것을 의무로 여겼음을 알려주는 사례이다.

그러면 고구려는 언제부터 중국의 중화사상을 차용하여 자기 나라를 천하의 중심 국가로 인식하고, 주변의 백제와 신라, 동부여를 조공국으로 간주하였을까? 414년장수왕 2에 건립된 광개토왕릉비에 고구려가 백제 등이 예로부터 복속국으로서 조공을 바쳤다고 전하므로 그 이전에 고구려의 천하관이 형성되었다고 보아야 한다. 언제까지 소급할 수 있을까?

고구려는 매우 이른 시기부터 자기 나라를 천손국이라고 인식하였다. 그 후부터 고구려의 천하관은 서서히 싹트고 있었을 것으로 추정된다. 그러나 고구려인이 자기 나라를 천하의 중심 국가로, 주변의 나라들을 조공국으로 인식하는 천하관의 형성은 고구려가 광대한 영역을 차지하고 주변 국가를 강력한 군사력으로 압박할 수 있는 시점에서야 비로소 가능하다는 점을 명심할 필요가 있다. 그 시점은 바로 광개토왕 때였음은 두 말할 나위조차 없다.

천하관에 반영된 주변 국가에 대한 인식

고구려의 독자적인 천하관에 따르면, 주변의 여러 나라 가운데 고구려에 조공을 바치는 복속국은 백제와 신라, 동부여뿐이다. 그렇다면 왜 또는 중국 등에 대해서는 어떻게 인식하였을까? 광개토왕릉비에 광개토왕이 거란족의 일부인 패려稗麗, 숙신肅愼을 토벌하고, 왜를 물리쳤다는 내용이 보인다. 그런데 백잔백제 등과 달리 이들이 예로부터 고구려의 복속민으로서 조공을 바쳤다고 언급하지 않았다. 고구려 중심의 천하질서에 왜와 숙신, 패려 등은 편입시키지 않았던 것이다.

중국의 경우도 고구려 중심의 천하질서에 포괄되지 않았음은 물론이다. 5세기 동아시아에서는 중국을 중심으로 하는 천하, 유목민족을 중심으로 하는 천하, 그리고 고구려가 중심이 된 천하 등 몇 개의 천하가 병존하였다. 각각의 천하를 통괄하는 최고 지배자를 황제또는 천자, 선우單于 또는 가한可汗, 대왕이라고 불렀다.

고구려는 북조 및 남조 등과 조공-책봉관계를 맺었지만, 이념이나 명분에 기초한 외교 관례에 불과하였을 뿐이고 결코 상하 수직적인 국제관계가 반영된 것은 아니었다. 실제로 남조의 제齊나라는 고구려가 세력이 강성하여 자신들의 통

> **중국의 천하관과의 차이**
> 중국의 천하관은 자신만이 천하의 중심국가, 즉 중화로 설정하고, 자신 이외의 외부 세계 모두를 이(夷)로 규정하여 세계질서를 중국 중심의 화이관으로만 설명한다. 그러나 고구려의 천하관은 자신만의 천하만이 아니라 중국의 천하와 유목세계의 천하를 인정하는 다원적이고 한정적인 성격을 지녔다. 즉 고구려의 천하관은 애초부터 그 범주가 설정되어 있었던 것이다.

제를 받지 않았다고 한탄하였고, 북위北魏에서는 고구려의 강성함을 인정하여 제나라와 고구려 사신을 나란히 앉게 하였다가 제나라의 항의를 받기도 하였다. 고구려와 중국 왕조는 상하관계를 나타내는 조공-책봉관계의 외투 하에서 실제로는 피차 상호간의 세력권을 인정하며 병존하

기 위하여 우호적인 관계를 유지하였던 것이다. 반면에 고구려는 유목민족을 대표하던 유연柔然이나 돌궐突厥과는 교린관계交隣關係를 맺어 병존을 모색하였다.

고구려인은 자기 나라가 온 세계의 중심 국가라고 인식한 것은 결코 아니었다. 만주와 한반도를 포괄하는 동북아시아라는 제한된 천하공간에서 자기 나라가 중심 국가라고 인식한 것이다. 천손의 후예인 고구려왕은 고구려를 중심으로 하는 천하질서를 수호하는 최고 지배자이면서 그들에게 조공을 바치는 복속국의 안전을 책임질 의무가 있었다. 자신의 천하질서에서 이탈하려는 조공국가에 대해서 군사적으로 강력하게 응징하고 지배-복속관계를 복원하는 것도 고구려왕의 중요한 책무 가운데 하나였다.

나아가 고구려와 병존하는 천하공간에 속한 어떤 세력이 그들의 천하질서를 위협하면, 거기에 대하여 강력하게 저항하였다. 수와 당나라가 고구려의 독자적인 천하관을 부정하고, 고구려를 중국 중심의 천하질서에 편입시키려고 하자, 고구려가 거기에 대하여 강력하게 맞서 항쟁한 것도 바로 이러한 이유 때문이었다.

고구려가 왜, 숙신 등을 그들의 천하질서에 편입시키지 않고, 백제와 신라, 동부여만을 조공국으로 간주한 이유는 무엇 때문일까? 고구려의 시조 주몽은 부여에서 출자出自하였다. 백제 건국신화에서 시조 온조를 주몽의 아들로 묘사하였다. 온조가 실제로 주몽의 아들이었을 가능성은 낮고, 이를 통하여 백제 건국의 주체세력이 부여와 고구려계 주민이었음을 짐작할 수 있다. 이 밖에도 백제의 지배층이 부여-고구려계였음을 알려주는 자료들이 여럿 전하고 있다.

광개토왕릉비에서 광개토왕이 백제를 공격하고 한韓 또는 예穢를 새로이 약취略取하였다고 기술하였다. 동예는 3세기 후반 또는 4세기 무렵에 고구려의 영토로 편입되었다. 고구려민 가운데 맥족뿐만 아니라 한족과 예족이 적지 않았음을 알 수 있다. 신라는 고조선유민들이 경주에 이주하여 한족韓族을 아울러서 건국한 나라였다. 고구려와 백제, 신라민은 종족상으로 서로 통하였다고 말할 수 있다.

더구나 신라와 백제, 고구려는 4세기 이래 서로 치열하게 항쟁하면서도 상호 간에 활발하게 접촉하며 교류하였다. 이에 따라 5세기에 이르러 고구려와 백제, 신라, 부여인 사이에 종족적, 지리적, 문화적인 측면에서 나름대로 일정한 동류의식同類意識을 지니게 되었다고 추정해볼 수 있다. 이러한 동류의식에 근거하여 고구려인은 백제와 신라, 부여 등을 다른 천하공간에 속하는 나라들과 구별하고, 그들을 자기 나라 중심의 천하질서에 편입시켜 조공국으로 위치지운 것으로 이해된다.

5세기 고구려와 백제·신라·동부여 사이의 이와 같은 유대인식을 동족의식과 직결시켜 이해하긴 어렵지만, 그러나 그것을 통하여 나름대로 그들 사이에 원초적인 형태의 동류의식이 형성되었다고 추정해볼 수 있다. 이후 삼국민 사이에 상호 접촉과 교류가 활발하게 이루어진 결과, 삼국민 상호 간에 동류의식이 한층 더 진전되었을 것이다. 이것은 7세기 후반에 삼국을 삼한三韓과 연결시키고, 그들은 사회적·문화적, 인종적으로 동질적인 성격을 지닌 국가군國家群이며, 그것을 하나로 통일하였다는 '일통삼한의식一統三韓意識'으로 발전되었는데, 신라는 통일 이후에 이러한 의식에 근거하여 삼국민의 융합을 적극 모색하였다.

참고문헌 •••

노태돈, 1999 『고구려사연구』, 사계절
노태돈, 2009 「삼국의 주민구성과 삼국시대인의 천하관」 『한국고대사의 이론
　　과 쟁점』, 집문당

신라인은 어떻게 사랑하고 결혼했을까?

사랑, 인간에게 무한한 즐거움과 애달픈 그리움, 가슴시린 슬픔을 안겨주는 단어이다. 사랑하면, 결혼할까? 반드시 그렇다고 말할 수 없는 것이 현실이다. 사랑과 결혼은 별개라고 주장하는 젊은이들을 적지 않게 볼 수 있기 때문이다. 사랑은 마음대로 할 수 있으나 결혼은 남녀 두 사람이 만나 가정을 이루고 새로운 가족을 만나는 것이기 때문에 사회적인 함의를 지닌다. 결혼은 사랑처럼 자기 뜻대로 할 수 있는 것이 아니라는 의미도 내포하고 있다.

오늘날과 달리 전근대사회에서는 신분을 따져 결혼하는 것이 관례였다. 신분이 낮은 사람과 결혼하는 것은 일종의 금기처럼 여겼고, 어떤 경우는 법에 따라 처벌하기도 하였다. 그러나 일단 결혼하면 예나 지금이나 모든 부부가 백년해로하기를 소원하고, 다시 태어나서 부부의 인연을 맺기를 바라는 이들도 적지 않다. 신라인들도 역시 마찬가지였을 것이다. 그러면 신라인은 과연 어떻게 사랑하고, 결혼하였을까? 오늘날 우리가 하는 사랑과 결혼과는 어떻게 달랐을까?

사랑이 뭐길래

예나 지금이나 청춘 남녀의 사랑이야기는 많은 사람들의 심금을 울린다. 특히 사랑이 비극으로 결말이 난 경우가 더욱 그러하다. 우리 고대사에서 가장 비극적인 사랑의 주인공이 바로 호동왕자와 낙랑공주이다.

호동왕자는 고구려 제3대 왕 대무신왕과 그의 둘째 왕비 사이에서 태어났다. 낙랑공주는 낙랑국을 다스리던 최리崔理의 딸이다. 그녀는 호동왕자를 사랑하여 적병이 쳐들어오면 저절로 울리는 북과 나팔을 칼로 부숴버려 낙랑국을 멸망에 이르게 하였고, 결국 자기의 아버지에게 죽임을 당하였다. 호동왕자는 후에 첫째 왕비의 모함을 받아 스스로 목숨을 끊었다. 낙랑공주는 고국을 버리고 사랑을 선택하여 죽임을 당하였고, 호동은 고구려를 위하여 사랑을 이용하였지만, 결국 그도 왕비의 모함으로 스스로 생을 마감하고 말았던 것이다.

신라에도 애달픈 사랑이야기가 전한다. 신라 원성왕 때에 김현이 경주의 흥륜사에서 탑돌이를 하다가 호녀虎女를 만나 눈이 맞아 그날 밤에 정을 통하였다. 후에 호녀가 오빠 호랑이들의 악행을 대신하여 자신을 희생하려고 결심하고, 연인 김현에게 자신을 죽이게 하여 출세하게 만들었다는 내용이다. 김현은 호녀의 지극한 사랑에 감동하여 호원사虎願寺를 지어 명복을 빌었다.

지귀志鬼는 선덕여왕을 짝사랑하다가 화귀火鬼가 된 애처로운 영혼이다. 지귀는 신라 선덕여왕 때에 활리에 사는 역인驛人이었다. 그는 선덕여왕의 아름다움을 사모하여 고민한 나머지 몸이 점점 여위어 갔다. 하루는 여왕이 절영묘사에 불공을 드리러 갔다가 그 이야기를 듣고 지귀를 불렀다. 지귀는 사찰의 탑 밑에서 여왕을 기다리다가 깜박 잠이 들었는데, 여왕이 불공을 마친 다음, 자고 있는 지귀에게 다가가서 자기의 팔찌를 빼어놓고 왕궁으로 돌아갔다. 그 뒤에 깨어난 지귀는 팔찌를 보고 잠든 사이에 여왕이 다녀갔음을 알아차리고 사모의 정이 더욱 불타올라 마음의 불이 탑을 불태우고 마침내 화귀로 변해버렸다고 한다. 지귀는 이루어질 수 없는 여왕을 짝사랑하다가 자신의 몸에 불을 사르고 산화한 것으로 보인다. 호녀와 김현의 사랑, 지귀의 짝사랑은 설화 속의 이야기이지만, 사람의 가슴을 저미게 하면서 인구에 널리 회자된 듯하다.

그러나 신라인의 사랑이야기 모두가 새드엔딩만은 아니었다. 어렵사리 역경을 딛고 결혼에 골인한 남녀의 사랑이야기가 여럿 전한다. 명문 장가로 명성을 얻은 강수는 부모의 반대에도 불구하고 가마골에 사는 대장장이의 딸과 결혼하였고, 김서현과 만명의 경우도 비슷한 경우에 해당한다.

김서현은 진흥왕의 동생 숙흘종肅訖宗의 딸 만명萬明과 서로 눈이 맞아 중매도 없이 야합하였다. 서현이 만노군충북 진천군 태수가 되어 함께 떠나려 하니, 숙흘종이 그제서야 두 사람이 야합한 사실을 알고 분노하여 만명을 별채에 가두었다. 그런데 갑자기 별채에 벼락이 쳐서 지키는 사람이 놀라 정신이 없는 틈을 타 그녀가 뚫린 구멍으로 빠져나가 서현과 함께 만노군으로 도망가서 결혼하였다고 한다. 통일 이전에 신라 왕족은 왕족끼리 결혼하는 것이 관례였다. 그런데 숙흘종은 만명이 금관국 왕족의 후손인 서현과 결혼하려고 하자, 강력하게 반대하였던 것으로 보인다. 그러나 두 사람은 숙흘종의 반대에도 불구하고 천지신명의 도움을 받아 결국 결혼에 성공하였고, 삼국통일을 이루는 데에 커다란 공을 세운 김유신을 낳았던 것이다.

설씨녀와 가실의 사랑이야기는 한편의 드라마이다. 설씨녀는 행실이 바르고 용모가 단정하였다. 진평왕 때에 그녀의 아버지가 전방에 수자리를 지키는 군사로 가야 하는 차례가 되었는데, 그녀가 아버지가 나이가 많고 병으로 몸이 쇠약하여 걱정하였다. 사량부에 사는 가실이란 청년이 설씨녀의 딱한 사정을 듣고 아버지 대신 자기가 전방에 가서 군사로 복무하겠다고 청하니, 설씨녀는 돌아오면 가실과 혼인하기로 약속하고 두 사람이 작별하였다. 그러나 3년을 기한으로 하여 떠난 가실이 마침 나라에 변고가 생겨 다른 사람과 교체하지 못하여 기한을 넘기고 돌아오지 않자, 아버지가 억지로 설씨녀를 다른 사람과 혼인시키려고 하매, 그녀가 몰래 도망가려다가 뜻을 이루지 못하였다. 그때 마침 전방에서 가실이가 돌아와 마침내 두 사람은 혼인하고 백년해로하였다고 한다.

진골은 진골끼리, 평민은 평민끼리

사랑은 사람의 귀천貴賤을 따지지 않고 할 수 있지만, 신라사회에서 결혼은 그렇지 않았다. 신라의 왕족들은 왕족끼리 결혼하는 것이 관례였다. 신성한 혈통을 유지하기 위한 명분에서였다. 법흥왕의 동생 입종 갈문왕은 그의 조카와 결혼하여 진흥왕을 낳았다. 신라 왕족은 형제의 딸이나 고모, 이모, 사촌 자매를 다 아내로 맞아들일 수 있었고, 진골들도 크게 다르지 않았다.

『신당서』 신라전에서 '신라의 관제는 왕의 친족으로 상관上官: 고관을 삼으며, 족명은 제1골骨, 제2골로 구분한다. 왕족은 제1골이며, 아내도 역시 그 족이다. 아들을 낳으면 모두 제1골이 된다. 제2골의 여자에게 장가를 가지 않으며, 간다하더라도 언제나 잉첩으로 삼는다.'고 서술하였다. 여기서 제1골은 진골, 제2골은 6두품을 비롯한 두품신분을 가리킨다. 진골은 진골끼리 혼인하였고, 두품신분의 여자와 혼인한 경우는 모두 첩으로 삼았다고 하였다.

더구나 진골 내에서도 가문을 따졌다. 숙흘종이 김서현과 만명의 혼인을 반대한 것은 김서현이 전통적인 진골귀족이 아니라 금관가야계 왕족의 후손이었기 때문이었다. 통일기에 김유신의 후손들은 '신김씨新金氏'라고 불러 김알지의 후손인 김씨와 차별하였다. 혼인을 할 때에도 역시 마찬가지였을 것이다.

강수는 사찬이란 관등까지 승진한 것으로 보아 6두품이었을 것이다. 그런데 그는 일찍부터 가마골에 사는 대장장이 딸과 사귀었다. 아버지가 강수의 나이 20세가 되자, 중매를 통하여 용모가 단정하고 덕행이 바른 고을의 여자와 혼인시키려고 하니, 강수가 대장장이의 딸과 혼인하려 한다고 사양하며 거절하였다. 그러자 아버지가 화를 내며 '너는 이름난 사람이어서 나라 사람이 모르는 이가 없는데, 어찌 미천한 자를 배필로 삼는 것이 수치스럽지 않겠느냐?'고 말하였다. 이럼에도 불구하고 강수는 자기의 뜻을 굽히지 않고 대장장이의 딸과 혼인하였다. 강수의 아버지가 강수가 신분이 미천한 여자와 결혼하는 것을 강력하게 반대한 것으로 보아, 6두품 역시 대체로 6두품끼리 혼인하는 것이 관례였음을 짐작할 수 있다.

평민은 물론 평민끼리 결혼하였을 것이다. 『수서』에서 고구려 사람들은 남녀가 서로 사랑하면 바로 혼례를 치른다고 하였다. 신라에서도 역시 평민들은 서로 사랑하면 대체로 결혼하였을 것으로 보인다.

중국 집안에 있는 고구려의 씨름무덤에는 무덤의 주인 곁에 두 부인이 나란히 앉아 식사하는 모습이 벽화로 그려져 있다. 춤무덤에도 벽화가 그려져 있는데, 여기에는 무덤 주인공 곁에 세 명의 여자가 그려져 있다. 그런데 무덤 주인공 바로 옆에 앉아 있는 부인은 홀로 평상에 앉아 있고,

〈그림 25〉 씨름무덤 접객도

반면에 두 명의 부인은 보다 낮은 평상에 나란히 함께 앉아 있다. 아마도 첫째 부인과 둘째 및 셋째 부인은 신분이나 가정에서의 지위가 달랐던 것으로 보인다. 신라 문무왕 때에 무주武州^{광주광역시} 주리州吏 안길이란 사람은 3명의 부인을 두고 있었고, 김유신도 태종무열왕의 세 번째 딸인 지소부인智炤夫人 외에 성씨가 전하는 않는 부인이 한 명 더 있었다. 다른 귀족들의 경우도 여러 명의 부인을 두었을 것인데, 신분이 낮은 부인의 경우는 잉첩媵妾으로 차별한 것으로 보인다.

　그러면 신분이 낮은 부인에게서 출생한 자식의 신분은 어떠하였을까? 조선시대에 첩의 자식은 서얼庶孼이라고 하여서 양반과 차별을 두었다. 신라의 경우도 마찬가지였을 가능성이 높다. 김유신의 아들 가운데 군승軍勝은 어머니의 성이 전하지 않는데, 그의 관등은 다른 아들과 달리 아찬에 불과하였다. 어머니가 6두품이어서 아들 군승 역시 6두품으로서 아찬 이상으로 승진하지 못한 듯싶다. 사서에 김씨 성을 가진 6두품 출신이 여럿 보이는데, 그들 역시 어머니가 6두품이었을 가능성이 높다. 낭혜화

상의 아버지 김범청이 진골에서 신분이 1등 하강下降하여 득난得難이 되었다고 전한다. 득난은 6두품의 별칭으로 보기도 하고, 신라 하대에 새로 생긴 신분의 하나로 보는 견해로 나뉘지만, 하여튼 김범청이 진골에서 신분이 하나 강등된 이유는 바로 그의 어머니의 신분이 진골이 아니었기 때문으로 보인다.

물론 6두품 신분이 이것보다 낮은 신분의 여자와 결혼하면, 자식들은 대체로 어머니의 신분에 따랐음이 분명하다. 한 가지 흥미로운 사례는 설총의 경우이다. 설총의 아버지는 원효대사이고, 어머니는 태종무열왕의 딸인 요석공주였다. 설총은 6두품이었는데, 아버지 원효가 6두품 출신이기 때문으로 이해된다. 어머니가 왕족이었지만, 아버지가 진골이 아니어서 진골이 되지 못하였던 것이다. 이와 같은 사례는 매우 드물었다고 보이지만, 남녀 한 쪽의 신분이 낮으면, 그 자식들은 낮은 신분에 속하는 것이 원칙이었다고 이해된다.

혼례과정 엿보기

그러면 신라에서 어떠한 절차를 거쳐 혼례를 치렀을까? 일단 고구려의 혼례절차를 살펴보자. 『삼국지』 위서 동이전에 다음과 같은 기록이 전한다.

그 풍속은 혼인할 때, 말로 미리 정하고, 여자의 집에서 집 뒤편에 작은 별채를 짓는데, 그 집을 서옥壻屋: 사위의 집이라고 부른다. 해가 저물 무렵에 신랑이 신부의 집 밖에 도착하여 자기의 이름을 밝히고 무릎을 꿇고 절을 하면서 아무쪼록 신부와 더불어 잘 수 있도록 해달라고 청한다. 이렇게 두세 번 거듭하면 신부의 부모는 그때서야 작은 집서옥에 가서 자도록 허락하고 (신랑이 가져온) 돈과 폐백은 (서옥의) 곁에 쌓아둔다. 아들을 낳아서 장성하면 (남편이) 아내를 데리고 (자기) 집으로 돌아간다.

고구려의 혼인풍속을 흔히 서옥제라고 부른다. 사위가 처갓집에 가서 혼례를 치르고 일정 기간 동안 거기에서 기거하는 전통은 조선시대까지 이어졌다. 고려시대의 혼인풍속을 서류부거혼婿留婦居婚: 사위가 신부 집에 머물며 사는 혼인이라고 불렀고, 조선시대에는 남귀여가혼男歸女家婚라고 불렀다. 우리가 흔히 사용하는 '장가丈家간다'라는 표현은 바로 남귀여가제의 전통에서 유래된 표현이다. 서옥제와 반대되는 혼인이 친영제親迎制인데, 이것은 여자가 시집에 가서 혼례를 치르는 것을 이르며 조선 후기에 가서야 비로소 정착되었다.

고려와 조선시대의 전통을 보건대, 신라에서도 서옥제와 비슷한 풍속이 성행하였을 것으로 짐작할 수 있다. 대체로 신분이 같은 가문끼리 미리 중매를 통하여 혼인을 약속하고, 혼인을 치렀는데, 『수서』 신라전에 '혼인의식에는 술과 음식만을 차렸는데, 잘 차리고 못 차리는 것은 빈부貧富에 따라 차이가 있다. 신혼날 저녁에 신부가 먼저 시부모님에게 절을 올린 다음 신랑에게 절한다.'고 기술하였다. 귀족이나 평민이 어떻게 혼례를 치렀는가를 알려주어 흥미롭다.

왕과 왕비의 혼례는 귀족이나 백성들의 그것과 사뭇 달랐을 것인데, 신문왕의 혼례과정을 엿보게 하는 자료가 『삼국사기』에 전한다.

682년신문왕 2 2월에 일길찬 김흠운金欽運의 작은 딸을 맞아들여 부인왕비으로 삼았다. 먼저 이찬 문영文穎과 파진찬 삼광三光을 보내 기일을 정하고, 대아찬 지상智常을 보내 폐백을 보냈는데, 예물로 전하는 비단이

15수레이고 쌀, 술, 기름, 꿀, 간장, 된장, 포, 젓갈이 135수레였으며, 벼가 150수레였다. 5월 7일에 이찬 문영文穎과 개원愷元을 그 집에 보내 김흠운의 딸을 부인夫人으로 삼았다. 그날 묘시卯時에 파진찬 대상大常, 손문孫文, 아찬 좌야坐耶, 길숙吉叔 등을 보내 각각 그들의 아내와 양부梁部 및 사량부沙梁部 두 부의 여자 각 30명과 함께 부인을 맞아오게 하였다. 부인이 탄 수레의 좌우에 시종하는 관원들과 부녀자들이 매우 많았는데, 왕궁의 북문에 이르러 수레에서 내려 대궐로 들어갔다.

신문왕이 김흠운의 딸과 재혼하는 모습을 기록한 것이다. 먼저 대신을 파견하여 혼인기일을 정하고, 이어 왕이 왕비의 집에 어마어마한 예물을 보낸 다음, 왕비를 부인夫人으로 책봉하였다. 이어서 고위 관리의 부인과 양부 및 사량부 2부의 여자 30명이 왕비를 궁궐로 맞아들였음을 알려준다. 물론 대궐 안에서 두 사람이 혼례를 치르고 성대한 잔치를 열었을 것으로 짐작된다.

백년해로를 소원하며

남녀가 결혼하여 부부로 살다보면, 여러 가지 어려움을 겪게 된다. 전쟁이 자주 일어나는 고대사회에 남편이 일찍 죽는 경우가 종종 있었을 것이다. 남편이 죽으면, 아내 홀로 가족을 데리고 살길이 막막하긴 예나 지금이나 마찬가지였을 것이다. 이와 같은 사회적 문제를 예방한다는 차원에서 부여와 고구려에는 형이 죽으면 동생이 형수를 아내로 취하는 이른바 형사취수제兄死娶嫂制가 있었다. 이러한 혼인풍속은 유라시아 내륙의 유목민족 사이에서 널리 성행하였다. 중국에서 유학이 수용되면서 형사취수제는 비윤리적이라고 하여서 자연히 소멸되었다.

부부관계는 간혹 간음이나 투기로 인하여 깨지는 경우도 종종 있었을 것이고, 특히 여러 명의 부인을 둘 수 있는 귀족들 사이에서 그러한 사례가 적지 않게 발생하였을 것이다. 부여에서는 남녀가 간음하거나, 부녀자가 투기를 하면 모두 죽었고, 특히 투기하는 것을 더욱 싫어하였다고 한다. 고구려 중천왕은 왕비 연씨와 사랑싸움을 하던 관나부인이 왕비를 무고하자, 그녀를 가죽주머니에 넣어 바다에 던져 죽였다. 신라 효성왕의 왕비는 후궁으로 들어온 영종의 딸을 시기하여 그녀와 가족들을 죽이려고 하자, 영종 등이 반란을 도모하기도 하였다. 반면에 신라의 처용은 역신疫神이 자기의 부인을 탐하는 것을 용서하여 가정을 잘 지켰고, 이에 감동받은 역신이 이후 처용을 그린 그림만 보아도 나타나지 않겠다고 약속하였다고 한다.

오늘날 남편의 부정으로 말미암아 부부가 이혼하는 사례가 적지 않다. 그런데 고대사회에서도 그러했다는 증거를 찾을 수 없다. 다만 발해에서 남편이 바람을 피다가 걸리면 부인이 독을 넣어서 남편과 사귄 여자를 죽이려고 하거나, 또는 어떤 사람이 바람을 피우면 주위 사람들이 서로 앞 다투어서 그를 꾸짖기를 자랑으로 삼는 풍속이 있었다. 여자들의 질투가 심하여 발해에서는 첩과 창녀가 없었다고 알려졌다.

때로는 권력이 부부의 백년해로를 가로막기도 하고, 때로는 가난이 부부를 갈라서게 만들기도 한다. 도미의 아내는 권력을 앞세워 유혹하는 백제 개로왕을 뿌리치고 눈 먼 남편을 따라 고구려로 도망쳐서 옷과 음식을 구걸하며 근근이 살며 일생을 마쳤다. 신라 선덕여왕 때에 대야성 군주인 김춘추의 사위 김품석이 부하인 검일의 아내가 예쁘다고 하여 빼앗아버리자, 검일은 백제군이 대야성을 공격하였을 때에 안에서 창고에 불을 질러 김품석에 앙갚음을 하였다. 김품석의 그릇된 행동은 대야성 상실의 직접적인 원인이 되었고, 그 이후 신라는 많은 어려움을 겪게 되었다.

신라 말기에 승려 조신이 태수 김흔공의 딸을 사모하였는데, 그녀가 다른 데로 시집가자 관음보살 앞에 나아가 자신의 소원을 들어주지 않는다고 원망하다가 깜박 잠이 들어 꿈을 꾸었다. 김흔공의 딸이 조신을 찾아와 반려자가 되기를 청하매, 뛸 듯이 기뻐서 둘이 함께 고향으로 가서 살았다. 40여 년을 같이 사는 동안에 자녀 다섯을 두었으나 남은 것은 세간살이 하나 없는 집 하나뿐이고, 나물죽 같은 것으로도 끼니를 잇지 못하는 정도였다.

마침내 자식들을 데리고 10년 동안 유랑하다가 큰 아이는 굶어죽고, 맏딸은 남에게 구걸하다가 개에 물려 아픔을 호소하였다. 이에 부인이 조신에게 '제가 당신을 처음 만났을 때에는 얼굴도 아름답고 나이도 젊고 옷가지도 많고 아름다웠습니다. 맛 좋은 음식이 한 가지라도 생기면 당신과 나누어 먹고, 얼마 안되는 옷가지도 당신과 나누어 입으면서 함께 산 지, 어언 50년, 그 사이 정은 더 할 수 없이 깊어졌고 사랑은 얽힐대로 얽혔으니, 정녕 두터운 연분이라고 하겠습니다. 그러나 근년에 와서 노쇠와 병고는 해마다 더욱 깊어가고, 추위와 배고픔은 날로 절박해지니, 한 칸의 곁방살이, 한 병의 마실 것도 사람들이 용납하지 아니하고, 수많은 집 문 앞에서 당하는 수모는 산더미같이 쌓여가기만 합니다. 아이들은 추위에 떨고 굶주림에 지쳤어도 어찌할 방도가 없습니다. 이런 판국에 부부간의 애정을 즐길 겨를인들 있겠습니까? 당신은 제가 짐이 되고, 저는 당신 때문에 근심이 됩니다. 지금 청하건대, 지금부터 헤어지기로 합시다.'라고 말하였다. 조신도 이 말을 듣고 무척 기뻐하였다. 부부는 아이 둘씩 데리고 갈라서서 각자 고향으로 가려고 할 때에 조신이 꿈을 깨었다.

비록 꿈속의 이야기이지만, 부부가 백년해로를 기약하고 살다가 가난에 찌들어 사랑하면서도 갈라설 수밖에 없는 민초의 애환을 절절하게

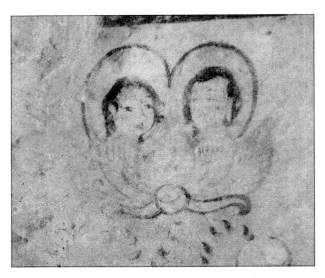

〈그림 26〉 장천1호분 연꽃화생도

전하여주는 듯하여 무척이나 애처롭다.

  온갖 역경을 모두 이겨내고 서로 사랑하며 평생을 해로한 부부들은 정말로 행복한 인생이라고 아니할 수 없다. 아마도 그들은 다시 태어나도 부부의 인연을 맺기를 소망하였을 것이다. 고구려 고분벽화에 생전에 부부로서 지냈던 무덤의 주인공들이 내세에도 부부가 되기를 소원하기 위하여 연꽃에서 부부가 새로 탄생하는 내용의 그림을 그린 경우를 종종 볼 수 있다. 이생에서 쌓은 공덕으로 저 극락정토에서도 함께 부부로 화생化生하기를 소원한 고구려인 부부의 모습이 눈앞에 아른거리는 듯하다.

참고문헌 •••

전호태, 1998 「만남, 사랑, 그리고 결혼」『삼국시대 사람들은 어떻게 살았을까』,
    청년사
신라사학회, 2006 『신라 속의 사랑, 사랑 속의 신라』(삼국시대편), 경인문화사
신라사학회, 2006 『신라 속의 사랑, 사랑 속의 신라』(통일신라편), 경인문화사

(ㅇ)

〈그림 1〉 연개소문과 설인귀, 당 태종
〈그림 2〉 부여 낙화암 전경 : 문화재청 홈페이지 국가문화유산포털
〈그림 3〉 태종무열왕릉비 귀부와 이수 : 문화재청 홈페이지 국가문화유산포털
〈그림 4〉 태종무열왕릉 전경 : 문화재청 홈페이지 국가문화유산포털
〈그림 5〉 김유신묘 : 문화재청 홈페이지 국가문화유산포털
〈그림 6〉 성덕대왕신종 : 문화재청 홈페이지 국가문화유산포털
〈그림 7〉 영월 흥녕사징효대사탑비 : 문화재청 홈페이지 국가문화유산포털
〈그림 8〉 왕건 동상(상반신) : 국립중앙박물관, 2006『북녘의 문화유산』, 112쪽.
〈그림 9〉 한반도 중남부지역 출토 비파형동검 : 국립중앙박물관 · 국립광주박
　　　　　물관, 1992『특별전 한국의 청동기문화』, 범우사, 19쪽
〈그림 10〉 낙랑 봉니 : 국립중앙박물관, 2001『낙랑』, 솔, 28쪽
〈그림 11〉 낙랑예관(樂浪禮官)명 수막새 : 국립중앙박물관, 2001『낙랑』, 솔,
　　　　　31쪽
〈그림 12〉 평양 정백동 364호분 출토 논어 목간 : 한국목간학회, 2009『목간
　　　　　과 문자』4호, 8쪽
〈그림 13〉 첨성대 : 문화재청 홈페이지 국가문화유산포털
〈그림 14〉 서울 석촌동 3호분 : 문화재청 홈페이지 국가문화유산포털
〈그림 15〉 백제 초기 왕성인 풍납토성 전경 : 국립문화재연구소 문화유산연구
　　　　　지식포털
〈그림 16〉 포항중성리신라비 : 문화재청 홈페이지 국가문화유산포털
〈그림 17〉 포항냉수리신라비 : 문화재청 홈페이지 국가문화유산포털
〈그림 18〉 울진봉평리신라비 : 문화재청 홈페이지 국가문화유산포털
〈그림 19〉 발해 상경성 궁성 남문 : 저자 직접 촬영
〈그림 20〉 농경문청동기 : 문화재청 홈페이지 국가문화유산포털
〈그림 21〉 울산 무거동 옥현유적의 청동기시대 논 : 국립중앙박물관, 2000『새
　　　　　천년 특별전 도작문화 3000년, 겨레와 함께 한 쌀』, 22쪽
〈그림 22〉 강상묘 : 조선유적유물도감 편찬위원회, 1988『조선유적유물도감』2
〈그림 23〉 충주고구려비 : 문화재청 홈페이지 국가문화유산포털
〈그림 24〉 광개토왕릉비 : 문화재청 홈페이지 국가문화유산포털
〈그림 25〉 씨름무덤 접객도 : ICOMOS 한국위원회 · 문화재청, 2004『세계문
　　　　　화유산 고구려고분벽화』, 76쪽

〈그림 26〉 장천1호분 연꽃화생 그림 : 한국방송공사, 1994 『고구려 고분벽화 특별대전』, 예당, 131쪽

〈지도 1〉 초기 고조선의 세력 범위
〈지도 2〉 330년대 전반경 동북아 형세도 : 여호규, 2001 「백제의 요서진출설 재검토-4세기 후반 부여계 인물의 동향과 관련하여-」『진단학보』91, 9쪽
〈지도 3〉 후기 가야연맹의 최대 판도 : 김태식, 2002 『미완의 문명 7백년 가야사』 2권(가야 사람들은 어떻게 살았을까), 푸른역사, 209쪽 '지도 3-8 후기 가야연맹 최대 판도 22국의 위치' (필자 부분 수정)
〈지도 4〉 변한 소국 분포도: 김태식, 2002 『미완의 문명 7백년 가야사』 2권 (가야 사람들은 어떻게 살았을까), 푸른역사, 169쪽 '지도 3-1 전기 가야연맹(변진) 12국의 위치' (필자 부분 수정)
〈지도 5〉 삼한과 주요 소국

필자 소개 •••

전덕재(全德在)

강원도 양구 출생으로 서울대학교 인문대학 국사학과를 졸업하고, 동대학원 국사학과에서 석사와 박사과정을 수료하였다(문학석사 및 문학박사). 서울대, 서원대, 가톨릭대, 홍익대, 국민대 강사 및 서울대학교 규장각(규장각 한국학연구원) 책임연구원, 경주대학교 교양과정부와 문화재학과 교수를 역임하였고, 대외적으로 한국고대사학회 연구이사 및 총무이사, 한국역사연구회 연구위원회 위원장, 한국사연구회 연구이사 등을 역임한 바 있다. 현재 단국대학교 사학과 교수로 재직 중이다. 저서로 『신라육부체제연구』(1996), 『한국고대사회의 왕경인과 지방민』(2002), 『한국고대사회경제사』(2006), 『신라 왕경의 역사』(2009), 『삼국사기 본기의 원전과 편찬』(2018) 등이 있고, 한국고대사 관련 논문 130여 편을 발표하였다.

이슈와 쟁점으로 읽는 한국고대사

초판 1쇄 발행   2018년 7월 30일
초판 2쇄 발행   2021년 8월 20일

지 은 이   전덕재
발 행 인   박종서
발 행 처   역사산책
출판등록   2018년 4월 2일 제2018-60호
주   소   (10477) 경기도 고양시 덕양구 은빛로 39, 401호(화정동, 세은빌딩)
전   화   031-969-2004
팩   스   031-969-2070
이 메 일   historywalk2018@daum.net
페이스북   https://www.facebook.com/historywalkpub/

© 전덕재, 2018

ISBN 979-11-964076-1-2 93910

값 15,000원